Die Herausgeberin

Prof. Dr. Erika Schulze lehrt Kindheits- und Jugendsoziologie an der Fachhochschule Bielefeld.

Erika Schulze (Hrsg.)

Diversität im Kinderbuch

Wie Vielfalt (nicht) vermittelt wird

Verlag W. Kohlhammer

Dieses Werk einschließlich aller seiner Teile ist urheberrechtlich geschützt. Jede Verwendung außerhalb der engen Grenzen des Urheberrechts ist ohne Zustimmung des Verlags unzulässig und strafbar. Das gilt insbesondere für Vervielfältigungen, Übersetzungen, Mikroverfilmungen und für die Einspeicherung und Verarbeitung in elektronischen Systemen.

Die Wiedergabe von Warenbezeichnungen, Handelsnamen und sonstigen Kennzeichen in diesem Buch berechtigt nicht zu der Annahme, dass diese von jedermann frei benutzt werden dürfen. Vielmehr kann es sich auch dann um eingetragene Warenzeichen oder sonstige geschützte Kennzeichen handeln, wenn sie nicht eigens als solche gekennzeichnet sind.

Es konnten nicht alle Rechtsinhaber von Abbildungen ermittelt werden. Sollte dem Verlag gegenüber der Nachweis der Rechtsinhaberschaft geführt werden, wird das branchenübliche Honorar nachträglich gezahlt.

Dieses Werk enthält Hinweise/Links zu externen Websites Dritter, auf deren Inhalt der Verlag keinen Einfluss hat und die der Haftung der jeweiligen Seitenanbieter oder -betreiber unterliegen. Zum Zeitpunkt der Verlinkung wurden die externen Websites auf mögliche Rechtsverstöße überprüft und dabei keine Rechtsverletzung festgestellt. Ohne konkrete Hinweise auf eine solche Rechtsverletzung ist eine permanente inhaltliche Kontrolle der verlinkten Seiten nicht zumutbar. Sollten jedoch Rechtsverletzungen bekannt werden, werden die betroffenen externen Links soweit möglich unverzüglich entfernt.

1. Auflage 2023

Alle Rechte vorbehalten
© W. Kohlhammer GmbH, Stuttgart
Gesamtherstellung: W. Kohlhammer GmbH, Heßbrühlstr. 69, 70565 Stuttgart
produktsicherheit@kohlhammer.de

Print:
ISBN 978-3-17-037986-2

E-Book-Formate:
pdf: ISBN 978-3-17-037987-9
epub: ISBN 978-3-17-037988-6

Inhaltsverzeichnis

1 Einleitung 7
  Erika Schulze

2 Woanders hingehen. Migration im Kinderbuch – Kinderbuch
  in der Migrationsgesellschaft 13
  Viola B. Georgi, Janina M. Vernal Schmidt, Agata Wiezorek

3 Rassifizierung in der Kindheit – Rassismus in Kinder- und
  Jugendbüchern aufspüren? 28
  Jens Mätschke-Gabel

4 Von Ballettunterricht und plappernden Fernsehern. Soziale
  Lage, Klassenbias und Armut im Kinderbuch 44
  Melanie Plößer, Erika Schulze

5 Familiennormen in Kinderbüchern. Eine
  heteronormativitätskritische Betrachtung 58
  Raphael Bak, Noelle O'Brien-Coker, Niki Vetter

6 Geschlechtersensible Kinderliteratur 74
  Ulrike Becker, Marisa Beckmann

7 »Alle behindert!« Zur Konstruktion von Behinderung im
  Kinderbuch 88
  Teresa Vielstädte

8 »... dann wäre das meine Familie«. Kindliche Perspektiven
  im Kontext diversitätsbewusster Kinderliteratur 102
  Erika Schulze

9 Spiegel, Fenster und die Glasschiebetür.
  Diskriminierungskritische Diversität im Kinderbuch 117
  Paula Humborg, Gabriele Koné

| 10 | Mehrsprachige Kinder- und Jugendliteratur. Neue Perspektiven für Kinder mit der Zweitsprache Deutsch .... | 132 |

Yüksel Ekinci

| 11 | Kinderspielzeug aus diversitätsbewusster Perspektive. Spielmaterialien rassismuskritisch reflektiert .... | 144 |

Yasmina Gandouz-Touati

| 12 | Diversität im Kinderfernsehen .... | 157 |

Maya Götz

Autor*innenverzeichnis 170

Glossar 175

1 Einleitung

Erika Schulze

Bücher nehmen einen zentralen Platz im Aufwachsen und im Alltag insbesondere jüngerer Kinder ein, denn sie eröffnen ihnen eigene Sinnwelten – ungeachtet der Entwicklung und des gestiegenen Einflusses elektronischer Medien. Sie ermöglichen Ausflüge in unbekannte und fantastische Welten, sind Begleiter von täglichen Ritualen (z. B. beim Zubettgehen) und können sowohl Trost spenden als auch Unterstützung bei der Bewältigung emotionaler Herausforderungen bieten. Diesen hohen Stellenwert von Büchern im Alltag von Kindern bestätigt auch die aktuelle miniKIM-Studie, in der die Mediennutzung von Kleinkindern mit einer Befragung von Haupterzieher*innen, d. h. zumeist von Müttern, untersucht wurde. Dort nimmt die Beschäftigung mit Büchern den dritten Platz der Alltagsaktivitäten von zwei- bis fünfjährigen Kindern ein – nach dem Spiel inner- oder außerhalb des Hauses. 70 % der befragten Bezugspersonen geben eine tägliche oder nahezu tägliche Beschäftigung mit Büchern für diese Altersgruppe an, was sowohl das eigene oder gemeinsame Anschauen, das Vorlesen oder auch Selbstlesen umfassen kann (Medienpädagogischer Forschungsverbund 2020a, S. 11). Dabei ist dieser Anteil seit der Vorläuferstudie sogar noch deutlich gestiegen, denn 2014 beschäftigten sich lediglich 43 % Kinder (nahezu) jeden Tag mit Büchern (ebd., S. 27). Mit steigendem Kindesalter sinkt jedoch die Bedeutung des Mediums Buch, wie die KIM-Studie zeigt: In der Altersgruppe der Sechs- bis 13-Jährigen lesen nur noch 16 % nahezu täglich in ihrer Freizeit, weitere 39 % noch ein- bis mehrmals wöchentlich, 45 % der Kinder dieser Altersgruppe lesen nur selten oder gar nicht (Medienpädagogischer Forschungsverbund 2020b, S. 27). Mit zunehmendem Alter nimmt die Lesehäufigkeit kontinuierlich ab und die geschlechtsspezifischen Unterschiede werden größer, da Mädchen häufiger zu Büchern greifen als Jungen (ebd.).

Auch aus pädagogischer und Bildungsperspektive sind Kinderbücher bedeutsam, weshalb sie auch als »Miterzieher von Kindern« zu begreifen sind (Fleischer & Hajok 2017, S. 2). Sie unterstützen die Sprach- und Leseentwicklung, vermitteln nicht nur Wissen auf unterhaltsame Weise, sondern auch Normen und Werte. Kinder erweitern über das Medium Buch ihren Erfahrungshorizont und sie erfahren Unterstützung in der Bewältigung der eigenen Lebenssituation.

Die jungen Leser*innen sind dabei unterschiedlich situiert: Ob sie aus ökonomisch abgesicherten bürgerlichen Verhältnissen kommen oder ihr Aufwachsen durch Armut geprägt ist bzw. in welcher Familienkonstellation sie zu Hause leben, ist genauso vielfältig wie der Umstand, ob sie ein- oder mehrsprachig aufwachsen bzw. in der Großstadt oder auf dem Land leben. Vor dem Hintergrund gesellschaftlicher Pluralisierungs- und Globalisierungsprozesse hat diese Diversität kindlicher Lebenskonstellationen in den letzten Jahrzehnten kontinuierlich zugenommen: Familienformen haben sich vervielfältigt, Deutschland ist immer stärker multilingual geprägt, immer mehr Kinder haben familiäre Bezüge und Beheimatungen in mehr als einem Land. Mit Blick auf die Literatur stellt sich damit auch die Frage, ob sich diese Heterogenität kindlichen Lebens dort auch entsprechend niederschlägt. Machen die vorhandenen Kinderbücher allen Kindern ein Identifikationsangebot und ermöglichen es ihnen, sich in den Geschichten wiederzufinden?

Bücher vermitteln immer auch soziales Wissen – über die Funktionsweise dieser Gesellschaft, über Normen und Selbstverständlichkeiten, über das Verständnis von Zugehörigkeiten und Hierarchien. Bücher können gesellschaftliche Ungleichheiten reproduzieren, Stereotype fortschreiben, aber diese auch irritieren bzw. aufbrechen. Dabei vermitteln sie diese Botschaften oftmals bewusst, transportieren das gesellschaftliche Wissen aber manchmal auch eher beiläufig – über das Auslassen von bestimmten Lebensrealitäten, über die Auswahl der Held*innen und Hintergrundfiguren und über die Vorstellung und Einbettung verschiedener Lebensrealitäten. Nicht zuletzt werden diese Botschaften auch über die Illustrationen vermittelt, denen gerade in Bilderbüchern eine zentrale und eigenständige Bedeutung zukommt. Zudem können diese Illustrationen die Geschichte und Botschaften unterstreichen oder aber auch ergänzen und unterlaufen (Rendtorff 1999, S. 87).

Büchern und den in ihnen erzählten Geschichten kommt vor diesem Hintergrund eine nicht zu unterschätzende Relevanz für die Entwicklung der kindlichen »Welt-, Selbst- und Anderenverhältnisse« zu (Burghardt & Klenk 2016, S. 62). Dieses Thema wird in den verschiedenen Beiträgen dieses Sammelbandes aus unterschiedlichen Perspektiven beleuchtet. Damit können sie einen wichtigen Beitrag zur »Diversity Education« leisten – einer Erziehung, die »vielfältige Zugänge zu Bildung eröffnet und möglichst umfassende Partizipation in allen Lebensbereichen ermöglicht« (Georgi 2017, S. 18). Sie zielt darauf ab, die Vielfalt und Individualität jedes einzelnen Kindes zu fördern und seine bestmögliche Entfaltung zu unterstützen.

Der Buchmarkt selbst ist – was die hier fokussierte Perspektive betrifft – ambivalent und zugleich hochdynamisch. Auf der einen Seite ist er in Bewegung geraten, nicht zuletzt vor dem Hintergrund sozialer Bewegungen, die Teilhabe- und Demokratiedefizite ausgehend von der Diversität der heutigen pluralen Gesellschaft skandalisieren und dabei auch die Frage nach deren Repräsentation stellen. Gerade in den letzten zwei Jahren lässt sich hier eine gewachsene Selbstverständlichkeit finden, die gesellschaftliche Pluralisierung und Diversität in den Geschichten aufzugreifen, verschiedene Lebensweisen gleichberechtigt abzubilden und Stereotype abzubauen. Dieser Wandel lässt sich insbesondere in Bilderbüchern beobachten, die sich an jüngere Kinder richten.

Zugleich steht diesen Veröffentlichungen weiterhin ein umfassendes Segment von Kinderbüchern gegenüber, an denen die gesellschaftliche Diversität spurlos vorbeigegangen ist, in denen stereotype Geschlechterbilder oder aber koloniale, rassifizierende Narrative ungebrochen reproduziert werden. Dies offenbart bereits ein erster Blick in die Auslagen der großen Buchhandelsketten.

Die fachwissenschaftliche Diskussion um Diversität und Kinderbuch, der kritische Blick auf die Reproduktion von Ungleichheitsverhältnissen und Stereotypen, aber auch die Frage nach ihrem kritischen Potenzial wird seit Langem geführt: Sie findet sowohl im Kontext inklusiver Pädagogik und vorurteilsbewusster Erziehung als auch in rassismuskritischen und geschlechterreflexiven Debatten statt. Sie erfolgt aus erziehungs- und sozialwissenschaftlicher Perspektive, aber auch in der Literaturwissenschaft, wobei die verschiedenen Diversitäts- und Ungleichheitsdimensionen unterschiedlich stark ausgearbeitet sind. So finden sich beispielsweise geschlechtsreflexive oder rassismuskritische Perspektiven auf Kinderbücher häufiger, während die Fragen nach der Repräsentation von sozialer Herkunft oder Behinderung deutlich weniger Thematisierung erfahren. Hinzu kommt, dass diese Thematisierungen immer auch zeitlichen Schwankungen unterworfen sind: So fand das Thema Geschlecht einen hohen Anklang in den 1990er bis zum Anfang der 2000er Jahre, in der Folgezeit ebbte die Zahl der Veröffentlichungen dann allerdings ab. Nicht zuletzt wird deutlich, dass der Fokus meist auf Jugendliteratur liegt, wohingegen eine kritische Analyse von Büchern für die Phase der mittleren und vor allem frühen Kindheit deutlich seltener Berücksichtigung in der Wissenschaft findet.

Der vorliegende Sammelband will hier ansetzen und versteht sich als Fortsetzung und Ergänzung der bisherigen Debatte. Mit einer Schwerpunktsetzung auf Kinderliteratur werden in diesem Buch verschiedene Perspektiven zusammengeführt – entlang der großen Ungleichheitsdimensionen race-class-gender-body (Winker & Degele 2010), die getrennt, wenn auch mit intersektionalen Einblicken ausbuchstabiert werden. Ergänzt wird dies durch einen Blick »über den Tellerrand« auf Spielmaterialien und Kinderfernsehen. Der Zugang der Autor*innen ist dabei unterschiedlich: Sie argumentieren aus pädagogischen, soziologischen, sprach- und medienwissenschaftlichen Perspektiven, kommen aus der Wissenschaft und aus der Praxis, weisen aber auch aktivistische Bezüge auf.

So beleuchten Viola B. Georgi, Janina M. Vernal Schmidt und Agata Wiezorek in ihrem Beitrag die vielfältigen Repräsentationen von Migration im Kinderbuch, ausgehend von einer migrationspädagogisch verorteten Perspektive (▶ Kap. 2). Dabei richten die Autorinnen einen kritischen Blick auf die Reise-, Abenteuer- und Kolonialliteratur des 18. und 19. Jahrhunderts über Entwicklungslinien im 20. Jahrhundert bis hin zu aktuellen Kinderbuchveröffentlichungen. Auf diese Weise arbeiten sie die Kontinuität von Stereotypisierungen, → Othering[1]- und Selfingprozessen sowie kolonialer und rassifizierender Narrative heraus. Darüber hinaus stellen sie exemplarisch aktuelle Bücher vor, die mit diesen Traditionen brechen und unaufgeregt gesellschaftliche Diversität in einer Migrationsgesellschaft selbstverständlich widerspiegeln – mit migrantischen Protagonist*innen, die in den Geschichten mit Handlungsmacht ausgestattet sind.

Vertiefend beschäftigt sich anschließend Jens Mätschke-Gabel mit dem Beitrag der Kinderliteratur im Prozess der Rassifizierung in der Kindheit, ausgehend von einer Auseinandersetzung mit dem Erlernen rassistischer Wissensbestände im Kindesalter und den – auch nach Positionierung – unterschiedlichen Auswirkungen auf das Aufwachsen und die Identitätsentwicklung von Kindern (▶ Kap. 3). Der Autor verschränkt drei Analyseperspektiven: 1. das Auffinden von Differenzlinien, 2. die Inhaltsanalyse von rassifizierenden Ausprägungen und 3. die machtkritische Ein-

---

1 Begriffe, die mit → versehen sind, werden im Glossar erläutert.

ordnung von »einseitigen Geschichten«, die er an zahlreichen Beispielen von aktuellen populären Kinderbüchern anwendet. Auf diese Weise gibt er ein Instrumentarium für eine rassismussensible Auswahl von Kinderbüchern im pädagogischen Alltag an die Hand, das durch abschließende Überlegungen für eine rassismuskritische Begleitung von Kindern ergänzt wird.

Der Kategorie class im Kinderbuch spüren Melanie Plößer und Erika Schulze in ihrem Beitrag nach – ein bislang in der deutschsprachigen Debatte wenig beleuchtetes Themenfeld (▶ Kap. 4). Sie fragen danach, ob und in welcher Weise unterschiedliche soziale Lagen, aber auch das Thema Armut im Kinderbuch repräsentiert werden. Anknüpfend an die Forschung aus dem angloamerikanischen Raum arbeiten sie auch für Deutschland eine Dominanz von Ober- und Mittelschichtsperspektiven im Kinderbuch heraus, beispielhaft wird dies an der populären Conny-Reihe veranschaulicht. Die Problematik einer solchen Thematisierung offenbart die exemplarische Analyse eines der wenigen Bücher für jüngere Kinder, welches das Leben unter Armutsbedingungen zum Inhalt hat. Zumeist geht damit die Dethematisierung struktureller Ungleichheit und der klassischen Stereotypen einher.

Im Zentrum des Beitrags von Ulrike Becker und Marisa Beckmann stehen Kinderbücher in ihrer Bedeutung von Geschlechtersozialisation (▶ Kap. 6). Ihre Analyse zeigt das → heteronormative Paradigma und binär gedachte Geschlechterkonstruktionen und die hiermit verbundenen Geschlechterbilder in der bestehenden Kinderliteratur auf. Daran anknüpfend fragen sie, wie geschlechtersensible Kinderliteratur aussehen kann, die diese Normierungen und Kategorisierungen aufbricht. Dies wird anschließend an Beispielen diversitätsbewusster und gendersensibler Bücher verdeutlicht und vertieft.

An heteronormativen Mustern in der Kinderliteratur setzen auch Raphael Bak, Noelle O'Brien-Coker und Niki Vetter an, die sich dabei aber auf die Verhandlung des Themas Familie eingrenzen, was bislang als Thema ebenfalls noch wenig Beachtung in der Wissenschaft fand (▶ Kap. 5). Dabei gehen sie einerseits der Frage nach, wie das heteronormative Familienverständnis erzählerisch konstruiert und reproduziert wird, andererseits stellen sie dar, wie Kinderliteratur diese Muster auch infrage stellen kann. Im Zentrum stehen dabei sieben aktuelle und populäre Kinderbücher, die anhand zentraler Normkriterien von Familie kritisch untersucht werden. Zwar findet nach ihren Analysen vereinzelt ein Aufbrechen der Heteronormativität statt, gleichzeitig wird diese jedoch mit großer Selbstverständlichkeit in den Geschichten weitergetragen.

Einem weiteren, in der Diskussion bislang ebenfalls vernachlässigten Thema wendet sich Teresa Vielstädte in ihrem anschließenden Beitrag zu, in dem sie eine Bestandsaufnahme der Darstellung von Behinderung im Bilderbuch vornimmt (▶ Kap. 7). Ausgehend von der Perspektive der Disability Studies arbeitet sie verschiedene typische Repräsentationen des Themas sowie zentrale Topoi und Darstellungsweisen der Protagonist*innen in den Geschichten heraus. Dies wird beispielhaft durch die Analyse eines aktuellen Bilderbuches vertieft, das explizit das Thema Behinderung aufgreift und multiperspektivisch verhandelt. Über diesen Weg wird nicht nur die Herausforderung, sondern auch das Dilemma sichtbar, hierzu eine angemessene Sprache und Bilder zu finden, ohne dabei vorhandene Differenzkategorien mit der Thematisierung zu reproduzieren.

Die Perspektive der Kinder steht im Mittelpunkt des Beitrages von Erika Schulze (▶ Kap. 8). Ausgangspunkt bildet ein exploratives Forschungsprojekt, in dem bei und nach der Lektüre diversitätssensibler Bücher mit Kindern zwischen vier und sechs Jahren das Gespräch mit ihnen gesucht wurde. Der Fokus liegt dabei auf der Rekonstruktion der aktiven und facettenreichen Auseinandersetzung der Kinder mit den Büchern und der damit verbundenen kindlichen Konstruktion gesellschaftlichen Wissens. Sichtbar wird ein ambivalentes Feld: Während sich auf der einen Seite die Reproduktion gesellschaftlicher Normalitätskonstruktionen und die Bedeutung von Kategorisierungen abzeichnet, zeigt sich auf der anderen Seite auch, wie diese Konstruktionen von den Kindern entlang den Geschichten aktiv ausgehandelt werden. Sichtbar wird, wie diversitätssensible Literatur Möglichkeitsräume für die Positionierung mit der je eigenen Lebenswelt eröffnen kann und wie diese von den Kindern aktiv aufgegriffen werden.

Im Anschluss an die Beiträge zu den verschiedenen Diversitäts- und Differenzkategorien in der aktuellen Kinderliteratur nähert sich der Beitrag von Paula Humborg und Gabriele Koné dem Thema aus einer übergreifenden pädagogischen Perspektive (▶ Kap. 9). Vor dem Hintergrund des Ansatzes vorurteilsbewusster Bildung und Erziehung wird dabei die Bedeutung von (vorurteilsbewussten) Kinderbüchern für das Aufwachsen von Kindern, für ihre Identitätsentwicklung und ihre Bildungschancen verdeutlicht. Daran anknüpfend gibt der Beitrag Anregungen für die diskriminierungssensible Auswahl und die kritische Analyse von Kinderbüchern sowie für den Umgang mit stereotypen oder diskriminierenden Inhalten im pädagogischern Alltag.

Eine weitere pädagogische Perspektive nimmt Yüksel Ekinci ein, die sich in ihrem Beitrag auf das Thema Mehrsprachigkeit fokussiert (▶ Kap. 10). Die Autorin arbeitet die Bildungspotenziale mehrsprachiger Kinderliteratur heraus, denn das Aufgreifen der verschiedenen Herkunftssprachen in Kinderbüchern vermittelt nicht nur eine gesellschaftliche Anerkennung dieser Sprachen. Vielmehr kommt dem auch eine zentrale Bedeutung für die Sprachentwicklung insbesondere von mehrsprachig aufwachsenden Kindern zu, wie die Autorin vor dem Hintergrund auch eigener Forschungen herausarbeitet.

Eine andere Perspektiverweiterung wählt Yasmina Gandouz-Touati in ihrem Beitrag, der sich mit Kinderspielzeug aus einer diversitätsbewussten und rassismuskritischen Perspektive befasst (▶ Kap. 11). Aufgrund der hohen Bedeutung des Spiels im kindlichen Alltag und für Prozesse der Identitätsentwicklung und der Beschäftigung mit der Welt betont sie die Wichtigkeit, dass sich alle Kinder mit ihren heterogenen Lebenswelten in Spielmaterialien wiederfinden können. Dabei kommt sie in ihrer kritischen Analyse anhand von zahlreichen Beispielen zu dem Schluss, dass stattdessen oftmals eine Reproduktion des ›Weißseins‹ durch Spielmaterialen stattfindet, wenngleich sich auch hier eine langsame Veränderung zu mehr Diversität abzeichnet. In ihren Schlussfolgerungen entwickelt sie zahlreiche Impulse für die kindheitspädagogische Praxis.

Einem weiteren bedeutsamen Medium im kindlichen Alltag widmet sich Maya Götz in ihrem Beitrag, in dem sie der Frage nachgeht, wie divers Kinderfernsehen im deutschen Fernsehprogramm tatsächlich ist (▶ Kap. 12). Entlang der Kategorien → Gender, natio-ethno-kultureller Hintergrund und Behinderung analysiert sie, welche Figuren in Kindersendungen vorkommen, wie diese repräsentiert sind und welche Stereotype und Rassifizierungen dabei sichtbar werden. Mit Blick auf den aktuellen Forschungsstand und anhand von zahlreichen Kinderfernsehsendungen zeigt sie auf, dass die real existierende gesellschaftliche Vielfalt keine adäquate Repräsentation findet, wenngleich es einige wenige gelungene Ausnahmen gibt.

Literaturverzeichnis

Burghardt, L. & Klenk, F. C. (2016): Geschlechterdarstellungen in Bilderbüchern – eine empirische Analyse. GENDER, 3, 61–80. Online verfügbar unter: https://www.budrich-journals.de/index.php/gender/article/view/25306/22122, Zugriff am 30.12.2021.
Fleischer, S. & Hajok, D. (2017): Medienbildungsprozesse. Entwicklung von medienbezogenen Kompetenzen in Kindheit und Jugend als Ansatzpunkt. In: B. Kracke & P. Noack (Hrsg.), Handbuch Entwicklungs- und Erziehungspsychologie. Springer Reference Psychologie (S. 1–25). Berlin: Springer.
Georgi, V. (2017): Diversity Education im Fokus Kultureller Bildung. Diskurse vernetzen und Synergien nutzen. In: A. Eitzeroth & W. Schneider (Hrsg.), Partizipation als Programm. Wege ins Theater für Kinder und Jugendliche (S. 15–26). Bielefeld: transcript.
Medienpädagogischer Forschungsverbund Südwest (Hrsg.) (2020a): miniKIM-Studie 2020. Kleinkinder und Medien. Basisuntersuchung zum Medienumgang von Kleinkindern in Deutschland. Online verfügbar unter: https://www.mpfs.de/fileadmin/files/Studien/miniKIM/2020/lfk_miniKIM_2020_211020_WEB_barrierefrei.pdf, Zugriff am 30.12.2021.
Medienpädagogischer Forschungsverbund Südwest (Hrsg.) (2020b): KIM-Studie 2020. Kindheit, Internet, Medien. Basisuntersuchung zum Medienumgang 6- bis 13-Jähriger. Online verfügbar unter: https://www.mpfs.de/fileadmin/files/Studien/KIM/2020/KIM-Studie2020_WEB_final.pdf, Zugriff am 22.02.2022.
Rendtorff, B. (1999): Geschlechtstypisierende Aspekte in Kinderbüchern. In: B. Rendtorff & V. Moser (Hrsg.), Geschlecht und Geschlechterverhältnisse in der Erziehungswissenschaft. Eine Einführung (S. 85–102). Opladen: Leske + Budrich.
Winker, G. & Degele, N. (2010): Intersektionalität. Zur Analyse sozialer Ungleichheiten. (2., unveränderte Auflage). Bielefeld: transcript.

2 Woanders hingehen. Migration im Kinderbuch – Kinderbuch in der Migrationsgesellschaft

Viola B. Georgi, Janina M. Vernal Schmidt, Agata Wiezorek

Einleitung

»Immer wieder gehen Menschen woanders hin. Manche sind einfach reiselustig. Sie wollen ein fremdes Land und neue Leute kennenlernen. Oder sie wollen woanders arbeiten. Aus Abenteuerlust oder weil sie dort mehr Geld verdienen. Manche verlieben sich und bleiben fort. Manche gehen in ein anderes Land, weil sie etwas können, was dort gebraucht wird. Manche Menschen flüchten aus ihrer Heimat, weil die Regierung alle bedroht, die ihr nicht passen. [...] Manche gehen weg, weil sie arm sind und das ändern wollen. Und weil sie wollen, dass ihre Kinder in die Schule gehen können.« (Tuckermann & Schulz 2014, S. 8)

Alle da! Unser kunterbuntes Leben ist eines der ersten deutschsprachigen Sachbilderbücher, in dem das Woanders-Hingehen in seinen vielfältigen Facetten für Kinder aufgearbeitet ist. Migration wird hier nicht auf wenige Einzelphänomene reduziert, sondern als ein konstitutives Merkmal von Gesellschaften porträtiert. Damit wird Deutschland als Migrationsgesellschaft beschrieben (Mecheril 2016).

Nach jüngeren Studien beruhen Bildungsmedien, zu denen sowohl das Kinderbuch als auch das Schulbuch gehören, häufig auf eindimensionalen Erzählungen: In ihnen wird Migration vornehmlich problematisiert, auf Flucht- und Arbeitsmigration reduziert sowie auf individuelle Schicksale begrenzt (Grabbert 2010, S. 16; BMFI 2015, S. 67). Das Buch *Alle da!* steht deshalb exemplarisch für eine neue Generation von Kinderbüchern, deren Inhalte sich nicht zuletzt aufgrund der folgenden Überzeugung im Wandel befinden: »All reading is political« (Botelho & Rudman 2009, S. 9). Dies verändert auch den einst ausnahmslos problematisierenden Blick auf Migration in Kinderbüchern.

Die Fülle an Neuerscheinungen im Kinderbuchsektor zu diesem Thema verdeutlicht das in den letzten Jahren gewachsene Interesse an Migration und ihren Folgen für Individuen und Gesellschaften (Rösch 2018). Politische, wissenschaftliche und gesellschaftliche Debatten über den Umgang mit Migrationsphänomenen halten ebenso Einzug in die Welt der Kinder- und Jugendliteratur (KJL) wie das wachsende Selbstverständnis als Einwanderungsland. Dabei ist es keineswegs eine neue Erkenntnis, dass Migration die deutsche Gesellschaft grundlegend prägt (Treibel 2015, S. 50 ff.). Abgelegt hat Deutschland das politische Bekenntnis als Einwanderungsland allerdings erst nach der Änderung des Staatsangehörigkeitsrechtes im Jahr 1999 und dem Inkrafttreten des Zuwanderungsgesetzes 2004. Die bis heute andauernde Aushandlung der Migrationsrealität vollzog sich auf politischer Ebene u. a. im Kontext des sog. Integrationsgipfels (Foroutan 2019, S. 73).

Auf diese Entwicklungen und die verstärkte gesellschaftliche Auseinandersetzung mit Migration reagiert der Kinderbuchmarkt jedoch zeitlich versetzt. In den 2010er Jahren entsteht ein regelrechter ›Hype‹ um Vielfalt, der allerdings dazu tendierte, politische Anerkennungsfragen von marginalisierten Gruppen hintanzustellen (Eggers 2011). Durch das öffentliche Interesse an Fluchtmigration seit Mitte 2014 besteht auch eine erhöhte Nachfrage an (Kinder-)Buchveröffentlichungen, die von Flucht handeln. In den Kanon der KJL fließen zumeist solche Werke ein, in denen politische, historische, soziale und kulturelle Phänomene verarbeitet werden, die mit Migration einhergehen. Allerdings liegen gegenwärtig kaum Kinderbücher vor, in denen das Leben einer vielfältigen Migrationsgesellschaft so selbstverständlich beschrieben ist, dass es nicht problematisiert werden muss.

Für die literarische Auseinandersetzung mit Migration existieren zahlreiche Bezeichnungen mit verschiedenen Schwerpunktsetzungen. Klassifizieren lässt sich diese neben der Autorenbiografie (z. B. Migrantenliteratur) nach dem Entstehungsort der Literatur (z. B. Exilliteratur) oder themenbezogen (z. B. Migrationsliteratur). An der Schnittstelle Literaturwissenschaft und -didaktik hat sich der text- und themenbezogene Begriff Migrationsliteratur durchgesetzt. Auch wenn dieser die thematische, (mehr)sprachige und ästhetische Gestaltung von Migration hervorhebt (Rösch 2000, S. 376), gelingt die Entkopplung des Werks von der Autor*innenbiografie de facto jedoch kaum: Zur Migrationsliteratur werden hauptsächlich Werke der seit 1955 eingewanderten Autor*innen und ihrer Nachfolgegenerationen gezählt (ebd., S. 338 f.). Ungeachtet dessen, dass die deutsche Literatur nie als »reine Monokultur« existiert hat (Chiellino 2007, S. 51), wird Migrationsliteratur häufig als ein Sonderbereich innerhalb des nationalen Literaturkanons aufgefasst (Esselborn 2015, S. 120). In letzter Zeit werfen migrationspädagogisch inspirierte Perspektiven wie jene von Heidi Rösch neues Licht auf die (Kinder-)Migrationsliteratur (Rösch 2019), denn sie wird als Teil der (neuen) Weltliteratur eingestuft. Charakterisieren lässt sich diese u. a. durch folgende Aspekte: Mehrsprachigkeit, Transgression (Grenzüberschreitungen), die Hinwendung zum Regionalen und Lokalen (Sturm-Trigonakis 2007, S. 108 f.) sowie die Abwendung von der »abendländischen Hegemonie« (Ivanovic 2018, S. 162).

Da Definitionen stets mit diskursiven Ausschlüssen verbunden sind (Ewers 2000, S. 2), hier jedoch keine Diskussion des Gattungsbegriffs beabsichtigt wird, verzichten wir auf weitere Versuche einer Begriffsbestimmung. Vielmehr möchten wir die vielfältigen und vielstimmigen Spielarten von Migration im Kinderbuch mit einer Doppelperspektive fassen: Zum einen beleuchten wir die Repräsentationen von Migration im Kinderbuch, zum anderen fragen wir nach dem Stellenwert des Kinderbuches in der Migrationsgesellschaft. Da am Paradigma der Migrationsgesellschaft ausgerichtete Analysen von KJL im deutschsprachigen Raum bisher weitestgehend fehlen, versteht sich dieser Artikel als migrationspädagogisch inspirierter Annäherungsversuch an das Kinderbuch.

2.1 Migrationspädagogische Perspektive auf Kinderliteratur

Kinderbücher sind Bildungsmedien, denn sie tragen zur Lesesozialisation, literarischen Bildung und zur Wissensvermittlung innerhalb von familiären und pädagogischen Bildungsinstitutionen bei. Lesen ist eine zentrale Kulturtechnik und grundlegend für das Verstehen, das Deuten und die Teilhabe an der sozialen Wirklichkeit (Auma 2018). Dies gilt insbesondere für Informationsgesellschaften. Literarische Kommunikation lässt sich unter den Aspekten der individuellen, sozialen und kulturellen Bedeutsamkeit von Literatur sowohl auf der Rezeptions- als auch auf der Produktionsebene betrachten (Abraham 2015, S. 7). Lesesozialisation und literarische Bildung berühren nicht nur das Lernen über Literatur, sondern auch das Lernen an und durch Literatur (ebd.). Letztere Funktion von Literatur beschreibt Ulf Abraham (2015, S. 11) wie folgt: »Als Teil des ›kulturellen Gedächtnisses‹ einer Großgruppe [...] wird Literatur zu einem Handlungsfeld, in dem immer wieder neu zu bestimmen ist, was erinnert werden soll und in welcher Perspektive es wert ist, bewahrt zu werden.«

Kinderliteratur hilft beim Erwerb von sog. Weltwissen und dient zugleich dem ethischen, moralischen und emotionalen Lernen (Scholz 2014, S. 222 ff.). Auch wenn der direkte Einfluss der Auswahl des Lesestoffs auf die Leser*innen in der Rezeptionsforschung noch nicht hinreichend empirisch nachgewiesen ist, so gehen Groeben und Christmann (2014, S. 349) dennoch von einer »potenziell persönlichkeitsverändernde[n] Kraft literarischer Lektüren« aus. Diesbezüglich ist zu beachten, dass zwischen der Rezeption und der Interpretation literarisch-ästhetischer Texte ein erheblicher Unterschied besteht. Dieser kommt insbesondere dann zum Tragen, wenn erwachsene Forscher*innen Kinderbuchtexte und -illustrationen sichten und diese aus einer theoretischen Perspektive analysieren und interpretieren. Dennoch ist für Kinder die Rolle der Repräsentation, d. h. das Vorkommen, Sprechen und Handeln von (marginalisierten) Personengruppen in medialen Texten nicht zu unterschätzen. Auch Kinderbücher erzeugen ein spezifisches Wissen über die Welt und die Menschen in dieser Welt. Deswegen erforschen wir die literarischen Konzepte, Ideen und Bilder, die das Leben in der Migrationsgesellschaft darstellen, interpretieren und vermitteln, um diese Kindern verständlich zu machen (Hall 2000, S. 151 ff.).

Mit einer Diversity-Perspektive ist die »Aufforderung verbunden, Differenz anzuerkennen, d. h. die unterschiedlichen Voraussetzungen der Lernenden in der Gestaltung von Bildungsprozessen angemessen zu berücksichtigen« (Georgi 2017, S. 17). Zu den zentralen Anliegen einer solchen Sichtweise gehören, für Vielfalt zu sensibilisieren, potenzielle Konflikte vorzubeugen und konstruktive Lösungsansätze für vorhandene Konflikte anzubieten. Allerdings stehen diese Ansätze vor der Herausforderung, die Bildungsprozesse kontinuierlich selbst- und machtkritisch zu reflektieren (ebd., S. 18 f.).

Vor allem die sich immer stärker diversifizierenden Gesellschaften der wohlhabenden westlichen Welt sind darauf angewiesen, die Migrationstatsache als gesellschaftliche Realität und ihre Relevanz für pädagogische Institutions- und Handlungsformen anzuerkennen, um dadurch emergierende Themen der Gesellschaft zu bearbeiten (Mecheril 2010, S. 7). Der Begriff Migration ruft generell das Bild der Überschreitung von Grenzen auf. Dieser Übertritt kann klandestin oder offen geschehen, wobei die Grenze sowohl imaginiert oder faktisch vorhanden sein kann. Sie markiert soziale und symbolische Räume, in denen sich Differenz- und Zugehörigkeitsordnungen konstituieren und wandeln (ebd., S. 14f.). Migration ist komplex, denn dazu zählen verschiedene irreguläre und reguläre Ein- und Auswanderungsphänomene, die Vermengung und Durchmischung von Sprachen sowie kulturelle Praktiken und die Hybridisierung von Identitäten (ebd., S. 11). In diesem Rahmen vollziehen sich auch mit Migration verbundene Fremdzuschreibungen, rassistische Strukturen und Alltagsrassismus, neue Formen von Ethnizität sowie migrationsgesellschaftliche Selbstthematisierungen.

Diese migrationspädagogische Betrachtungsweise gewinnt vor allem in Bezug auf die Darstellung migrationsgesellschaftlicher Verhältnisse in der Kinderliteratur an Relevanz, denn in den Werken sind Normalitätserwartungen und damit verbundene Zugehörigkeits- und Differenzordnungen eingelassen, die soziale Situationen strukturieren und den Kindern hierin bestimmte Positionen zuweisen. Dies geschieht beispielsweise, wenn Personen mit Migrationserfahrung als nicht zum ›Wir‹ dazugehörige ›Andere‹ dargestellt sind, migrationsbedingte Mehrsprachigkeit als problematisch bewertet wird oder die fiktiven Figuren ohne Handlungsmacht präsentiert werden. In all diesen Fällen sind den potenziellen Identifikationsfiguren von marginalisierten Kindern inferiore Positionen zugewiesen. Problematisch ist, dass solche diffamierenden und diskriminierenden Perspektiven nicht nur historische Überbleibsel aus einer längst überwunden geglaubten Vergangenheit sind, sondern noch heute Eingang in Kinderbücher finden. Nolens volens avancieren sie dann zum heimlichen Lerngegenstand (Richter & Vogt 1974). Pejorative Narrative und stereotype Darstellungen über die ›Anderen‹ können die Gesundheit, das Befinden und die Persönlichkeitsentwicklung von Kindern aus Einwandererfamilien massiv beeinträchtigen (Velho 2011), wenn z. B. in der Vorlesesituation in der Kita oder in einer Buchbesprechung in der Schule eine differenzsensible und dominanzkritische Rahmung durch die pädagogische Fachkraft fehlt.

Bereits vor dreißig Jahren kritisiert Bishop (1990), dass sich in den Figuren US-amerikanischer Kinderbücher hauptsächlich Kinder aus der Mehrheitsgesellschaft widergespiegelt finden. Ihrer Meinung nach sollten Geschichten aber Fenster zu einer diversen Welt sein, weil dadurch erst die Mehrfachzugehörigkeiten der Kinder zu unterschiedlichen Gruppen und ihre Verbindungen untereinander erkannt werden. Damit könne einem »exaggerated sense of their own importance and value in the world« und einem gefährlichen Ethnozentrismus entgegengewirkt werden (ebd., S. 3).

Mit einer migrationspädagogisch informierten, kritischen Haltung gelingt es, den hier betrachteten Gegenstand *Migration im Kinderbuch – Kinderbuch in der Migrationsgesellschaft* auf angemessene Art und Weise zu erfassen. Vor diesem Horizont können soziale »Prozesse der Pluralisierung und der Vereinseitigung, der Differenzierung und der Entdifferenzierung, der Segregation und der Vermischung« (Mecheril 2010, S. 19) innerhalb der Werke thematisiert und der Analyse zugänglich gemacht werden. Selbstverständlich erscheinende, hierarchisierende Unterscheidungspraktiken, die auf vermeintlich ›kulturellen Differenzen‹ von Menschen(-gruppen) beruhen, können infrage gestellt und dekonstruiert werden. In der Kinderliteratur lässt sich dies auf der Makroebene dadurch fruchtbar machen, indem außerliterarische Fragen zur Produktion und Rezeption mit Bezug auf die individuellen, sozialen und kulturellen Bedeutsamkeiten von Literatur gestellt werden. Auf der textinternen Mikroebene verhilft diese Analyseeinstellung dazu, dies auf (fiktionale) Weltmodelle in Kinderbüchern zu übertragen, um Erzählungen über das Woanders-Hingehen kritisch zu analysieren.

2.2   Migration im Kinderbuch im historischen Verlauf

Migration ist kein neues Thema in der Kinderliteratur. Vielmehr gehört das Woanders-Hingehen zum wiederkehrenden Topos. Erfahrungen von Wanderung werden vielfältig literarisch ver- und bearbeitet. Doch nur selten wird Migration als literarisches Sujet von der (Kinder-)Literaturforschung erkannt und benannt. Vielmehr stoßen Migrationserzählungen auf thematische, historische und soziale Grenzen – auch im Kinderbuch.

Thematische Grenzen offenbaren sich dann, wenn Erzählungen Migration ausschließlich als Problem inszenieren oder lediglich auf Fluchterfahrung verkürzen. Andere Narrative und kollektive Erfahrungen einer Migrationsgesellschaft, wozu auch Auswanderungsgeschichte, Liebes-, Bildungswanderung, Gewaltmigration oder Erfahrungen im Exil und Diaspora gehören (Oltmer 2016, S. 19), bleiben außen vor. *Historische Grenzen* reduzieren Migration auf zeitgeschichtliche Phänomene und blenden frühere Migrationsprozesse weitgehend aus. Zumeist markiert in den literarischen Texten die Einwanderung in die 1949 neu gegründete Bundesrepublik den zeithistorischen Kontext. Migrationsprozesse z. B. während der deutschen Kolonialzeit, im Zusammenhang der Vertreibung und Deportation von Juden in der NS-Zeit oder der Binnenmigration zwischen DDR und BRD bleiben eher unterbeleuchtet. *Soziale Grenzen* manifestieren sich entlang des sog. Migrationshintergrunds, sodass in Deutschland lebende Menschen in eine Gruppe mit und eine Gruppe ohne Migrationshintergrund unterteilt werden. Dies fußt auf Vorstellungen des Kollektivs von einem »ethnisch-kulturell-einheitlichen-Wir« gegenüber einem Kollektiv der »Migrationsanderen« (Mecheril 2010, S. 17). Die symbolischen Grenzen zwischen einem ›Innen‹ und ›Außen‹, einem ›Wir‹ und ›Nicht-Wir‹ finden sich in vielen Kinderbüchern zu Migrationsthemen wieder.

Mit diesem Artikel wird beabsichtigt, die skizzierten Grenzen zu erweitern, um so Migration als vielschichtiges, andauerndes und schon immer dagewesenes Sujet der Kinderliteratur zu begreifen. Vom 18. bis ins frühe 20. Jahrhundert ist das geografische Gebiet des heutigen Deutschlands von vielfältigen Aus- und Einwanderungsbewegungen geprägt. Der krisenhafte Übergang von einer Agrar- zur Industriegesellschaft, Hungersnöte und religiöse Verfolgungen führten zu einer transatlantischen Massenauswanderung nach Amerika (Bade & Oltmer 2004). Auch die koloniale Inbesitznahme von Gebieten in Übersee am Ende des 19. Jahrhundert zog temporäre und auch dauerhafte Einwanderung nach sich: Kaufleute, Arbeiter*innen, Siedler*innen, Kolonialbeamt*innen oder Missionar*innen (Terkessidis 2019, S. 19). Da die historische Migrationsforschung und die Kolonialgeschichte lange getrennte Forschungsfelder waren, bleiben auch in migrationshistorischen Arbeiten koloniale Bewegungen häufig ausgespart (Fischer-Tiné 2016). Diese Tendenz setzt sich in der wissenschaftlichen Erforschung der KJL fort.[1]

Parallel zur globalen Verflechtung im Laufe des 18. und 19 Jahrhundert entwickelt sich das, was heute als intentionale KJL bezeichnet wird. Die weltumspannenden Migrationsphänomene, ethno- und geografischen Forschungen sowie technologischen Entwicklungen – gekoppelt mit westlichen Dominanzansprüchen – schlugen sich thematisch und ästhetisch in Werken der KJL nieder. Wenig überraschend gehört deshalb die Abenteuer- und Reiseliteratur zu den populärsten und lukrativsten Genres im 19. Jahrhundert, wobei quantitativ und qualitativ Seeabenteuer, Expeditions-, Eroberungserzählungen und sog. Indianergeschichten noch bis in die 1960er Jahre einen wesentlichen Teil der KJL ausmachen (Weinkauff 2000, S. 767; Pellatz-Graf 2008, S. 616). Ein Beispiel ist das Kinderbuch *Reisen in die Ferne oder Vater Reinhold's Mittheilungen über die Erde und ihre Bewohner* von Heinrich E. Maukisch (1836). Dort erzählt Vater Reinhold Kindern aus der Nachbarschaft Reise- und Seefahrtsgeschichten, so beispielsweise von Kaufleuten und Matrosen, die von Hamburg aus in See stechen: »Die Mannschaft dieses Schiffes bestand aus lauter Deutschen. Es befanden sich darunter mehrere junge Männer, welche die erste Seereise unternahmen und voller Begierde waren, die sogenannte neue Welt jenseits des großen Weltmeeres kennen zu lernen« (ebd., S. 78).

Bereits in diesem kurzen Zitat ist das Woanders-Hingehen als dauerhaftes oder zeitlich begrenztes Auswanderungsphänomen mit wirtschaftlichen Bestrebungen, der Abenteuerlust einer Seereise und der westlichen ›Begierde‹ nach Wissen und Entdeckung verknüpft. Auch in der Fremdbezeichnung ›Neue Welt‹ werden die imperialistischen Verhältnisse deutlich – die Inbesitznahme von Amerika durch die ›Alte‹, europäische Welt.

Der Schauplatz von vielen dieser historischen Reise- und Abenteuergeschichten liegt in fernen Ländern, womit gleichzeitig landeskundliches Wissen über andersartige Lebensweisen und bestimmte Menschengruppen vermittelt wird. Vor einer exotisierten Kulisse beziehen sich Kinderbücher auf christlich-abendländische Moralvorstellungen, in denen weiße Helden als Vorbild fungieren, deren nachahmungswürdige Taten stets im Kontrast zu den rassifizierten Anderen stehen (Schär 2000, S. 783; Wild 2008, S. 75). So stehen auch bei *Vater Reinhold's Mittheilungen* neben den heroischen Erzählungen von Seefahrern und Kaufleuten die Verschie-

---

[1] Hingegen können andere Formen der Migrationsliteratur an dieser Stelle nicht näher umrissen werden. Dazu gehört z. B. die jüdische Literatur, die einen tiefen Einschnitt durch die nationalsozialistische Herrschaft 1933 erlebte. Ihr bleiben bis 1945 drei Handlungsräume: die Exilliteratur, die Literatur der jüdischen Kulturgemeinschaft in deutschen Ghettos sowie die illegale Widerstandsliteratur im Untergrund (Völpel 2008, S. 270 ff.). Zu nennen ist hier auch die sog. »Umzugsliteratur« der 1970er und 1980er, die im Kontext der Binnenmigration der DDR entstand (Dolle-Weinkauff & Peltsch 2008, S. 432).

denheit und Hierarchie der ›Menschenrassen‹ auf dem Lehrplan (Maukisch 1836, S. 13). Dabei wird die Vorherrschaft des Westens mal implizit, mal explizit legitimiert (Wollrad 2011b, S. 380). Mechanismen des → *Othering* (Said 1978) sind für Kinderbücher charakteristisch, die Migration thematisch aufgreifen. Das Fremdmachen, die Rassifizierung und die Exotisierung von Menschen und Regionen werden dort selbstverständlich praktiziert. Zugleich geht es aber auch um das *Selfing*, d. h. die Konstruktion eines Selbstbilds, das sich auf die Vermittlung von christlich-abendländischen Moralvorstellungen[2] stützt.

Aus der Abenteuer- und Reiseliteratur entwickelt sich Ende des 19. Jahrhundert die klassische Kolonialliteratur (Schär 2000, S. 784). Sie steht im Dienst der Kolonialpolitik und fungiert auch im Kinderzimmer als Propagandainstrument zur Legitimierung von Kriegen und Ausbeutung im Zeichen des deutschen Imperialismus (ebd., S. 785). Ihre zweite Hochphase erlebte die Kolonialliteratur während des Nationalsozialismus. Die faschistische Kinderliteratur preist die Rückgewinnung der ehemaligen Kolonien an. Gleichzeitig propagiert die Kolonialliteratur den »für das NS-System konstitutiven Zwang der Erziehung zu ›heroischer Lebenshaltung‹« (Hopster 2005, S. 314).

Wenngleich der Friedensgedanke und die Idee der Völkerverständigung die Kinderliteratur der deutschen Nachkriegszeit bestimmt, ändert sich nur wenig an den Darstellungsweisen von Menschen aus fernen Ländern. Die Werke der ausschließlich weißen Autor*innen offenbaren weiterhin ein dichotomes und hierarchisches Verständnis von Welt: Dort stehen sich »der Westen und der Rest« zumeist diametral gegenüber (Hall 1994). Erst in den 1970er Jahren beginnt die wissenschaftliche Beschäftigung mit den Darstellungsformen von Menschen in anderen Ländern aufgrund einer erhöhten Sensibilisierung durch die internationalen Solidaritätsbewegungen mit der sog. ›Dritten Welt‹. Dadurch wird die bis dato ›unpolitische‹ KJL-Forschung kritisiert und eine Medienanalyse verlangt, »in der die Literatur konstituierenden gesellschaftlichen Bedingungen selbst zum konstitutiven Teil von Medienanalyse werden« (Becker & Oberfeld 1977, S. 8). Die KJL-Forschung jener Zeit bemüht sich um eine ideologiekritische Perspektive, indem sie ethnozentrische Darstellungen beanstandet und eine adäquate Repräsentation von Menschen insbesondere aus den Regionen Afrikas, Asiens und Lateinamerikas fordert. Das Engagement von Literaturschaffenden der 1980er Jahre ermöglicht schließlich, dass mehr Bücher außereuropäischer Autor*innen veröffentlicht werden (Schär 2000, S. 788 ff.; Haas 2003, S. 158). Diese Entwicklung ist zugleich eng mit der Migrations- und Einwanderungsgeschichte der Bundesrepublik verknüpft, »sodass das Thema ›Dritte Welt‹ an vielen Stellen das Thema Gastarbeiter und Gastarbeiterkinder bzw. Asylbewerber in Deutschland mitberührte« (Haas 2003, S. 159).

Mit dem Bekenntnis zur Einwanderungsgesellschaft zu Beginn des 21. Jahrhundert wird in Deutschland Migrationsgeschichte explizit zum (literarischen) Thema gemacht. Es entstehen Bücher, die das »Fremde im eigenen Land« (ebd.) behandeln.

---

2 Ein in diesem Kontext noch wenig untersuchtes Genre ist die Missionserzählung für Kinder, die um 1900 zum Standardrepertoire der Missionare gehörte. Mitunter haben die bis heute wirksamen »Bilder des Mitleids« gegenüber der nicht-westlichen Welt hier ihren Ursprung (Hölzl 2014).

Die eigentliche Zäsur in der Migrationsliteratur markiert die »Wahrnehmung der neuen Minderheiten« (ebd.), die sich aus der Mitte der 1950er Jahre angeworbenen Arbeitsmigrant*innen sowie den Geflüchteten und Spätaussiedelnden zusammensetzen. Von hier aus greift die Literaturwissenschaft auf migrationspolitische Termini zurück, die sowohl die Ausländer-, Gastarbeiter-, Migranten-, interkulturelle bis hin zur Migrationsliteratur umspannt (Rösch 2019). ›Gastarbeiter‹ und ›Gastarbeiterkinder‹ finden ab den 1970er Jahren und innerhalb der problemorientierten Bücher der KJL ihre Entsprechung (Weinkauff 2000, S. 769). Wie Dahrendorf (1974) moniert, bleiben dabei jedoch die ökonomische Situation der Arbeiter*innen in Deutschland oder die wirtschaftliche Lage der Herkunftsländer weitestgehend außen vor. Zehn Jahre später liegt der Fokus weiterhin auf der Problematisierung der Migrationsverhältnisse in der deutschen Einwanderungsgesellschaft. Der Topos der kulturell begründeten Identitätskrisen junger Migrant*innen der zweiten und dritten Generation ist dabei äußerst populär (Weinkauff 2000, S. 773). Im Laufe der 1980er Jahre werden schließlich immer mehr Bücher veröffentlicht, in denen auch Migrant*innen selbst für Kinder und Jugendliche schreiben. Während deutsche Autor*innen jener Zeit von Identitätskonflikten, Orientierungsproblemen und von Diskriminierungserfahrungen der Protagonist*innen berichten, neigen migrantische Autor*innen »eher zur Gestaltung positiver Modelle multikulturellen Zusammenlebens« (ebd., S. 776).

Die Tendenz der Diversifizierung natio-ethno-kultureller Räume in der deutschsprachigen KJL wird in den 1990er Jahren fortgeführt, denn die Zeit ist reif »für solche literarischen Impressionen einer widerspruchsvollen, komplexen und kulturell hybriden Welt, die erkennbar Parallelen zu den Verhältnissen im eigenen Land aufweist« (Weinkauff 2013, S. 45 f.). Kinderbücher von heute zeichnen somit ein Bild von Deutschland als Migrationsgesellschaft, das sich der Darstellung abgeschlossener, in sich homogener und differenter Kulturen, Nationen und Ethnien verweigert. Doch neben der Thematisierung von hybriden Lebensformen sind Stereotypisierungen und Rassifizierungen in Kinderbüchern weiterhin verbreitet. Nach wie vor reproduzieren literarische Lektüren für Kinder ein asymmetrisch-hierarchisches Gesellschaftsverhältnis und koloniale Bilderwelten (Hodaie 2014, S. 143 f.; Wiezorek 2017). Ein Beispiel ist der immer wieder neu aufgelegte Kinderbuchklassiker *Hexe Lilli entdeckt Amerika* (Knister & Rieger 2011). Noch in der aktuellen Schulausgabe stoßen die Leser*innen auf folgenden Satz: »Ich kämpfe gegen wilde Menschen [...] Christoph Columnuss [sic!] ist auf sie getroffen, als er Amerika entdeckt hat« (ebd. S. 3). Kinderbücher wie dieses bedienen sich der eurozentristischen Sichtweise und des kolonialhistorischen Narrativs, womit der Mythos einer abenteuerlich-lustigen Expedition des Christoph Kolumbus ins Ungewisse aufrechterhalten wird.

Dass noch heute Kinderbücher das Eroberer- und Entdecker-Narrativ unreflektiert verbreiten, ist mitunter der Tatsache geschuldet, dass das wissenschaftliche Interesse an der Auseinandersetzung mit Rassismus und Stereotypen in der deutschsprachigen KJL-Forschung mit dem Ende der Forschungsarbeiten der 1980er Jahre stark zurückgegangen ist (Schär 2000, S. 788; Eggers 2011; Wollrad 2011a, S. 165). Erst nachdem die Entscheidung des Stuttgarter Thienemann Verlags bekannt wurde, das N-Wort in den Neuausgaben Otfried Preußlers *Die kleine Hexe* zu streichen, entzündet sich 2012 eine kontroverse Kinderbuchdebatte, in der die Verwendung rassistischer Begriffe in Kinderbüchern beanstandet wird.

Ab 2010 lässt sich dies auch in der Literaturforschung beobachten, da die Anzahl an wissenschaftlichen Beiträgen wächst, die sich Kinderbüchern aus einer diskriminierungskritischen Perspektive widmen (Kübler 2013). Zweifelsohne ist dies auch der Verdienst von migrantischen und rassistisch marginalisierten Kinderbuchschaffenden und Multiplikator*innen, die neue Impulse für das Kinderbuch in der Migrationsgesellschaft setzen. Solche Own-Voices-Erzählungen ermöglichen ein diverses Storytelling, indem Kinderbücher vielschichtiger, sensibler und authentischer von marginalisierten Menschen erzählen (Sandjon 2020). Gerade über soziale Medien können migrantische und → BIPoC-Gruppen heute breite Netzwerke knüpfen, sich Gehör verschaffen und auch Einfluss auf die kinderliterarischen Produktions- und Distributionskontexte nehmen, obgleich weiße Perspektiven immer noch die (Bild-)Sprache dominieren.

2.3 Migration im Kinderbuch verhandeln: Einsichten, Ansichten und Aussichten

Es gibt eine Vielzahl an Kinderbüchern, die sich dem Woanders-Hingehen widmen (Rösch 2018). Allerdings beschränkt sich die Perspektive auf Migration häufig auf die Einwanderung in die 1949 neu gegründete Bundesrepublik. Gegenwärtig dominiert thematisch die Fluchtmigration 2014/15. Einige aktuelle Werke spiegeln die gesellschaftliche »Superdiversität« (Vertovec 2007) wider, mit der eine kontingente Vielfalt kindlicher Erfahrungen in der Migrationsgesellschaft einhergeht. Dennoch stößt das Lesepublikum immer wieder auf historische, thematische und soziale Grenzen in der Kinderbuchliteratur, die nicht nur die vielfältigen Facetten der deutschen Migrationsgesellschaft ausblendet, sondern auch unkritisch an rassifizierende Darstellungsweisen von Menschen und kolonialhistorische Wissensbestände anknüpft und diese reproduziert. Insofern erscheint es naheliegend, die Frage nach der Repräsentation von Migration im Kinderbuch anhand seiner Imaginationen zu stellen, indem das Sinnstiftungs- und Veränderungspotenzial von Migrationsliteratur für Kinder aufgezeigt wird.

In vielen Erzählungen werden die Figuren der neu zugewanderten Kinder und Familien mit nur wenig Handlungsmacht ausgestattet, während die alteingesessenen Figuren mehr Agency besitzen. Dies ist auch der Fall im deutsch-arabischen Bilderbuch *Bestimmt wird alles gut* von Kirsten Boie und Jan Birck (2015). Dort wird die syrische Protagonistin Rahaf nach ihrer Flucht nach Deutschland »weitgehend inaktiv und hilfsbedürftig« dargestellt (Rösch 2018, S. 4). Sie ist auf die Unterstützung der ortsansässigen Schulkameradin angewiesen, um handlungsfähig zu werden. Oft wird in diesem Kontext Agency mit dem Erlernen der deutschen Sprache gleichgesetzt: Rahaf wird zur stummen Bittstellerin, der Deutsch vermittelt werden muss, statt auf ihre eigenen (sprachlichen) Ressourcen zurückzugreifen. Die deutsche Klassenkameradin hingegen verkörpert Hilfsbereitschaft und avanciert zur »positiven Heldin« der Geschichte (ebd.). Die hier angelegte Hierarchie kann eine entmächtigende Botschaft auf neu zugewanderte Kinder entfalten, die sich möglicherweise mit der als hilflos dargestellten Rahaf identifizieren.

Darüber hinaus kann das dominante Narrativ »Sprache ist der Schlüssel zur Teilhabe am gesellschaftlichen Leben« dazu führen, dass andere Faktoren wie die soziale Herkunft, Diskriminierung oder der gesellschaftliche Wert von Sprache(n) vernachlässigt werden. Obwohl vielsprachige und gemischtsprachige Situationen in Rahafs Unterkunft oder in der Kommunikation mit ihrer Familie und ihren Freund*innen erwartbar wären, kommen sie in der Erzählung nicht vor. Die Abwesenheit von Mehrsprachigkeit verweist auf den allgegenwärtigen »monolingualen Habitus« (Gogolin 1994) der mehrheitlich deutschsprachigen Gesellschaft. Selbst in einem zweisprachig angelegten Text bedeutet das bloße Vorhandensein mehrerer Sprachen nicht automatisch eine »Überwindung der Machtbeziehungen zwischen den im Text verwendeten Sprachen« (Wintersteiner 2006, S. 77 ff.).

Wie die meisten Kinderbücher zum Thema Migration und Flucht stammt *Bestimmt wird alles gut* aus der Feder einer weißen Autorin und eines weißen Illustrators. Meist versichern Autor*innen aus der deutschen Mehrheitsgesellschaft, dass ihre Erzählungen auf Einblicken basieren, die sie aus Gesprächen mit neu zugewanderten Menschen gewonnen haben (so auch Boie & Birck 2015 oder Tuckermann & Schulz 2014). Die Menschen hinter diesen Geschichten bleiben jedoch unsichtbar. Sie profitieren weder symbolisch noch finanziell von der Veröffentlichung ihrer Geschichten.

Anders sind Hoa Mai Trân und Michaela Schultz verfahren, die zusammen mit einer Kindergruppe aus verschiedenen Unterkünften für geflüchtete Menschen (*Cool Kids*) in einem partizipativen Projekt das Buch *Wir Kinder aus dem FlüchtlingsHeim* (2020) verfasst haben. Sowohl die Kindergruppe als auch die Verfasserin und Illustratorin erscheinen als Autor*innen auf dem Buchcover. Einige der Kindernamen stehen auf dem vorderen und hinteren Vorsatzpapier des Buchs in Form von Namensporträts, die die Kinder selbst gezeichnet haben. Dies dient der Selbstrepräsentation der Kinder, denn dadurch werden die Mitwirkenden sichtbar, die sowohl als Individuen als auch als Gruppenmitglieder erkennbar werden. So lehnen viele der *Cool Kids* den Begriff »Flüchtling« ab, da sie ihn als »Schimpfwort« empfinden (ebd., S. 124). Gegen diese Fremdbenennung positionieren sich die Verfasser*innen, indem sie den Begriff im Titel auf dem Buchcover durchstreichen. Es sind die *Cool Kids* selbst, die aus ihrer kindlichen Perspektive Geschichten aus ihrem Alltag erzählen. Authentisch ist auch, dass die Erzählungen in vier typischen Sprachen der Migration präsentiert werden: auf Arabisch, Farsi, Kurmancî und Tigrinya sowie Englisch. Die Episoden handeln von Spielen und Festen, von Gefühlen der Hoffnung und Trauer, aber auch von der Freude der Kinder und ihrer Familien in der Unterkunft. Dabei erzählen die Protagonist*innen, wie sie mit ihrem Leben in der neuen, oft feindlich anmutenden Umgebung der Aufnahmeeinrichtung zurechtkommen und sich unterdrückerischen Strukturen (wie z. B. die Security im Heim, ein rassistischer Betreuer) oder widrigen Umständen (wie z. B. dem Leben in einer Turnhalle) widersetzen: Sie unterstützen sich gegenseitig, nutzen ihre Ressources eigenverantwortlich und hebeln starre Strukturen und traurige Momente gemeinsam aus. Die bunten, kontrastreichen und ausdrucksstarken Illustrationen visualisieren dabei Szenen aus den Geschichten auf vielfältige Weise. So sind die Illustrationen mal neutral beobachtend gestaltet, mal fotografisch dokumentierend gehalten und ergänzen so den Schrifttext. Mitunter geben sie auch Einblicke in das Bewusstsein der Kinder und geben deren Träume, Wünsche und Ängste wieder, indem zum Teil auf fantastische Bildelemente zurückgegriffen wird.

Ein ähnlich aktuelles Thema greift das Bilderbuch *Zug der Fische* von Yaroslava Black und Ulrike Jänichen (2020) auf: Arbeitsmigration wird dort auf poetische Weise anhand der Geschichte von Marika aus einem kleinen ukrainischen Dorf thematisiert. Sie lebt bei ihren Großeltern, denn ihre Mutter verdient in Italien Geld für die Familie und ist nur selten in der Ukraine. Marika und viele andere Kinder aus dem karpatischen Dorf sind sog. »Eurowaisen«, also Kinder, die seit der Öffnung des europäischen Arbeitsmarkts nach Osten ohne ihre Eltern aufwachsen. Hier wird Arbeitsmigration aus der Perspektive der Zurückgebliebenen geschildert, wobei die Autorin und Illustratorin im Text und in den Bildern die große Verantwortung dokumentieren, die auf diesen Kindern lastet, weil sie sich schon früh um ihre kleineren Geschwister oder kranken Großeltern kümmern müssen. Auch die Sehnsucht der Kinder nach ihren Eltern und die Wut auf die prekären Lebensumstände, in denen sich die Kinder und ihre Familien befinden, kommen zur Sprache. Obwohl der Schrifttext einsprachig Deutsch gehalten ist, sind im Bildtext englische, italienische und russische Schriftbilder integriert. Dies verweist auf den mehrsprachigen und globalisierten Kontext, in dem sich die Kinder durch die elterlichen Briefe und Geldtransfers aus der Ferne bewegen.

2.4 Fazit: Kinderbücher zwischen Affirmation und Aufbruch

Die Darstellungen von Migration im Kinderbuch entwickeln sich zwar gegenwärtig dynamisch, oszillieren dabei aber zwischen klischeehaften und differenzierenden Repräsentationen. Durch die historisch vorgezeichnete, kontinuierliche Wiederholung von hierarchischen Unterscheidungen zwischen dem ›Eigenen‹ und ›Fremden‹ wird in Kinderbüchern weiterhin auf kolonialhistorische, rassistische und stereotype Benennungen und Inszenierungen zurückgegriffen. In aktuellen Werken sind migrantisierte Figuren häufig noch mit wenig Handlungsmacht ausgestattet und die vielfältigen Lebensweisen und Wissensformen sowie mehrsprachige Praxen der Migrationsgesellschaft bleiben ebenfalls oftmals ausgeklammert. Mehrfachzugehörigkeiten werden nur selten thematisiert. Dies geht mit dem gegenwärtigen gesellschaftlichen Problemdiskurs über ›Migrationsandere‹ einher. So wird in Kinderbüchern noch immer der Eindruck erweckt, dass Differenzen zwischen

Menschengruppen naturgegeben und selbstverständlich seien, anstatt deren soziale Konstruiertheit aufzuzeigen.

Zugleich lässt sich eine Tendenz hin zu mehr Diversity im Kinderbuch der Migrationsgesellschaft im deutschsprachigen Raum beobachten. Auf verbalsprachlicher Ebene zeigt sich dies an der Integration von weiteren Sprachen und Varietäten außer des Hochdeutschen sowie an der – wenn auch noch selteneren – Darstellung von mehrsprachigem Sprachhandeln in Kinderbüchern. Die Tatsache, dass immer häufiger Figurenbenennungen oder Bezeichnungen von Nahrungsmitteln in Kinderbüchern vorkommen, die nicht typisch Deutsch klingen, und Handlungsräume erzählt bzw. gezeigt werden, in denen migrantische *Communities* leben, arbeiten und ihre Religion ausüben, verweist auf eine zunehmende Repräsentation von diversifizierten Lebenswelten innerhalb der Migrationsgesellschaft. Vor allem aber finden wir mittlerweile Kinderbücher, die von alltäglichen Situationen und kindlichen Lebenswelten handeln, in denen vielfältige Familien- und Lebensverhältnisse humorvoll und spannend erzählt und visualisiert werden. Dabei ist es begrüßenswert, dass das Woanders-Hingehen nicht ständig im Mittelpunkt der Geschichten stehen oder gar problematisiert werden muss.

Stattdessen eröffnet die Sicht der neu angekommenen und der zurückbleibenden Kinder ungewohnte Perspektiven auf Diversität, sodass Vielfalt in Kinderbüchern künftig immer häufiger unaufgeregt, selbstverständlich und vielschichtig repräsentiert wird.

Literaturverzeichnis

Abraham, U. (2015): Literarisches Lernen in kulturwissenschaftlicher Sicht. Leseräume, Zeitschrift für Literalität in Schule und Forschung, 2 (2), 6–15.
Auma, M.-M. (2018): Kulturelle Bildung in pluralen Gesellschaften. Diversität von Anfang an! Diskriminierungskritik von Anfang an! Online verfügbar unter: http://www.kubi-online.de/artikel/kulturelle-bildung-pluralen-gesellschaften-diversitaet-anfang-diskriminierungs-kritik-anfang, Zugriff am 10.11.2021.
Bade, K. & Oltmer, J. (2004): Normalfall Migration. Deutschland im 20. und frühen 21. Jahrhundert. Bonn: bpb.
Beauftragte der Bundesregierung für Migration, Flüchtlinge und Integration (BMFI) (2015): Schulbuchstudie Migration und Integration. Online verfügbar unter: https://narrt.eaberlin.de/w/files/narrt/religionspaedagogik/studien/schulbuchstudie_migration_und_integration_09_03_2015.pdf, Zugriff am 16.11.2021.
Becker, J. & Oberfeld, C. (1977): Zur Darstellung der »Dritten Welt« in Kinder- und Jugendbüchern. Eine problemorientierte Einführung. In: J. Becker & C. Oberfeld (Hrsg.), Die Menschen sind arm, weil sie arm sind. Die Dritte Welt im Spiegel von Kinder- und Jugendbüchern (S. 5–24). Frankfurt/Main: Haag und Herchen.
Bishop, R. (1990): Mirrors, windows, and sliding glass doors. Perspectives: Choosing and using books for the Classroom, 6 (3), 9–11.
Black, Y. & Jänichen, U. (2020): Zug der Fische. Unter Mitarbeit von Keno Verseck. Hamburg: Carlsen.
Boie, K. & Birck, J. (2015): Bestimmt wird alles gut. Eine bewegende Geschichte vom Flüchten und Ankommen. Leipzig: Klett Kinderbuch.

Botelho, M. J. & Rudman, M. K. (2009): Critical multicultural analysis of children's literature. Mirrors, windows, and doors. New York: Routledge.

Chiellino, C. (2007): Interkulturelle Literatur in Deutschland. Ein Handbuch. Stuttgart, Weimar: Metzler.

Dahrendorf, M. (1974): Warum Gäste arbeiten. Wie sich ein aktuelles Problem in der Kinderliteratur spiegelt. Die Zeit, 50 (15). Online verfügbar unter: http://www.zeit.de/1974/15/warum-gaeste-arbeiten, Zugriff am 10.11.2021.

Dolle-Weinkauff, B. & Peltsch, S. (2008): Kinder- und Jugendliteratur der DDR. In: R. Wild (Hrsg.), Geschichte der deutschen Kinder- und Jugendliteratur (S. 413–436). Stuttgart: Metzler.

Eggers, M. (2011): Diversity/Diversität. In: S. Arndt & N. Ofuatey-Alazard (Hrsg.), Wie Rassismus aus Wörtern spricht. (K)Erben des Kolonialismus im Wissensarchiv deutscher Sprache. Ein kritisches Nachschlagewerk (S. 256–263). Münster: Unrast.

Esselborn, K. (2015): Neue Beispiele transkultureller Literatur in Deutschland. Literatur mit Migrationsthemen für den DaF/DaZ-Unterricht. Zeitschrift für Interkulturellen Fremdsprachenunterricht, Didaktik und Methodik im Bereich Deutsch als Fremdsprache, 20 (2), 116–130.

Ewers, H.-H. (2000): Was ist Kinder- und Jugendliteratur? Ein Beitrag zu ihrer Definition und zur Terminologie ihrer wissenschaftlichen Beschreibung. In: G. Lange (Hrsg.), Taschenbuch der Kinder- und Jugendliteratur. Band 1: Grundlagen, Gattungen (S. 2–16). Baltmannsweiler: Schneider Hohengehren.

Fischer-Tiné, H. (2016): Kolonialismus und Migration (1800–1960). Bundeszentrale für politische Bildung. Online verfügbar unter: http://www.bpb.de/geschichte/zeitgeschichte/postkolonialismus-und-globalgeschichte/219138/, Zugriff am 10.11.2021.

Foroutan, N. (2019): Die postmigrantische Gesellschaft. Ein Versprechen der pluralen Demokratie. Bielefeld: transcript.

Georgi, V. (2017): Diversity Education im Fokus Kultureller Bildung. Diskurse vernetzen und Synergien nutzen. In: A. Eitzeroth & W. Schneider (Hrsg.), Partizipation als Programm. Wege ins Theater für Kinder und Jugendliche (S. 15–26). Bielefeld: transcript.

Gogolin, I. (1994): Der monolinguale Habitus der multilingualen Schule. Münster: Waxmann.

Grabbert, T. (2010): Migration im niedersächsischen Schulbuch. POLIS, 14 (3), 15–17.

Groeben, N. & Christmann, U. (2014): Empirische Rezeptionspsychologie der Fiktionalität. In: T. Klauk & T. Köppe (Hrsg.), Fiktionalität. Ein interdisziplinäres Handbuch (S. 338–360). Berlin: De Gruyter.

Haas, G. (2003): Dem Fremden begegnen. Die »Dritte Welt« im Deutschunterricht. In: G. Haas (Hrsg.), Aspekte der Kinder und Jugendliteratur. Genres – Formen und Funktionen – Autoren (S. 149–162). Frankfurt/Main: Peter Lang.

Hall, S. (1994): Der Westen und der Rest. Diskurs und Macht. In: U. Mehlem et al. (Hrsg.), Stuart Hall. Rassismus und kulturelle Identität (S. 137–179). Hamburg, Berlin: Argument.

Hall, S. (2000): Die Konstruktion von »Rasse« in den Medien. In: N. Räthzel (Hrsg.), Stuart Hall. Ideologie, Kultur, Rassismus (S. 150–171). Hamburg, Berlin: Argument.

Hodaie, N. (2014): Interkulturelles Lernen mit Bilderbüchern. In: U. Abraham & J. Knopf (Hrsg.), BilderBücher (S. 141–147). Baltmannsweiler: Schneider Hohengehren.

Hölzl, R. (2014): ‚Mitleid' über große Distanz. Zur Fabrikation globaler Gefühle in Medien der katholischen Mission (1890–1940). In: R. Habermas & R. Hölzl (Hrsg.), Mission global? Eine Verflechtungsgeschichte seit dem 19. Jahrhundert (S. 265–294). Köln: Böhlau.

Hopster, N. (2005): Kolonien. In: N. Hopster, P. Josting & J. Neuhaus (Hrsg.), Kinder- und Jugendliteratur 1933–1945. Ein Handbuch. Band 2: Darstellender Teil (S. 307–352). Stuttgart: Metzler.

Ivanovic, C. (2018): Alte und neue Weltliteratur. In: Japanische Gesellschaft für Germanistik (Hrsg.), Psycholinguistik heute/Weltliteratur heute (S. 157–166). München: iudicum.

Knister & Rieger, B. (2011): Hexe Lilli entdeckt Amerika. Der Bücherbär: Hexe Lilli für Erstleser. Würzburg: Arena.

Kübler, A. (2013): Zum kritischen Umgang mit Kinderbüchern. Bedarfe, Widerstände, Möglichkeitsräume. In: ZWST e. V. (Hrsg.), Kinderbücher kritisch lesen (S. 62–69). Online

verfügbar unter: http://annette-kuebler.de/veroffentl/kinderbuecher/, Zugriff am 10.11.2021.
Maukisch, H. (1836): Reisen in die Ferne oder Vater Reinhold's Mittheilungen über die Erde und ihre Bewohner. Ein Lese- und Bilderbuch. Leipzig: J. G. Taubert.
Mecheril, P. (2010): Migrationspädagogik. Weinheim, Basel: Beltz.
Mecheril, P. (2016): Migrationspädagogik. Ein Projekt. In: P. Mecheril (Hrsg.), Handbuch: Migrationspädagogik (S. 8–31). Weinheim: Beltz.
Oltmer, J. (2016): Globale Migration. Geschichte und Gegenwart. München: C. H. Beck.
Pellatz-Graf, S. (2008): Abenteuer- und Reiseromane und -erzählungen für die Jugend. In: O. Brunken, B. Hurrelmann, M. Michels-Kohlhage & G. Wilkending (Hrsg.), Handbuch zur Kinder- und Jugendliteratur. Von 1850 bis 1900 (S. 616–708). Stuttgart: J. B. Metzler.
Richter, D. & Vogt, J. (1974): Die heimlichen Erzieher. Kinderbücher und politisches Lernen. Reinbek bei Hamburg: Rowohlt.
Rösch, H. (2000): Migrationsliteratur im DaF-Unterricht. Info DaF, 27 (4), 376–392. Online verfügbar unter: https://doi.org/10.1515/infodaf-2000-0405, Zugriff am 10.11.2021.
Rösch, H. (2018): Alles wird gut!? – Flucht als Thema in aktuellen Bilderbüchern für den Elementar- und Primarbereich. leseforum.ch, 9 (2). Online verfügbar unter: https://www.leseforum.ch/sysModules/obxLeseforum/Artikel/626/2018_2_de_roesch.pdf, Zugriff am 10.11.2021.
Rösch, H. (2019): Migrationsliteratur. In: C. Lütge (Hrsg.), Grundthemen der Literaturwissenschaft. Literaturdidaktik (S. 338–356). Berlin: De Gruyter.
Said, E. W. (1978): Orientalism. London: Routledge.
Sandjon, C.-F. (2020): Schwarze Kinder, weiße Perspektiven. Wie divers ist die Kinderbuchbranche? Heinrich Böll Stiftung (Heimatkunde. Migrationspolitisches Portal). Online verfügbar unter: https://heimatkunde.boell.de/de/2020/10/08/schwarze-kinder-weisse-perspektiven-wie-divers-ist-die-kinderbuchbranche#, Zugriff am 10.11.2021.
Schär, H. (2000): Dritte Welt als Thema der Kinder- und Jugendliteratur. In: G. Lange (Hrsg.), Taschenbuch der Kinder- und Jugendliteratur (S. 783–798). Baltmannsweiler: Schneider Hohengehren.
Scholz, O. (2014): Fiktionen, Wissen und andere kognitive Güter. In: T. Klauk & T. Köppe (Hrsg.), Fiktionalität. Ein interdisziplinäres Handbuch (S. 209–234). Berlin: De Gruyter.
Sturm-Trigonakis, E. (2007): Global playing in der Literatur. Ein Versuch über die Neue Weltliteratur. Würzburg: Königshausen & Neumann.
Terkessidis, M. (2019): Wessen Erinnerung zählt? Koloniale Vergangenheit und Rassismus heute. Hamburg: Hoffmann und Campe.
Trân, Hoa Mai & Schultz, M. (2020): Wir Kinder aus dem (Flüchtlings)Heim. Unter Mitarbeit von Michaela Schultz. Berlin: Viel & Mehr.
Treibel, A. (2015): Integriert Euch! Neue Perspektiven für die Deutschen. Frankfurt/Main: Campus.
Tuckermann, A. & Schulz, T. (2014): Alle da! Unser kunterbuntes Leben. Leipzig: Klett Kinderbuch.
Velho, A. (2011): Un/Tiefen der Macht. Auswirkungen von Rassismuserfahrungen auf die Gesundheit, das Befinden und die Subjektivität. Ansätze für eine reflexive Berufspraxis. In: AMIGRA (Hrsg.), Alltagsrassismus und rassistische Diskriminierung. Auswirkungen auf die psychische und körperliche Gesundheit. Dokumentation der Fachtagung vom 12.10.2010. München.
Vertovec, S. (2007): Super-diversity and its implications. Ethnic and Racial Studies, 30 (6), 1024–1054.
Völpel, A. (2008): Jüdische Kinder- und Jugendliteratur der Weimarer Republik. In: P. Josting & W. Fähnders (Hrsg.), ‚Laboratorium' Vielseitigkeit. Zur Literatur der Weimarer Republik (S. 155–169). Bielefeld: Aisthesis.
Weinkauff, G. (2000): Multikulturalität als Thema der Kinder- und Jugendliteratur. In: G. Lange (Hrsg.), Taschenbuch der Kinder- und Jugendliteratur. Band 2: Medien und Sachbuch, ausgewählte thematische Aspekte, ausgewählte poetologische Aspekte, Produktion und Rezeption (S. 766–782). Baltmannsweiler: Schneider Hohengehren.

Weinkauff, G. (2013): Kulturelle Vielfalt (in) der deutschsprachigen Kinder- und Jugendliteratur. In: P. Josting & C. Roeder (Hrsg.), »Das ist bestimmt was Kulturelles«. Eigenes und Fremdes am Beispiel von Kinder- und Jugendmedien (S. 33–52). München: kopaed.

Wiezorek, A. (2017): Repräsentationen natio-ethno-kultureller Vielfalt im Sachbilderbuch. Exempel einer rassismuskritischen Analyse. Online verfügbar unter: https://www.kubi-online.de/artikel/repraesentationen-natio-ethno-kultureller-vielfalt-sachbilderbuch-exempel-einer, Zugriff am 10.11.2021.

Wild, R. (2008): Aufklärung. In: R. Wild (Hrsg.), Geschichte der deutschen Kinder- und Jugendliteratur (S. 43–95). Stuttgart, Weimar: J. B. Metzler.

Wintersteiner, W. (2006): Poetik der Verschiedenheit. Literatur, Bildung, Globalisierung. Klagenfurt: Drava.

Wollrad, E. (2011a): »dass er nicht so weiß ist wie ihr«. Rassismus in westdeutschen Kinder- und Jugendbüchern. In: C. Melter & P. Mecheril (Hrsg.), Rassismuskritik. Band 1: Rassismustheorie und -forschung (S. 163–178). Schwalbach/Taunus: Wochenschau.

Wollrad, E. (2011b): Kinderbücher. Koloniale Echos – Rassismus in Kinderbüchern. In: S. Arndt & N. Ofuatey-Alazard (Hrsg.), Wie Rassismus aus Wörtern spricht. (K)Erben des Kolonialismus im Wissensarchiv deutscher Sprache – ein kritisches Nachschlagewerk (S. 379–389). Münster: Unrast.

3 Rassifizierung in der Kindheit – Rassismus in Kinder- und Jugendbüchern aufspüren?

Jens Mätschke-Gabel

Einleitung

Im Jahr 2018 hatte ich die Gelegenheit, eine Gruppe → Schwarzer südafrikanischer Lehramtsanwärter*innen bei ihren Besuchen in Berliner Schulklassen zu begleiten. Die Berichte über ihren Studienort Durban, eine Millionenstadt mit Hochhäusern und Shoppingmalls am Indischen Ozean, lösten sichtbare Irritationen bei den etwa 15-jährigen Jugendlichen aus. Besonders eingeprägt hat sich bei mir die Frage, ob die Referendar*innen in ihrer Kindheit im Freien spielen konnten oder ob dies wegen wilder Tiere zu gefährlich war. Ihre Antwort, dass Tiere wie Elefanten oder Löwen nur in Zoos oder Nationalparks zu finden seien und sie diese deshalb auch nur aus dem Fernsehen kennen, erstaunte die Schüler*innen, denn sie zweifelten diese Aussagen erst einmal an.

In diesem Artikel möchte ich der Frage nachgehen, wie derartige Bilder im Denken von jungen Heranwachsenden entstehen. Am Beispiel von Kinder- und Jugendliteratur wird erforscht, inwieweit rassifizierende Bilder in der Sozialisation weit verbreitet sind und von jungen Menschen erlernt werden. Laut Börsenverein des Deutschen Buchhandels sind im Jahr 2019 etwa 8.000 Kinder- und Jugendbücher in Erstauflage in Deutschland erschienen. Dieser Wert ist trotz Digitalisierung seit einem Jahrzehnt stabil. Kinder- und Jugendbücher sind deshalb nach wie vor ein relevantes Sozialisationsmedium, welches viele Menschen in ihrem Denken und Tun weiterhin beeinflusst.

Ich bin in einer mittelgroßen Stadt in der DDR als → *weißes* Kind in einem *weißen* Umfeld aufgewachsen und erlebte die Öffnung der Mauer zwischen den beiden deutschen Staaten im Alter von 14 Jahren. Meine Eltern förderten das Lesen von Kinder- und Jugendbüchern. Bevor ich mich mit meiner eigenen Lesesozialisation auseinandergesetzt habe, war ich überzeugt, dass Schwarze Menschen in diesen Büchern selten vorkamen und, falls doch, zumindest nicht negativ dargestellt wurden. In Kindergarten und Schule lernten wir, dass Solidarität und Völkerverständigung staatliche Grundlagen waren. Innerhalb dieser Ideologie konnte Rassismus nicht wahrgenommen werden.

Im Alter von 35 Jahren begann ich, die Bücher meiner Kindheit mit einer rassismuskritischen Brille zu lesen. Ich war zuerst überrascht und später erschüttert, wie viele abwertende Darstellungen über Schwarze Menschen ich als Kind unreflektiert aufgenommen hatte. Mir war das schlichtweg nicht bewusst. Rassifizierende Bilder und Bedeutungszuschreibungen fand ich sowohl in der Kinderzeitschrift *Bummi*, in meinem Lieblingscomic *Mosaik*, in Abenteuerromanen wie *Robinson Crusoe, Sind-*

bad der Seefahrer, *Die Schatzinsel* und *Die Söhne der großen Bärin* als auch im Jugendbuch *Sohn des Bärenjägers* von Karl May. Diese Entdeckungen waren der Impuls, mich intensiver mit dem Zusammenhang zwischen Rassismus und aktueller Kinder- und Jugendliteratur zu beschäftigen.

Im Sinne der postkolonialen Theorie sind rassistische und koloniale Bilder nicht mit dem Ende des Nationalsozialismus oder der Unabhängigkeit kolonisierter Staaten verschwunden. Weshalb sollten sie auch? Weder in der DDR noch in der BRD gab es eine tiefgehende Auseinandersetzung und Aufarbeitung der kolonialen Geschichte und Denkweise, die eine Abkehr von der rassistischen Einteilung von Menschen und den damit verbundenen Bildern und Zuschreibungen bedeutet hätte. Vielmehr treten diese in neuen Formen zutage: Einerseits rücken Verbindungen zwischen unterschiedlichen Unterdrückungserfahrungen und kritischen Betrachtungen der deutschen Vergangenheitsbewältigung stärker ins Licht der Öffentlichkeit, andererseits gibt es im rechten Spektrum erheblich Gegenwehr gegen genau diese Aufarbeitungsarbeit. Eine aufrichtige Beschäftigung müsste sich der Tatsache stellen, dass rassistische und koloniale Bilder eine 500-jährige Geschichte haben und eng mit europäischen Expansionsbestrebungen, Machtausübung und Legitimation von Ausbeutung und Vernichtung verknüpft sind.

Im Weiteren wird Rassismus hier folgendermaßen verstanden: Rassismus basiert auf der Vorstellung, dass Menschen aufgrund von physischen Merkmalen in feste Gruppen einteilbar sind. Diese Auffassung wurde durch koloniale Machtstrukturen gefestigt und diente der kapitalistischen Ausbeutung der Natur und von bestimmten Menschen. Die Gruppen stehen in einer Hierarchie zueinander. Zuschreibungen werden mit auf- und abwertenden Bedeutungen beständig machtvoll in unserer Gesellschaft durchgesetzt und schränken die Lebensmöglichkeiten von → BIPoC ein.

Dieser Artikel gliedert sich in vier Teile. Im ersten Unterkapitel wird der Prozess der Rassifizierung skizziert, um Verbindungen zu den im zweiten Kapitel erläuterten Analyseansätzen herzustellen. Anhand vieler Beispiele aus der Kinder- und Jugendliteratur werden die Methoden »Auffinden von Differenzlinien«, »Inhaltsanalyse von rassifizierenden Ausprägungen« und machtkritische Einordnung von »einseitigen Geschichten« vorgestellt. In Zusammenführung dieser drei Verfahren wird im dritten Teil der Kinderbuchklassiker *Jim Knopf* analysiert. Das letzte Kapitel schließt mit einem Ausblick auf eine rassismussensible Auswahl von Kinderliteratur und Ideen für eine rassismuskritische Begleitung von *weißen* Kindern.

3.1 Rassifizierung in der Kindheit und im Jugendalter

Die aktuelle Forschung zur frühkindlichen Entwicklung geht davon aus, dass Kinder schon frühzeitig ein Bewusstsein für rassistisch konstruierte Differenzen entwickeln. Rassismus ist nicht angeboren, sondern wird erlernt. In diesem Sozialisationsprozess, der alle Kinder gleichermaßen betrifft, finden gesellschaftliche Gruppenkonstruktionen, Hierarchien und Machtverhältnisse Zugang zur kindlichen Vorstellungswelt. Damit geht ein erstes Gewahrwerden über die eigene soziale Position und die damit verbundene gesellschaftliche Bewertung einher. Dieser Vorgang wird als Rassifizierung bezeichnet und im Folgenden kurz skizziert.[1]

Der Prozess lässt sich in drei Phasen unterteilen: Erstens erlernen Kinder durch aufmerksame Beobachtungen ihrer Umwelt, welche Gruppenkonstruktionen bzw. Differenzlinien benannt und für Bezugspersonen bedeutsam sind. Bereits mit zwei Jahren verfügen Kinder über ein Gespür für Unterscheidungsmerkmale wie Hautfarbe, Geschlecht, Sprache oder kulturelle Ausdrucksformen. Zweitens werden zu diesem Zeitpunkt bereits soziale Bewertungen verinnerlicht und die meisten Kinder entwickeln eine *Weiß*-Präferenz. Mit *Weiß*sein wird ›gut sein‹, Macht und Ansehen assoziiert, wohingegen mit Schwarzsein das Gegenteil verbunden wird. Diese Bevorzugung von *Weiß*sein beruht bei Kindern im Alter von vier bis sechs Jahren hauptsächlich auf einem Gefühl und keiner begründbaren Entscheidung. Dies geschieht erst in der dritten Phase, in der vermeintlich rationale Begründungen und komplexere Zusammenhänge für die bisher erlernten Differenzierungen entwickelt werden. Mit sechs bis sieben Jahren verstehen Kinder, was kulturelle Identität ist, ordnen sich einer konstruierten Eigengruppe zu und zeigen Aggressionen gegenüber anderen (vgl. York 2003, S. 43 ff.).

Rassismus gehört damit zur Lebenswelt von Kindern und Jugendlichen. Kinder of Color realisieren diese Diskriminierung bereits sehr früh, denn sie spüren negative Wirkungen deutlich in ihrem Alltag. Da in diesem Sammelband auf die Wirkung von Diskriminierung in verschiedenen Artikeln eingegangen wird, möchte ich hier nur einen Aspekt betonen: Von Rassifizierung werden alle Kinder beeinflusst – also auch *weiße*.

Stacey York zeigt beispielsweise auf, dass das Aufwachsen in einer rassistischen Gesellschaft auch *weiße* Kinder in der Entwicklung ihrer Identität prägt und begrenzt. Diese werden zumeist gezwungen, die Realität von Rassismus auszublenden, da mit ihnen weder darüber gesprochen wird noch werden ihre Beobachtungen ernst genommen. Stattdessen werden ihre Wahrnehmungen mit dem lapidaren Verweis ignoriert, dass wir alle gleich sind und Hautfarbe keine Rolle spielt. Spätestens im Vorschulalter entwickeln *weiße* Kinder stereotype Rationalisierungen als Schutzschild für die Ungerechtigkeitsgefühle, die in ihnen die wahrgenommene Ungleichbehandlung von Kindern of Color auslöst. Sie entwickeln einen Ethnozentrismus, der ihre Vorstellungswelt und Neugier einschränkt und sie denken lässt, dass ihre Lebens- und Denkweise die einzig richtige sei. Dadurch entsteht ein Gefühl der Überlegenheit – eine trügerische, labile Selbstsicherheit, die durch beständige Kritik, Abwertung und Zurückweisung von Schwarzen Menschen aufrechterhalten werden muss. Dies wiederum führt zu irrationalen Gefühlen wie Angst und Hass auf

---

1 Für eine vertiefende Beschäftigung empfehle ich die Promotionsschrift von Maisha-Maureen Auma (veröffentlicht als Eggers) mit dem Titel *Rassifizierung und kindliches Machtempfinden. Wie schwarze und weiße Kinder rassifizierte Machtdifferenz verhandeln auf der Ebene von Identität*.

Schwarze Personen, welche sich aus rassistischen Stereotypen speisen (vgl. York 2003, S. 44 ff.). Eine *weiße* kindliche Psyche wird somit ebenfalls durch Rassismus belastet. Um Störungen in der Identitätsentwicklung zu vermeiden, sind die Bezugspersonen von Kindern und Jugendlichen gefordert, diese in Rassifizierungsprozessen zu begleiten, zu sensibilisieren und eine diverse Umgebung zu schaffen.

3.2 Rassismuskritische Analyse

Die deutschsprachige Kinder- und Jugendliteratur richtet sich fast ausschließlich an ein *weißes* Publikum und beschreibt eine *weiße*, monokulturelle Lebensrealität. Sind Personen of Color in Büchern vorhanden, bedeutet dies keineswegs deren würdevolle und angemessene Repräsentation, vielmehr bedienen die Benennungen, bildhaften Darstellungen, Beschreibungen und Handlungsdynamiken häufig rassistische Narrative.

Im Folgenden werden drei Analyseperspektiven vorgestellt, die sich dahingehend unterscheiden, welcher Betrachtungsaspekt im Vordergrund steht und ob sie eher auf einer abstrakten Ebene verbleiben oder konkrete Details in den Blick nehmen. Sie können zusammen oder unabhängig voneinander angewendet werden. Die Analyse auf Differenzebenen ermöglicht einen allgemeinen Blick, wie Gruppen in Büchern konstruiert und benannt werden und wie sie zueinander stehen. Mit einer Inhaltsanalyse lässt sich das Vorhandensein von expliziten rassifizierenden Ausprägungen untersuchen. Weiterhin verhelfen die Impulse aus Chimamanda Ngozi Adichies Vortrag »Die Gefahr einer einzigen Geschichte« dazu, Fehlstellen, verkürzte Begründungszusammenhänge und eine globale Machtperspektive in einem Narrativ aufzudecken.

3.2.1 Differenzlinien

Zum ersten Schritt einer kindlichen Rassifizierung gehört – wie bereits erwähnt – das Erlernen der Zuordnung von Menschen zu festen, teilweise als natürlich bezeichneten Gruppen anhand von spezifischen Merkmalen. Die Rassentheorien, welche ab dem 17. Jahrhundert aufkamen, teilten die Menschheit aufgrund von äußeren Merkmalen in Gruppen ein. Der deutsche Philosoph Immanuel Kant stützte beispielsweise seine Theorie der vier ›Rassen‹ auf eine Farbsymbolik: weiß, schwarz, rot und gelb. Die Konstruktion von Rassen ist unmittelbar mit dem aufkommenden europäischen Imperialismus verbunden, da sie diesen legitimieren sollte.

Die moderne Wissenschaft hat jegliche Rassentheorie widerlegt: Es gibt keine menschlichen Rassen. Die Fähigkeit, Menschen in Farben und/oder nach anderen Eigenschaften zu gruppieren, ist eine kognitive Abstraktion und Konstruktion: Es gibt objektiv keine weiße, schwarze, gelbe oder rote Hautfarbe oder klar voneinander abgrenzbare globale Menschengruppen. Trotzdem lernen Kinder im Vorgang der Rassifizierung, Farbbegriffe auf Körper zu übertragen und diese entsprechend zu bewerten (vgl. Wollrad 2009, S. 164).

In einem früheren Artikel (Mätschke 2016) analysierte ich, inwieweit diese Farbzuschreibungen in ausgewählten Kinderbüchern vorkommen. Im Buch *Die blaue Wolke* von Tomi Ungerer bekämpfen sich weiße, schwarze, gelbe und rote Menschen. Im Kinderbuch *Josef Schaf will auch einen Menschen* von Philip Waechter und Kirsten Boie werden vier kleine Menschen als Haustiere gehalten – eine Schwarze Person, eine *weiße* Person, eine ›Chinesin‹ und ein ›Inuk‹. Unabhängig von der moralischen Botschaft der Geschichten eignen sich Kinder im Subtext eine rassifizierende Einteilung von Menschen in Farben an. Dies geschieht auch im Kinderbuch *Jim Knopf*, wie noch gezeigt wird.

Eine Analyse von Differenzlinien kann sehr aufschlussreich sein, wie mit Unterschiedlichkeit und Vielfalt in einer Geschichte umgegangen wird: Welche Gruppen werden mit welchen Wertungen markiert? Auf welcher Basis erfolgt die Abgrenzung zwischen den Gruppen? Sind auch Gemeinsamkeiten und Durchlässigkeit zwischen den Gruppen erkennbar? Wird auf Heterogenität innerhalb von Gruppen geachtet?

Die Kinderbuchreihe Elmar

Die Frage, wie Differenz hergestellt und von einer konstruierten Normalität abgegrenzt wird, betrachte ich im Folgenden an einem Beispiel aus der Kinderbuchreihe mit dem Elefanten Elmar. Das erste Buch von 1989, welches Elmar grundsätzlich beschreibt, ist bereits in der 34. Auflage erschienen. Es existieren zahlreiche pädagogische Handreichungen zum Einsatz des Buches in Kindergärten und für die Klassenstufen 1 und 2.

Elmar ist nicht wie andere Elefanten, die »alle ein bisschen verschieden, aber alle einigermaßen glücklich – und allesamt elefantenfarben« (S. 4) sind. Er »war ganz anders« (S. 7) – er ist kariert, bringt andere zum Lachen und denkt sich stets etwas Besonderes aus. Er hat jedoch »keine Lust mehr, so ganz anders zu sein […] Kein Wunder, dass sie über mich lachen« (S. 10). Mit grauem Beerensaft reibt er sich ein, sodass er genauso aussieht »wie jeder Elefant« (S. 16). Er freut sich, als er mit »Guten Morgen, Elefant!« (S. 19) und nicht mit Elmar angesprochen wird. Erst, als er die anderen Elefanten mit seinem lauten Lachen erschreckt, wird er wiedererkannt. Ein Regen wäscht Elmars Färbung ab und ein alter Elefant spricht: »Lange hat es nicht gedauert, bis deine Farben wieder herauskamen!« (S. 31). Die Elefantenherde verkleidet sich nun einmal im Jahr, malt sich bunt an und Elmar wird elefantenfarben ›eingefärbt‹. An diesem Tag sieht nur Elmar »ganz normal« (S. 32) aus.

An der Geschichte ist problematisch, dass Elmars Andersartigkeit aufgrund seiner Fell- bzw. Hautfarbe markiert wird, wodurch er sich nach der Erzählung außerhalb der Normalität befindet. Darüber hinaus wird sein Aussehen mit seinem grundsätzlichen Verhalten verknüpft und sein Wunsch nach Zugehörigkeit und Unsichtbarkeit bleibt ihm verwehrt. Dies ist in der Realität eine schmerzhafte Erfahrung für Kinder of Color, was nicht zum lustigen oder bestärkenden Tenor der Erzählung passt.

3.2.2 Inhaltsanalyse von rassifizierenden Zuschreibungen und Darstellungen

Die Analyse von Differenzlinien und Hierarchien kann abstrakt und unabhängig davon erfolgen, mit welchen konkreten Bildern und Zuschreibungen in einer Geschichte gearbeitet wird. Auch die Inhaltsanalyse versucht unabhängig von der Gesamtgeschichte und deren Intentionen, konkrete rassifizierende Darstellungen in Bild und Text aufzuspüren. Unerheblich ist dabei, ob eine Geschichte eine scheinbar positive Moral hat. Wenn sie gleichzeitig rassifizierende Bilder benutzt, nehmen Kinder beides auf.

Der Vorteil einer Inhaltsanalyse besteht darin, dass verschiedene Darstellungen des komplexen Themas Rassismus erfasst werden können, wodurch die Zusammenhänge zwischen den Komponenten nachvollziehbar werden. Der Nachteil besteht darin, dass die Ausprägungen sehr umfangreich sein können, sodass diese für einen konkreten Untersuchungsgegenstand wie beispielsweise Bilder-, Kinder- oder Jugendbuch verfeinert werden müssen. Auch kann es durch die exemplarische Detailanalyse Leerstellen geben, wenn nicht alle rassifizierenden Elemente erfasst wurden.

Als Inspiration dient ein inhaltsanalytisches Kategorien- und Ausprägungssystem, das für das jugendliterarische Comicgenre im Rahmen meiner Bachelorarbeit zu »Rassismus in Comics der DDR« ausgearbeitet wurde. Darin werden die historischen Begründungszusammenhänge von kolonialem Rassismus gegenüber Schwarzen betrachtet und darauf aufbauend das Untersuchungssystem entwickelt (vgl. Mätschke 2012, S. 19ff.). Dieses wird im Folgenden in leicht überarbeiteter Form vorgestellt:

- *Animalisierung*: Darstellung als Tiere, Wilde oder Menschenfresser
- *Abwertung des körperlichen Erscheinungsbildes*: unproportionierte Körperform, übergroße Lippen, große Augen, besonders weiße Zähne
- *Primitivierung in der Kleidung*: barfuß, mit Lendenschurz, Bastrock, großen Schmuckringen, Keulen, Speeren, Schildern
- *Infantilisierung*: kindliche (Fantasie-)Sprache, hilflos, launisch, naiv, tollpatschig, nicht rational handelnd, unreflektierte Emotionalität, nur in Gruppen agierend
- *dienende Rolle*: passiv, unterwürfig und zugleich zufrieden
- *Exotisierung – Naturbezogenheit/-nähe*: Lebensmittelpunkt ist Natur, Wildnis oder Regenwald, dort existieren wilde Tiere, Palmen und Meer, dörfliche Strukturen ohne Steinbauten, freizügige Sexualität
- *Dezivilisierung*: vorindustriell, einfache Hilfsmittel, keine Technik, keine dichterischen oder erfinderischen Rollen, Armut, Hunger, Lehmhütten
- *Abwertung religiös-spiritueller Praktiken*: z. B. von Ritualen oder Geisteranrufungen
- *Geschichtslosigkeit*: keine kulturelle historische Identität oder Errungenschaften, keine Interaktion mit anderen Ländern oder Bevölkerungen

- *weiße* Dominanz: aktive Rolle und Rettung durch *Weiße*, Abhängigkeit, wichtige Entscheidungen kommen von außen, *Weiße* sind Mediziner*innen, Erfinder*innen, Forscher*innen, Verwalter*innen oder Techniker*innen, d. h. *Weiße* haben und benutzen Technik
- *unsoziales Verhalten*: egoistisch, hinterhältig, unpolitisch, nur auf kurzfristige Bedürfnisbefriedigung bedacht, Affinität zur Kriminalität, gewalttätig, Hang zu Drogenkonsum oder -handel, Gangstermythos, Devianz als kulturelle Eigenschaft
- *gesellschaftliche Gefahr*: Übertragung von Krankheiten, sexualisierte Gewalt, Dysfunktionalität von Ehen zwischen *Weißen* und Schwarzen, Darstellung der Segregation als positive Lösung

Bei einer Analyse von Kinder- und Jugendbüchern sind deshalb sowohl bildliche als auch textliche Darstellungen anhand des Kategoriensystems zu berücksichtigen. Die Interpretation der Ergebnisse ermöglicht eine Einschätzung, welche rassifizierenden Darstellungen und Zuschreibungen vorhanden sind, ob diese durchgehend oder nur vereinzelt aufzufinden sind und ob eine Geschichte als rassifizierend für die Lesenden einzustufen ist.

Die Kinderhörspielserie Bibi Blocksberg

In der Kinderhörspielserie *Bibi Blocksberg* sind seit 1980 über 150 Folgen teilweise auch in Buchform erschienen. Im Folgenden wird das Kinderbuch *Das feuerrote Nashorn* von 1995 näher betrachtet. In dieser Geschichte reisen drei *weiße* Personen – Bibi, ihre Mutter Barbara und die Reporterin Karla Kolumna – an einen nicht näher definierten Ort in Afrika. An diesem herrscht Wassermangel, verursacht durch einen örtlichen Zauberer, der die Einheimischen einschüchtern will. Bibi erkennt diesen Zusammenhang, besiegt den Zauberer und wird zur »Urwaldprinzessin« gekrönt. In dieser Geschichte sind fast alle rassifizierenden Kategorien auffindbar.

Die Geschichte beginnt mit einer Exotisierung: Die drei Protagonistinnen fliegen mit einer »exotische[n] Fluggesellschaft aus Afrika« (S. 25), freuen sich auf »exotische[...] Tiere«, kaufen sich »Safarianzüge« und können »schon die Urwaldtrommeln dröhnen« (S. 39) hören. Die Exotisierung ist verbunden mit einer Dezivilisierung und Geschichtslosigkeit des Ortes: Die Protagonistinnen fahren auf einer »buckligen Piste in der Steppe am Rande des Urwalds« (S. 44). Das Dorf der Einheimischen besteht aus »runden Hütten« (S. 60). Es fehlen hingegen jegliche Informationen über die Geschichte des Ortes und seiner Bewohner*innen.

Die Markierung (betonte Differenzlinie) von *weißen* Besucherinnen und Schwarzen Einheimischen erfolgt an mehreren Stellen: Ein »freundlich lächelnder, tiefschwarzer Afrikaner« (S. 45) begrüßt Bibi Blocksberg am Flughafen und später ein Junge im Hotel, der »schokoladenbraune Haut, große Kulleraugen« hat. Dazu sagt er: »Willkommen, weiße Damen, im Dschungel-Palast [...] Ich heiße Bubu, ich Ihr Boy« (S. 48 f.). Bibi ist es unangenehm, als *Weiße* angesprochen zu werden, und sie berichtigt ihn: »Nenn uns nicht immer ›weiße Dame‹ und ›weißes Mädchen‹ [...]. Wir haben alle richtige Namen« (S. 51). Die Kritik an der *Weiß*-Markierung verstärkt diese für die Lesenden. Bubu ist überdies die einzige Schwarze Person, die in der Geschichte einen Namen hat.

Die Schwarzen Charaktere werden infantilisiert, primitiviert und in passiver, unterwürfiger Form dargestellt. Wenn Bibi zaubert, ist Bubu beeindruckt, dass »das weiße Mädchen« über »große Mächte zu gebieten« scheint: »Er fiel vor ihr auf die Knie und verbarg ängstlich sein Gesicht in den Händen. Großes, kleines Zaubermädchen, bitte tu mir nichts!« (S. 55 f.). Diese Unterwerfung wird auch auf einem Bild gezeigt. Die Dorfbewohner*innen haben »nie zuvor in ihrem Leben« ein »weißes Mädchen mit so wunderschönen blonden Haaren« gesehen. Die Primitivierung wird auch in einem Bild deutlich, wo Bibi von drei barfüßigen Schwarzen, die Bastrock, Ringe und Ketten tragen, mit Speeren bedroht wird (S. 99). Zwischen Unterordnung und Angriff scheint es kaum andere Nuancen in der dargestellten Interaktion zwischen *weißen* und Schwarzen Personen zu geben.

Spirituell-religiöse Praktiken werden abgewertet: Neben dem Brunnen tanzt ein Heiler »wie wild auf der Stelle und schlug dazu eine Trommel«. Sie hören »seltsame Beschwörungen. ›Ula umba bumm! […] Wuschi waschi wei! […] Kröte gib das Wasser frei!‹« (S. 61). Es ist der »berühmteste Medizinmann Afrikas«. Bibi ist der Meinung: »Das wird nie was!« (S. 62), deshalb schiebt sie »den Medizinmann einfach zur Seite« (S. 64) und zaubert frisches Wasser in den Brunnen. »Schon bald tanzten die Menschen im Dorf vor Freude« (S. 66 f.) und sehen »mit weit aufgerissenen Augen und offenen Mündern« (S. 76), wie Bibi auf ihrem Besen fliegt. Sie erklären Bibi zu ihrer »Urwald-Prinzessin« und werfen sich als »Untertanen« vor ihr »auf die Erde« (S. 78 f.). Bibi wird gekrönt, bekommt einen Thron (S. 80) und sitzt in einer »Sänfte, die auf den Schultern von vier starken Männern ruhte« (S. 85 f.). *Weiße* Überlegenheit und Schwarze Unterlegenheit ist deutlich in diesen Texten und Bildern erkennbar.

Zusammenfassend lässt sich der Subtext der Geschichte wie folgt beschreiben: Ein *weißes*, junges Mädchen reist an einen exotischen, geschichtslosen Ort mit Schwarzen Menschen, die derart dumm und kindlich präsentiert sind, dass sie weder einen Betrug erkennen noch über das kulturelle Wissen bzw. die Handlungsmacht verfügen, um nicht zu verdursten. Ihre Spiritualität ist albern und nur ein *weißes* Kind kann ihnen helfen, zu überleben, das zum Dank zur Anführerin gekürt wird. Diese Botschaft wird parallel zur vermutlichen Absicht aufgenommen, *weiße* Mittelschichtsmädchen in ihrem Selbstbewusstsein zu bestärken.

> »Dies […] funktionier[t] jedoch nur über eine Herabsetzung der Figuren of Color: *Weiße* Tatkraft erhält ihren Glanz nur im Gegenüber zu Schwarzer Passivität, *weißer* Mut hebt sich als solcher erst auf dem Hintergrund Schwarzer Ängstlichkeit« (Wollrad 2011, S. 387, Herv. i. Orig.).

3.2.3 »Die Gefahr einer einzigen Geschichte«

Die nigerianische Autorin Chimamanda Ngozi Adichie ist international bekannt durch ihre erfolgreichen Bücher. Im Jahr 2009 hielt sie einen TED Talk mit dem Titel »Die Gefahr einer einzigen Geschichte« (»The danger of a single story«), in dem sie anschaulich die Probleme von Unterrepräsentation und Stereotypisierung von

Menschen aufzeigt. Ihre Perspektive sowie ihre Anregungen offenbaren eine dritte Analysevariante, mit der es gelingt, die globalen Machtverhältnisse und historischen Zusammenhänge aufzudecken und damit Kinder- und Jugendbücher auf einer abstrakteren Betrachtungsebene zu untersuchen.

Adichie beschreibt die Leerstellen in den Kinderbüchern in ihrer Kindheit und Jugend, die kaum von Menschen und Praktiken handelten, mit denen sie sich als Schwarze Nigerianerin identifizieren konnte. Sie war durch diese einseitigen Geschichten stark beeinflusst und ihnen schutzlos ausgeliefert. Diese einseitigen Geschichten setzten sich fort, als sie zum Studieren in die USA ging. Für ihre Zimmergenossin war Afrika »ein Ort wunderschöner Landschaften, wunderschöner Tiere und unergründlicher Menschen, die sinnlose Kriege führen, an Armut und AIDS sterben, unfähig sind, für sich selbst zu sprechen, und die darauf warten, von einem freundlichen, *weißen* Ausländer gerettet zu werden«[2]. Diese verengte Sicht, die bei ihrer Mitbewohnerin sofort »gönnerhaftes, gut gemeintes Mitleid« hervorrief, bot keinerlei Möglichkeit, sich »in irgendeiner Weise ähnlich zu sein«, vielschichtige Gefühle zu entwickeln und »eine Beziehung als gleichberechtigte Menschen« aufzubauen.

Die globale Verbreitung von einseitigen Geschichten setzt Macht voraus, denn »Macht ist die Fähigkeit, die Geschichte einer anderen Person nicht nur zu erzählen, sondern sie zur maßgeblichen Geschichte dieser Person zu machen«. Macht bestimmt, wie Geschichten »erzählt werden, wer sie erzählt, wann sie erzählt werden, wie viele Geschichten erzählt werden«. Über Staaten, die über wirtschaftliche und politische Macht verfügen, existieren viele Geschichten. Einseitige Geschichten verfälschen jedoch Zusammenhänge, wenn sie mit »zweitens« anfangen:

> »Beginnt man die Geschichte mit dem Scheitern des afrikanischen Staates und nicht mit der Errichtung des afrikanischen Staates durch die Kolonisierung, erzählt man eine völlig andere Geschichte. [...] Die Folge der einzigen Geschichte ist diese: Es beraubt die Menschen ihrer Würde. Sie erschwert es uns, unsere Gleichheit als Menschen anzuerkennen. Sie betont eher unsere Unterschiede als unsere Gemeinsamkeiten.«

Adichie fordert, »die einzige Geschichte ab[zu]lehnen« und zu »realisieren, dass es niemals nur eine einzige Geschichte gibt, über keinen Ort«.

Anhand von zwei Beispielen möchte ich der Frage nachgehen, wie einseitige Erzählungen rassifizieren und wie durch eine Relativierung historischer Zusammenhänge Menschen ihrer Würde beraubt werden.

Kleiner Strubbel

Die Hauptfigur der Bilderbuchreihe *Kleiner Strubbel* ist ein Schwarzes Kleinkind mit vielen Haaren im Gesicht und einer Clownsnase. *Ein strubbeliges Geschenk* wurde 2013 veröffentlicht und richtet sich an Kinder ab drei Jahren. Es besteht aus 27 Seiten mit Bildern ohne Text; lediglich am Ende findet sich eine kurze Zusammenfassung in Textform. Im Inneneinband befindet sich ein rassifizierendes, animalisches Bild,

---

2 Alle Zitate stammen aus dem Transkript in deutscher Sprache von TED Talk (Adichie 2009).

auf dem Strubbel eine barfüßige Schwarze Person im Bastrock und mit Knochen in der Hand begrüßt.

In der Bildergeschichte ist es Winter. Als das Schwarze Kind das Haus verlässt, wird es von einem Storch entführt und durch einen Schornstein in ein Haus fallen gelassen. Hier landet es in einem Berg von Geschenken und wird der *weißen* Familie und der Tochter Wilhelmine als Präsent übergeben, die davon begeistert ist. Strubbel ist passiv und wird wie ein Baby gereinigt und gewickelt. Als Strubbel sich wehrt, wird er in einen dunklen Schrank gesperrt. Ein weißer Spielzeug-Clown findet ihn und führt ihn zu anderen lebendigen Spielsachen. Die wütende Tochter findet die tanzenden Spielsachen und Strubbel schlägt vor, im Schnee vor dem Haus zu spielen, woraufhin alle zufrieden sind. Schließlich wird Strubbel wieder von einem Storch gepackt und zurück in sein Zuhause gebracht. Strubbels Familie hat das Verschwinden anscheinend noch nicht bemerkt. In der abschließenden Zusammenfassung wird die Moral der Geschichte benannt: »Aber der kleine Strubbel ist nicht nachtragend und zeigt Wilhelmine, wie man sich auch ohne Geschenke amüsieren kann« (S. 31).

Neben der abwertenden Darstellung und dienenden Rolle von Strubbel knüpft die Geschichte an die Versklavung von Schwarzen Menschen und Zwangsarbeit an, womit diese Verbrechen verniedlicht und damit verharmlost und relativiert werden. Sklaverei bedeutete für Kinder eine gewaltvolle Trennung von ihren Eltern, das Fristen als Dienende, begleitet von physischer und psychischer Gewalt. Dies mündete häufig in den Versuch, den Willen und die Hoffnung der Versklavten zu brechen, um sie auszubeuten. Im Kinderbuch *Kleiner Strubbel* ›lernen‹ Kinder dagegen, dass Schwarze Menschen ein Geschenk sein können, was diese ohne Weiteres hinnehmen und wodurch alle letztendlich glücklich werden.

Sachbuch Der kleine Drache Kokosnuss – Einmal um die ganze Welt

In Sachbüchern erfahren Kinder u. a., wie die Erde und Menschen aussehen und welche Unterschiede und Gemeinsamkeiten bestehen. Kinder beziehen dies auf sich selbst und bilden dadurch ihre Identität und ihr Selbstverständnis aus. Der Drache Kokosnuss ist die Hauptfigur einer Kinderbuchreihe mit über 50 Büchern. Im Jahr 2014 erschien das Sachbuch *Der kleine Drache Kokosnuss – Einmal um die ganze Welt* für Kinder ab sechs Jahren. Im Folgenden wird die Darstellung von Europa und Afrika untersucht.

Europa wird auf drei Doppelseiten gezeigt; auf einer Doppelseite werden die Länder Deutschland, Schweiz und Österreich vorgestellt. Auf der Landkarte sind Sehenswürdigkeiten und lokale ›Kennzeichen‹ wie das Brandenburger Tor, das Holstentor in Lübeck, die Bremer Stadtmusikanten, ein Auto in Stuttgart, die Frauenkirche in München oder ein Riesenrad in Wien zu sehen. Außerdem sind ein großes Frachtschiff und eine Bohrinsel abgebildet. Neben drei Tieren werden nur *weiße* Männer mit einer Karnevalsmütze, in Lederhosen, als Bergsteiger und barock mit Lockenperücke und eine Hexe gezeigt. Im Beschreibungstext wird hervorgehoben, dass es in Europa viele Dörfer und Städte sowie viel sauberes Wasser und Natur gibt. Die Namen fast aller Flüsse werden bezeichnet.

Auf der folgenden Doppelseite wird Afrika vorgestellt, wobei nur zwei Flüsse einen Namen haben. Zwei *weiße* Männer sind auf der Zeichnung zu finden. Keine Schwarzen Personen sind abgebildet. Neben acht Tieren werden als Gebäude noch lediglich die Pyramiden in Ägypten und die Al Saleh Moschee im Jemen gezeigt. Weitere Grafiken sind eine Oase und ein Baobab-Baum. Der Drache Kokosnuss ist mit einem Löwen und einem Knochen abgebildet. In der Beschreibung werden gefährliche Tiere aufgezählt und der Lebensort von Löwen beschrieben. Zum Abschluss wird erwähnt: »Und auch Menschen trotzen der Hitze und dem Wassermangel«. Es findet sich keine weitere Beschreibung der Gesellschaften – außer dem historischen Hinweis, dass in Afrika die ersten Menschen lebten, die »kleiner und kräftiger als wir« waren und als »Frühmenschen« nach Europa und Asien auswanderten (S. 11).

Das Sachbuch rassifiziert Kinder durch das einseitige Bild, welches Afrika als Ort von wilden Tieren und Natur, geschichtslos und ohne Schwarze Menschen oder Gesellschaften darstellt. Wie Adichie in ihrem Vortrag »Die Gefahr einer einzigen Geschichte« beschreibt, werden Menschen auf dem afrikanischen Kontinent durch derartige Darstellungen entwürdigt. Gleichzeitig verhindert dies, dass Kinder die Gleichheit von Menschen unabhängig von ihrem Lebensort erkennen können.

3.3 Jim Knopf – ein Klassiker?

Das beliebte Buch *Jim Knopf* wird abschließend mit allen drei vorgestellten Analyseansätzen untersucht. Die Betrachtung basiert auf den Vorarbeiten von Eske Wollrad, die nach Veröffentlichung ihrer Ergebnisse hasserfüllten Reaktionen ausgesetzt war. Die Kritik war im Kern eine emotionale Abwehr jeglicher Analysen und ein Vorwurf von Zensur. Vor diesem Hintergrund will ich betonen, dass mit einer Analyse von Geschichten nicht beabsichtigt wird, persönliche Kindheitserinnerungen abzuwerten oder gar einen Zusammenhang zwischen einem Buch und einem späteren rassistischen Weltbild herzustellen. Beispielsweise erinnere ich mich daran, dass meine Oma mir rassifizierende Kinderbücher vorlas. Das Ritual des gemeinsamen Lesens auf ihrem Schoß war vertraut und wunderschön für mich, die Aufnahme rassifizierender Bilder jedoch gleichzeitig negativ. Meine Oma bleibt trotzdem eine wichtige, liebevolle Person für mich. Sie hatte keine Gelegenheit, eine Sensibilität gegenüber Rassismus zu entwickeln; ich schon.

Michael Endes Geschichte über Jim Knopf gehört zu den bekanntesten Kinderbüchern der Nachkriegszeit. In zwei Bänden *Jim Knopf und Lukas der Lokomotivführer* (1960) und *Jim Knopf und die Wilde 13* (1962) sucht der jugendliche Schwarze Jim Knopf nach seiner Herkunft und nach einem Ort, an dem er leben kann, und muss dafür viele Abenteuer bestehen. Die Bände wurden in 33 Sprachen übersetzt und über 5,5 Millionen Exemplare wurden verkauft.

Differenzlinien

Die Hauptfigur Jim Knopf ist eine Schwarze Person, deren Hautfarbe an vielen Stellen erwähnt wird: anfangs das N-Wort, »schwarzes Baby« (Ende 1960, S. 13), »schwarzes Gesicht« (S. 14) oder »schwarze[...] Haut« (S. 127). Eine nächste Hauptfigur ist Li Si als Vertreterin der Gruppe aus dem Land Mandala (bis 1981 hieß dieses Land China in Endes Geschichte). Hier fließt der »Gelbe Fluss« (S. 83) und am Tor des Kaiserpalastes schaut ein »dicker gelber Kopf« (S. 42) heraus. In der Drachenstadt befreien Jim und Lukas »Kinder aus verschiedensten Ländern« (S. 167): »weiße Kinder und kleine E[...] und braune Jungen mit Turbanen [...] ein ganz entzückendes kleines Mädchen mit [...] einem zarten Gesicht wie eine mandalanische Porzellanpuppe« sowie »Ein I[...] mit drei Federn in seinem schwarzen Haarschopf« (S. 167f.). Auf einer Abbildung wird diese Einteilung reproduziert (S. 203), die sich auch in der Aufzählung von Symbolen und Orten der Welt verfestigt. In einer Fata Morgana erblicken Jim und Lukas den Eiffelturm, goldene Dächer der Stadt Ping, Eisberge und Krieger mit »Federkopfputz und Kriegsbemalung« sowie eine »kahle Wüste« (S. 115). Im zweiten Band erhält Jim Briefe von Kindern, »sie kamen aus Hinterindien und aus Feldmoching und aus China und Stuttgart und vom Nordpol und vom Äquator, mit einem Wort: aus aller Herren Länder« (Ende 1962, S. 15).

Die Geschichte von Michael Ende basiert auf einer rassifizierenden (Farb-)Einteilung von Menschen: *Weiße* (Lukas, Frau Waas, Herr Ärmel und König Alfons, Kinder aus Holland), *Schwarze* (Jim Knopf und braune Jungen), *Gelbe* (Li Si und Menschen aus Mandala), *Indigene/Rote* (Native Americans, Inuit). Diese Differenzlinien werden an mehreren Stellen der Bücher hervorgehoben.

Rassifizierende Ausprägungen

Jim Knopf wird rassifizierend dargestellt, denn auf allen Bildern hat er übergroße Lippen, strahlt, »daß man seine weißen Zähne sah« (Ende 1962, S. 27), und hat »schwarze Kraushaare« (S. 220). Eine Animalisierung erfolgt dadurch, dass Jim Knopf in einer großen »Schachtel [..], die rundherum Luftlöcher hatte wie eine Maikäferschachtel«, auf die Insel gelangt (Ende 1960, S. 13). Seine schwarze Hautfarbe wird mit Angst verknüpft. So erschreckt sich Jim als Baby »vor dem großen schwarzen Gesicht von Lukas, denn es wußte ja noch nicht, daß es selber auch ein schwarzes Gesicht hatte« (S. 14). Schwarze Hautfarbe wird mit Schmutz verbunden. Jim mochte »sich nicht besonders gerne waschen [...], weil er ja sowieso schwarz war« (S. 16). Zudem will er Lokomotivführer werden, »weil der Beruf so gut zu seiner Haut paßte« (S. 17).

Menschen in Mandala tragen Namen wie »Ping Pong«, »Pi Pa Po« oder »Oberbonze« (Ende 1960, S. 64), »haben sehr viele Kinder und Kindeskinder« und essen Dinge wie »Schneckenschleim« (S. 50). Jim will Mandala verlassen: »lieber dahin, wo etwas weniger Leute waren, Leute, die man auseinanderhalten konnte« (S. 59). Der kleine Native American »weint nicht« (S. 170), will in seinen »heimatlichen Wigwam« (S. 181), isst Büffelscheiben und raucht eine »Friedenspfeife« (S. 212). Der

Inuk träumt von einem »Schneehaus« (S. 181) und wird »auf einem Eisberg« gefangen genommen (S. 202). Die »fünf braunen Kinder« werden beim Baden »mit ihren Elefanten« gefasst (S. 202). Die *weißen* Kinder werden hingegen bei der Fahrt »auf einem Ozeandampfer« entführt und haben »alles Geld und alle wertvollen Dinge« verloren (S. 202). Die Gruppen werden mit einem scheinbar natürlichen Lebensort verbunden: »Prärie und Wälder für I[...]«, »Tulpenfelder und saftige Wiesen« für *Weiße*, ein Gebiet mit »Dschungeln für die braunen Kinder« und »sogar für die E[...] gab es am Nordende des Landes ein passendes Gebiet« (Ende 1962, S. 271).

Ein Rasse-Konzept wird mit dem »Halbdrachen« Nepomuk eingeführt. Weiterhin steht auf einem Schild an der Einfahrt zur Drachenstadt: »!Achtung! Der Eintritt ist nicht-reinrassigen Drachen bei Todesstrafe verboten« (S. 158). Die »Reinrassigkeit« bezieht sich hier auf das Verhalten, »weil es für einen Drachen eine rechte Schande ist, keine richtig schlimmen Eigenschaften zu haben« (S. 114). Sein Benehmen wird zudem mit einem vermeintlich natürlichen Lebensort verknüpft, wenn Jim Nepomuk mitteilt, dass er »nicht sehr gut [nach Lummerland] passen« würde (S. 119). Die Lesenden können diese Rasse-Konstruktion auf die restliche Geschichte übertragen, da auch dort rassifizierende Menschenaufteilungen mit Zuschreibungen und einem expliziten Lebensumfeld beschrieben sind.

Analyse zur einseitigen Geschichte

Afrika wird in zwei Vergleichen nicht als Kontinent, sondern als ein Land beschrieben: Lummerland ist sehr klein »im Vergleich zu anderen Ländern, wie [...] Deutschland oder Afrika oder China« (S. 3 und 20). Historische Parallelen zur Sklaverei lassen sich ziehen, denn Jim Knopf kommt scheinbar ohne eigene Geschichte, Familie und Herkunft nach Lummerland. Er bekommt einen fremden Namen von Lukas: »Ich würde ihn Jim nennen« (Ende 1960, S. 15). Er wird zuerst von den Piraten gerettet, da er im »Binsenkörbchen über das Meer dahintrieb« und »bestimmt ersoffen« wäre (Ende 1962, S. 207 f.). Die *weiße* Frau Waas wird die Ersatzmutter von Jim, die sich seiner annimmt und Angst hat, »daß der Briefträger ihr das Kind wieder wegnehmen würde« (Ende 1960, S. 15). Als Jim älter wird, darf er nicht in Lummerland bleiben, da das Land »an Überbevölkerung« leidet (S. 20). Erst nach 469 Seiten der 500-seitigen Geschichte klärt sich seine Herkunft: Jim ist »der letzte Nachfolger des heiligen Dreikönigs Kaspar. [...] Prinz Myrrhen« (Ende 1962, S. 219). Trotz des abstrakten Happy End werden die Lesenden Jim Knopf bis zu dieser Stelle wahrscheinlich als jugendlichen Helden betrachten, jedoch in Bezug auf seine Identität eher Mitleid als Mitgefühl für Jim entwickelt haben. Da seine Familie und Herkunft nicht beschrieben werden, gibt es keine Anknüpfungspunkte für die Lebenswelt der jungen Lesenden.

An einer Stelle im Roman gibt es ein scheinbar antirassistisches Statement vom Scheinriesen Tur Tur: »Eine Menge Menschen haben doch irgendwelche besonderen Eigenschaften. Herr Knopf zum Beispiel hat schwarze Haut. So ist er von Natur aus, und dabei ist weiter nichts Seltsames, nicht wahr?« (Ende 1960, S. 132). Danach erläutert der Scheinriese, der in der Ferne immer größer wird, dass er genauso normal ist wie Jims schwarze Haut. Dies ist vermutlich verwirrend für die kindliche Vorstellungswelt, wenn sie Scheinriesen für nicht normal halten. Die Gefahr besteht, dass damit schwarze Haut ebenfalls als nicht normal markiert ist.

Michael Endes *Jim Knopf* ist ein fantasievoller Roman mit einer Schwarzen Hauptfigur. Kinder und Jugendliche erlernen allerdings durch seine durchgängig rassifizierenden Elemente, Menschen in »Rassen« einzuteilen, verinnerlichen Zuschreibungen und entwickeln für Jim aufgrund seiner herkunfts- und elternlosen Charakterisierung vermutlich mehr Mitleid, als dass er oder seine Geschichte ihnen Identifikationspotenzial bietet. Der Roman propagiert zudem ein sexistisches Frauenbild: Prinzessin Li Si wünscht sich, »daß mein Bräutigam nicht nur mutiger ist als ich, er soll auch viel klüger sein, damit ich ihn bewundern kann« (S. 236). Zur Verlobung bekommt Jim eine Tabakspfeife und Li Si ein »zierliches Rubbelbrett zum Wäschewaschen«, über das sie sich »riesig« freut (Ende 1962, S. 245). Unabhängig davon, ob Michael Ende eine moralisch gut gemeinte Geschichte mit seinerzeit scheinbar progressiven Elementen schreiben wollte, rassifiziert sie trotzdem. Eine emanzipative Geschichte ist Jim Knopf nicht.

3.4 Rassismuskritische Erziehung

Aus der Beschreibung der Rassifizierungsprozesse und den Analysen der Kinderbücher lassen sich zwei Handlungsebenen ableiten, mit denen eine rassismuskritische Begleitung von jungen Menschen gelingt: eine sorgfältige Auswahl von Büchern und Medien sowie eine selbstreflexive Arbeit an der eigenen Haltung als Bezugsperson. Bei Letzterem beziehe ich mich auf *weiße* Menschen, da ich als *weiß* sozialisierte und positionierte Person hierzu nur persönliche Aussagen treffen kann.[3]

Ein gutes Kinderbuch verzichtet nicht nur auf rassifizierende Elemente, wie in den Analysen beschrieben, sondern ermutigt zum Leben. Dies gelingt, wenn Geschichten »die Lebenswelten von Kindern« spiegeln, was »neue Möglichkeiten eröffnet, Zusammenhänge zu verstehen und Probleme zu lösen« (Wollrad 2011, S. 382). Dazu gehört, dass Figuren of Color selbstverständlich und unproblematisch repräsentiert werden, ohne rassistische Realitäten auszublenden.

> Solche Kinderbücher sind in großer Auswahl auf Webseiten wie www.meinekinderbücher.de gelistet, auf denen sich auch Links auf weitere Empfehlungslisten finden.

Trotz einer sensiblen Auswahl von Medien werden alle Kinder und Jugendlichen rassifizierenden Einflüssen aus ihrer Umgebung ausgesetzt sein. Ein Schutz vor

---

[3] Für die Begleitung von Kindern of Color empfehle ich u. a. »Empowerment als Erziehungsaufgabe« von Nkechi Madubuko.

Rassismus ist zwar nicht möglich, allerdings gilt es, sie darauf vorzubereiten, was eine zentrale Aufgabe der Hauptbezugspersonen darstellt. Schon Kindern können Sichtweisen und Hilfsmittel vermittelt werden, sodass sie sich rassistischen Erfahrungen in ihrem Leben selbstbewusst und ohne innere psychische Spannungen stellen können.

Dies kann nur gelingen, wenn *Weiß*sein frühzeitig sichtbar gemacht und nicht zur unsichtbaren Normalität wird. Dazu muss die *weiße* Präsenz bzw. Dominanz in Medien sowie in alltäglichen Situationen zunächst bemerkt und benannt werden. Bezugspersonen müssen sich den damit verbundenen, oftmals ›einfachen Fragen‹ von Kindern stellen (»Warum sind diese Haare so? Warum ist die Haut so dunkel? Weshalb darf das Kind nicht mitspielen?«), um die Auseinandersetzung damit als gemeinsamen Lernprozess zu verstehen. Es hilft, sanft zu sich selbst zu sein und mit anderen Menschen zu sprechen, wenn keine kindgerechten Erklärungen gefunden werden, Situationen überfordern oder Emotionen wie Wut, Scham oder Ohnmacht auftauchen. Oftmals können eigene Reflexe in Bezug auf Rassismus erst verstanden werden, wenn sich Menschen mit der eigenen Sozialisation befassen. Was habe ich als Kind gelernt? Wie sah meine Kindheitsumgebung aus?

Als *weißer* → Cis-Mann, der sich in einem erkenntnisreichen Entdeckungsprozess der eigenen Sozialisation und Vorstellungswelt befindet, und als Vater einer *weißen* Tochter versuche ich, mein Kind heute so zu unterstützen, dass sie sich befähigt und kreativ fühlt, später »mit weit geöffneten Augen und einem Gefühl der Verantwortlichkeit und der Freude« (vgl. Raffo 2009) in unserer Welt zu leben. Für mich gehören Selbstreflexion und die Auseinandersetzung mit Kinder- und Jugendbüchern zur grundlegenden Aufklärungsarbeit über *weiße* Überlegenheit und Rassismus. Mein Wissen und meine Analysen beruhen auf der Inspiration und Unterstützung von einer großen Anzahl an BIPoC und *weißen* Menschen. Danke für diese Bewusstseinserweiterung und Motivation: Danke an Austen, Merih und Ute! Einzeln, aber vor allem in Verbundenheit können wir die Welt ein klein wenig besser machen. Wenn immer mehr Menschen ein Bewusstsein für gesellschaftlichen Rassismus entwickeln, statt diesen zu verstärken, dann wird diesem etwas entgegengesetzt und zukünftige Generationen können eine fairere, gerechtere Gesellschaft erschaffen.

Literaturverzeichnis

Adichie, C. N. (2009): Transcript in deutscher Sprache vom TED Talk »The danger of a single story«. Online verfügbar unter: www.ted.com/talks/chimamanda_ngozi_adichie_the_danger_of_a_single_story, Zugriff am 27.10.2020.

Bailly, P. & Fraipont, C. (2013): Kleiner Strubbel. Ein strubbeliges Geschenk. Marcinelle: Reprodukt.

Börsenverein des deutschen Buchhandels: Wirtschaftszahlen. Der Buchmarkt 2019. Online verfügbar unter: https://www.boersenverein.de/markt-daten/marktforschung/wirtschaftszahlen/, Zugriff am 28.10.2020.

Eggers, M. (2005): Rassifizierung und kindliches Machtempfinden: Wie schwarze und weiße Kinder rassifizierte Machtdifferenz verhandeln auf der Ebene von Identität. Online verfügbar unter: https://macau.uni-kiel.de/receive/diss_mods_00002627, Zugriff am 29.11.2021.

Ende, M. (1995, 1960): Jim Knopf und Lukas der Lokomotivführer. Stuttgart, Wien: Thienemann.

Ende, M. (1995, 1962): Jim Knopf und die Wilde 13. Stuttgart, Wien: Thienemann.

Madubuko, Nkechi (2016): Empowerment als Erziehungsaufgabe. Praktisches Wissen für den Umgang mit Rassismuserfahrungen. Münster: Unrast.

Mätschke, J. (2012): Rassismus in Comics der DDR am Beispiel des MOSAIK von Hannes Hegen. Veröffentlicht in der Bonner Online Bibliographie zur Comicforschung. Online verfügbar unter: www.bobc.uni-bonn.de/index.php?action=resourceRESOURCEVIEWCORE&id=9343, Zugriff am 27.10.2020.

Mätschke, J. (2016): Rassismus in Kinderbüchern. Lerne, welchen Wert deine soziale Positionierung hat! In: K. Fereidooni & M. El (Hrsg.), Rassismuskritik und Widerstandsformen (S. 249–268). Wiesbaden: Springer VS.

McKee, D. (2004, 1989): Elmar. Stuttgart, Wien: Thienemann.

Raffo, S. (2009): White noise. White adults raising white children to resist white supremacy. Online verfügbar unter: http://myfeetonlywalkforward.blogspot.com/2009/08/white-noise-white-adults-raising-white.html, Zugriff am 2.12.2020.

Schwartz, T. (1998): Bibi Blocksberg. Das feuerrote Nashorn. München: Schneider.

Siegner, I. (2014): Der kleine Drache Kokosnuss. Einmal um die ganze Welt. München: cbj.

Wollrad, E. (2009): »dass er so weiß nicht ist wie ihr« – Rassismus in westdeutschen Kinder- und Jugendbüchern. In: C. Melter & P. Mecheril (Hrsg.), Rassismuskritik. Band 1: Rassismustheorie und -forschung (S. 163–178). Schwalbach/Ts: Wochenschauverlag.

Wollrad, E. (2011): Kinderbücher. Koloniale Echos – Rassismus in Kinderbüchern. In: S. Arndt & N. Ofuatey-Alazard (Hrsg.), Wie Rassismus aus Wörtern spricht. (K)Erben des Kolonialismus im Wissensarchiv deutsche Sprache (S. 379–388). Münster: Unrast.

York, S. (2003): Roots & wings. Affirming culture in early childhood programs. St. Paul: Redleaf Press.

4 Von Ballettunterricht und plappernden Fernsehern. Soziale Lage, Klassenbias und Armut im Kinderbuch

Melanie Plößer, Erika Schulze

Einleitung

>»Growing up in a one parent family in a council house in rural Cornwall, the world I read about in books and saw on TV (when we could afford the 50 pence for the meter) could have defined another planet. It was a world made up of the same generic components; a housewife mum (mine worked a billion cleaning jobs) and a working dad (mine didn't and left us to fend for ourselves) who lived in a nice house that they actually owned, they also had a car and a telephone whilst we had the once a day bus and the village telephone box […]. I was a ferocious reader but also a frustrated one, where were all the other poor working-class gay girls? They weren't in books. Where were the stories that gave me a sense of belonging outside of my community, the stories that should have empowered instead of isolated?« (Carthew 2016, o. S.)[1]

In ihrem 2016 im Guardian erschienenen Aufsatz erinnert sich die englische Schriftstellerin Natasha Carthew an ihre Zeit des Aufwachsens im ländlichen Cornwall und an die Bücher, die sie als Kind las. Am meisten blieb der Autorin im Gedächtnis, dass ihr Figuren aus der Arbeiter*innenklasse fehlten, d. h. Protagonist*innen, die wie sie selbst aus Verhältnissen der »working poor« kommen. Stattdessen seien ihr in den Büchern, die sie als Kind gelesen habe, immer nur Beschreibungen solcher Lebenswelten begegnet (eigenes Haus der Familie, ein gut beschäftigter Familienvater), die nichts mit ihren eigenen Verhältnissen, Zusammenhängen und Erfahrungen zu tun gehabt haben. Vielmehr hätten ihre diese das Gefühl vermittelt, nicht dazuzugehören. Carthew kommt zu dem folgenreichen Schluss: »I didn't see working class identity in books when I was growing up and I don't see enough now.« Diese persönliche Beobachtung wollen wir in diesem Beitrag zum Anlass nehmen, um der Thematisierung von sozialer Lage, Klassenbias und

---

1 »Aufgewachsen in einer Einelternfamilie in einer Sozialwohnung im ländlichen Cornwall, hätte das Leben, über das ich in Büchern gelesen und das ich im Fernsehen gesehen habe (wenn wir uns die 50 Pence für den Zähler leisten konnten), auf einem anderen Planeten stattfinden können. Diese Welt setzte sich aus den immergleichen typischen Bestandteilen zusammen, in der es eine Mutter als Hausfrau (meine hatte eine Billion Putzstellen) und einen berufstätigen Vater (meiner hatte keine Arbeit und hatte uns verlassen) gab, die in einem schönen Haus lebten, das ihnen tatsächlich gehörte, die ein Auto und ein Telefon hatten, während bei uns einmal am Tag der Bus entlangfuhr und wir die Telefonzelle im Dorf benutzen mussten […]. Ich war eine begeisterte Leserin, aber auch eine frustrierte. Wo waren all die anderen armen lesbischen Mädchen aus der Arbeiterklasse? Sie waren nicht in Büchern. Wo waren bloß die Geschichten, die mir das Gefühl gaben, außerhalb meiner Community dazuzugehören, die Geschichten, die mich hätten bestärken sollen, anstatt mich zu isolieren?« (eig. Übersetzung).

Armut in Kinderbüchern nachzugehen. Unser Ziel ist es, erste Anhaltspunkte hinsichtlich der Frage zu gewinnen, ob und wie Armut, Prekarität und »working poor« in aktuellen Kinderbüchern behandelt werden. Welche Bilder und Normalitätsmuster zu den ökonomischen Lagen von Menschen werden dort vermittelt? Wird das Thema Armut aufgegriffen und wenn ja, wie?

Um Antworten auf diese Fragen zu finden, werden wir zuerst einen kurzen Einblick in die heterogenen Lebensverhältnisse von Kindern geben und dabei auf aktuelle Erkenntnisse zu den Armutslagen von Kindern in Deutschland eingehen. Danach werden wir uns mit dem Forschungsstand zum Thema Klassenbias und der Thematisierung von Armut im Kinderbuch beschäftigen. Aus Ermangelung an Forschungen aus dem deutschsprachigen Raum greifen wir hier auf englischsprachige Arbeiten zurück, in denen sich mit der Frage nach der (fehlenden) Darstellung von prekären ökonomischen Verhältnissen in Kinderbüchern beschäftigt wird. Vor diesem Hintergrund werden wir abschließend einen exemplarischen Blick auf aktuelle Kinderbücher im deutschsprachigen Raum werfen. So wird zum einen die äußerst populäre *Conni*-Buchreihe nach den dort präsentierten ökonomischen Normalitätsmustern untersucht. Zum anderen wird ein Kinderbuch, das Armut explizit zum Thema macht, hinsichtlich der dort vermittelten Sichtweisen auf Armut analysiert.

4.1 Heterogene Lebenslagen von Kindern

Die Lebenslagen von Kindern sind auch in einem Wohlfahrtsstaat wie Deutschland höchst unterschiedlich – nicht zuletzt in Abhängigkeit von der sozialen Herkunft der Familie, der Familienform, in der sie leben, von der ethno-nationalen Herkunft oder dem Aufenthaltsstatus der Familie. Soziale Ungleichheit bleibt ein ungelöstes Problem. Die Umstrukturierungen des Arbeitsmarktes und der sukzessive Abbau des Sozialstaates (Hartz-IV-Reform) haben spätestens seit der Jahrtausendwende zu einem deutlichen Anstieg der Armutslagen von Menschen geführt. Dabei ist auch der Anteil der »working poor« gestiegen, also der Menschen, die in atypischen Beschäftigungsverhältnissen arbeiten und trotz Erwerbsarbeit von Armut betroffen sind.

Vor diesem Hintergrund bewegt sich auch die Kinderarmut seit vielen Jahren auf hohem Niveau mit leicht steigender Tendenz (Lietzmann & Wenzig 2020, S. 11). Die 4. WorldVision Kinderstudie verweist darauf, dass die Armutsrisikoquote der unter 18-Jährigen »in Deutschland aktuell je nach Datenquelle im Bereich zwischen 15 % und 21 % und damit etwa 4 bis 6 Prozentpunkte oberhalb der Quote der Gesamtbevölkerung« liegt (Pupeter, Schneekloth & Andresen 2018, S. 180). Insgesamt 22 % aller in dieser Studie befragten Kinder im Alter von sechs bis elf Jahren berichten, dass das Geld in der Familie öfter knapp ist und 15 % geben sogar an, dass zu Hause nicht genug Geld für alles, was benötigt wird, zur Verfügung steht. Welche Auswirkungen dies auf das Leben und das Wohlbefinden der Kinder hat, verdeutlichen die Antworten der Kinder, die von Armut betroffen sind: Bei knapp einem Viertel der Befragten reicht das Geld in der Familie nach eigenen Angaben nicht, um die benötigten Utensilien für die Schule zu kaufen, und nahezu jedes fünfte Kind erklärt, dass es aus finanziellen Gründen schon einmal bei einer Klassenfahrt nicht mitfahren konnte (Pupeter, Schneekloth & Andresen 2018, S. 189). Ebenso kann der finanzielle Mangel zur Folge haben, dass die Kinder von sportlichen oder kulturellen Angeboten (Sportverein, Musikunterricht) ausgeschlossen sind, weil die Kosten das Familienbudget überschreiten (Chassé 2010a, S. 20). Und auch die Berechnungen von Torsten Lietzmann und Claudia Wenzig dokumentieren die Folgen der Armut für den kindlichen Alltag: Von den Familien, die sich im SGB-II-Bezug befinden, besitzt demnach knapp die Hälfte kein Auto aus finanziellen Gründen, 67,6 % sind nicht in der Lage, einmal im Jahr in Urlaub zu fahren, und der Ersatz abgenutzter Möbel ist für 64,5 % unerschwinglich (Lietzmann & Wenzig 2020, S. 6).

Eine weitere Dimension, in der sich die Unterschiedlichkeit kindlicher Lebenslagen niederschlägt, ist der Bereich Wohnen. Neben den Unterschieden zwischen ländlichen und städtischen Räumen ist vor allem die familiäre ökonomische Lage als entscheidender Faktor zu nennen. Schon lange zeigen sich Armut und Reichtum in ihrer sozialräumlichen Dimension. In den Städten sind zunehmende Spaltungsprozesse zu beobachten: Das Einkommen entscheidet maßgeblich darüber, in welchem Stadtteil Menschen wohnen können oder müssen, und bestimmt damit auch über die infrastrukturelle Ausstattung des Lebensortes und die (Lebens-)Qualität. Besonders belastend ist der Platzmangel, der ebenfalls unmittelbar mit einem geringen Einkommen zusammenhängt (Holm et al. 2017, S. 7). Für Kinder kann dies die Verfügbarkeit über ein eigenes Zimmer bedeuten oder einfach das Fehlen eines Orts, an dem sie ihre Hausaufgaben in Ruhe erledigen oder an den sie sich zurückziehen können. Diese Nachteile sind insbesondere während der Coronapandemie in den Wochen des Lockdowns und aufgrund der geschlossenen Schulen deutlich zutage getreten.

Vor diesem Hintergrund der hier nur knapp skizzierten kindlichen Lebenslagen stellt sich nun die Frage, ob und, wenn ja, inwiefern diese Lebensrealitäten ihren Niederschlag im Kinderbuch finden. Ist Armut ein Thema in der Kinderliteratur? Werden die erzählten Geschichten der Heterogenität von kindlichen Lebensrealitäten gerecht? Welche Kinder in welchen sozialen Klassenlagen kommen in den Geschichten vor, was wird erzählt und wer wird auf welche Weise repräsentiert?

4.2   Zum Forschungsstand

Während die Frage, ob und wie rassifizierte Muster und Geschlechterstereotype in Kinderbüchern (re-)produziert werden, eine – wenn auch weiterhin von Abwehrreaktionen begleitete – wissenschaftliche Bearbeitung erfahren hat, lässt sich noch eine Leerstelle hinsichtlich der Kategorie Klasse und der Repräsentation von Armut und Prekarität in Kinderbüchern konstatieren. Dass allerdings eine solche kritische

Perspektive notwendig ist, verdeutlichen englischsprachige Studien (vgl. etwa Botelho & Rudman 2009; Jones 2008). Als problematisch wird dabei zum einen die Ausblendung lebensweltlicher Verhältnisse von Kindern erkannt, die in Armutslagen und prekären ökonomischen Verhältnissen leben. Zum anderen bezieht sich die Kritik auf die wenigen und zumeist noch stereotypisierenden und eindimensionalen Thematisierungen von Armut in Kinderbüchern.

Im bestehenden Kinderbuch-Kanon dominiert laut Botelho und Rudman (2009, S. 91) wie auch Jones (2008, S. 42) eine klare Ober- oder Mittelschichtsperspektive. So seien in populären Kinderbüchern vielfach solche Lebensverhältnisse porträtiert, in denen die Figuren außergewöhnliche Aktivitäten unternehmen: Für Familienausflüge, Einkäufe oder auch weite Reisen mit dem Auto oder Flugzeug müssten die Figuren außerhalb der fiktiven Welt viel Geld aufbringen, was jedoch auch innerhalb dieser nicht zur Sprache kommt (vgl. Jones 2008, S. 44).

Zudem handelt es sich bei den Hauptfiguren in den Kinder- und Jugendbüchern zumeist um »upper/middle-class white girls, who are linguistically intelligent«, wie Goodson in ihrer Studie zu den Merkmalen der Protagonist*innen in der von der International Reading Association ausgewählten Jugendliteratur feststellt (2004, S. 1, zit. nach Hill & Darragh 2016, S. 339). Die Konsequenz: »There is a great void in children's literature and it is one that attaches itself to working-class and poor families, classism, and structural understandings about money and power« (Jones 2008, S. 46 f.). Deshalb formieren sich in der literatur- und sozialwissenschaftlichen Forschung zunehmend kritische Stimmen gegen die Ausblendung einer Vielzahl lebensweltlicher Erfahrungen und Beteiligungsmöglichkeiten, die mit der vorrangigen Darstellung von Figuren aus der Mittel- und Oberschicht einhergeht. Bemängelt wird damit die Unsichtbarkeit einer großen Anzahl von Lebensverhältnissen und -formen, nämlich all solcher, die ökonomisch nicht privilegiert sind, die unter Armutsbedingungen bzw. in prekären Verhältnissen leben und arbeiten. Für Stephanie Jones (2008, S. 43, Herv. i. Orig.) stellen sich angesichts der fehlenden Repräsentanz von ökonomisch benachteiligten Menschen in Kinderbüchern folgende Forschungsfragen: »What kind of economic lives are presented as *normal* and therefore *desirable* in children's books? Where are the picture books filled with trailer park homes? Barrio lives? Communal living? Blue- and pink-collar employment? Government assistance?«

Darüber hinaus finden sich weitere Studien zu solchen Kinderbüchern, in denen Armut explizit angesprochen wird. So zeigt etwa Linda L. Lamme (2000) in ihrer Analyse von 21 Bilderbüchern auf, dass sich dort kaum Porträts von Kindern finden, die in Armutsverhältnissen leben. Wird das Thema Armut jedoch ausnahmsweise aufgegriffen, dann seien die Darstellungen vielfach durch Stereotypisierungen gekennzeichnet (vgl. ebd.). Hakan Dedeoğlu, Mustafa Ulusoy und Linda L. Lamme (2011) untersuchten in 15 Kinderbüchern, in denen das Thema Armut in je unterschiedlichen Kontinenten und Ländern eine Rolle spielt, wie dort Armut repräsentiert wird, welche Gründe in den jeweiligen Büchern für Armut angegeben werden und ob die Autor*innen eine Insider*innen-Perspektive in Bezug auf das Thema einnehmen oder als Außenstehende erzählen. Als Ergebnis der Inhaltsanalyse halten die Forscher*innen bestimmte vorrangige Themencluster in den Kinderbüchern fest – wie etwa die Abwesenheit des Vaters, Kinderarbeit, Wohnbedingungen oder Obdachlosigkeit (vgl. Dedeoğlu, Ulusoy & Lamme 2011, S. 46).[2]

Die Studie von Kelley und Darragh (2011) widmet sich der Frage, wie Armut in den von ihnen analysierten 58 Kinderbüchern begründet wird und inwiefern Lösungen und Strategien im Umgang mit den durch Armut oder geringes Einkommen beschriebenen Situationen und Lebensverhältnissen profiliert werden. Als Ergebnis der kritischen Inhaltsanalyse zeigt sich, dass die in den Büchern dargestellten Handlungen der Akteur*innen auf einer individuellen Ebene verbleiben. So richten sich die Aktionen und Handlungsversuche der als arm markierten Protagonist*innen nicht gegen bestehende strukturelle Bedingungen, sondern sind als individuelle Handlungsoptionen konzipiert: »In the books we analyzed, most of the action (80,7 %) was done at the individual level« (Kelley & Darragh 2011, S. 276). Und während in nur neun von 58 untersuchten Kinderbüchern Handlungsmöglichkeiten im Gemeinwesen aufgezeigt werden, lassen sich in gerade mal zwei Büchern Aktionen finden, die darauf abzielen, institutionelle und strukturelle Ungleichheiten zu verändern. Für die beiden Forscherinnen zeigt sich hier zum einen das Problem, dass strukturelle Gründe für Klassenunterschiede ausgeblendet und stattdessen den Individuen die Ursachen für ökonomische Benachteiligungen überantwortet würden. Zum anderen komme dadurch auch den Subjekten allein die Aufgabe zu, sich individuelle Wege aus der Armut zu suchen bzw. einen Umgang damit zu finden, bei denen soziale und systemische Veränderungen keine Rolle spielen.

> »While it is good to see portrayals of individuals enacting change, this does have potential for being problematic as it can reinforce the notion that people can pull themselves up by their bootstraps, and that poverty is an individual problem that can be solved with some effort by individuals, rather than that poverty is a national, structural, and systemic problem« (Kelley & Darragh 2011, S. 277).[3]

Da sich bereits in den englischsprachigen Studien die Absenz von kindlichen Lebensrealitäten jenseits der Mittel- bzw. Oberschicht oder deren Stereotypisierung zeigt, sind die folgenden Ausführungen als erste analytische Annäherungen an die Frage nach der (De-)Thematisierung von Armut und ökonomischer Ungleichheit in deutschsprachigen Kinderbüchern zu betrachten. Aufgrund einer Sichtung der

---

2 Als problematisch kann sich auch die Verknüpfung von Ethnizität und Armut erweisen. So stellt Stephanie Jones (2008, S. 43) mit Bezug auf US-amerikanische Studien fest, dass Themen der Arbeiter*innenklasse und Leben unter Armutsbedingungen vor allem in solchen Büchern auftauchen, die afro-amerikanische oder hispanoamerikanische Familien darstellen. Eine solche Überrepräsentanz, die sich auch nicht in den aktuellen Statistiken wiederfinden lasse, könne zu einem verzerrten Bild über Klassen in den USA führen, insofern »light skin with class privilege and dark skin with marginalisation« (ebd.) verbunden werden könnte.

3 Eig. Übersetzung ins Deutsche: »Es ist zwar gut zu sehen, wie Darstellungen von Individuen Veränderungen bewirken, aber dies kann problematisch sein, da es die Vorstellung verfestigen kann, dass Menschen sich an ihrem eigenen Schopf hochziehen können und dass Armut weniger ein individuelles Problem ist, das mit einigem eigenen Aufwand gelöst werden kann, als vielmehr ein nationales, strukturelles und systemisches Problem.«

vorhandenen Literatur anhand von Empfehlungslisten[4] und Recherchen im Fachbuchhandel soll zunächst exemplarisch die Buchreihe um die Protagonistin Conni danach untersucht werden, welche ökonomischen Normalitätsmuster hier vorherrschen. In einem zweiten Schritt wird die Darstellung der Lebenswelt einer als arm charakterisierten Familie im Buch *Schnipselgestrüpp* analysiert, welches das Thema Armut aus der Perspektive eines Kindes aufgreift.

4.3 »upper/middle-class white girls, who are linguistically intelligent« – die Conni-Reihe

Die Geschichten der *Conni*-Reihe, deren Bände von jeweils verschiedenen Autor*innen verfasst sind, richten sich an unterschiedliche Altersgruppen. Es finden sich spezifische Reihen für Leser*innen ab drei, sechs, zehn und ab zwölf Jahren. Die Buchreihe erscheint seit 1992 im Carlsen Verlag und ist sukzessive gewachsen. Gegenwärtig sind laut Verlagsangaben rund 100 *Conni*-Geschichten lieferbar, hinzu kommen *Conni*-Ausgaben als »Sammelbände, Pappen-, Taschen- und Beschäftigungsbücher, als E-Books sowie natürlich als Pixi-Bücher« (Presseinformationen 2019, S. 14). Weltweit wurden über 40 Millionen *Conni*-Bücher verkauft. CDs und DVDs ergänzen das Angebot, ebenso eine Animationsfilmserie im TV und insgesamt drei Kinofilme. Eine eigene Homepage bildet die *Conni*-Welt in ihren Facetten ab, auch auf anderen Social-Media-Kanälen ist der Verlag aktiv (https://www.conni.de/).

Die Protagonistin Conni Klawitter wächst – so die Pressemappe des Verlags – »in der behüteten Atmosphäre einer intakten Familie auf« (Presseinformationen 2019, S. 4). Die Mutter Annette ist Kinderärztin, der Vater Jürgen Ingenieur, vervollständigt wird die Familie durch den jüngeren Bruder Jakob, den Kater Mau sowie zwei Großeltern. Trotz ihrer Erwerbstätigkeit haben die Eltern und insbesondere die Mutter viel Zeit für gemeinsame Aktivitäten mit den Kindern und auch ökonomisch geht es der Familie gut.

Stellvertretend wird hier der Sammelband *Das große Conni-Buch* betrachtet, der 2016 als Sonderausgabe erschien (Autorin: Eva Schneider, Illustrationen: Eva Wenzel-Bürger). Die insgesamt zwölf Geschichten dieser Ausgabe fokussieren jeweils ein Ereignis in Connis Leben – den Eintritt in Kita und Schule, Feste im Jahresverlauf, die Urlaubsreise, aber auch alltäglichere Erlebnisse wie das Backen einer Pizza. Der Alltag der Protagonistin gestaltet sich nach den Schilderungen im Buch als ökonomisch unbelastet – so erzählen die Geschichten von den Reitstunden und dem Ballettunterricht von Conni, die zudem noch im Schwimmbad an einem

---

4 Bücherliste der Fachstelle für Inklusion zum Thema »Klassismus/Armut« von 2018/19 (https://situationsansatz.de/wp-content/uploads/2019/07/B%C3%9CCHERLISTE-ARMUT_01_2019-1.pdf) und Empfehlungen des Projektes Bilder im Kopf zu dem Stichwort »Soziale Lage« (https://bilderimkopf.eu/home/kinder-und-jugendmedien/gute-beispiele/).

privaten Schwimmkurs teilnimmt. Benötigte Dinge, z. B. Schulranzen und Schulutensilien für die Einschulung, Geschenke für die Schultüte, Trikot und Schuhe für den Ballettunterricht, werden ganz selbstverständlich gekauft. Eine der Geschichten thematisiert den Umzug der Familie von einer Wohnung in ein eigenes Haus, »weil Mama die alte Wohnung zu eng und zu klein findet, seit sie das Baby haben« (Schneider 2016, S. 112). Allerdings verfügt Conni bereits in der alten Wohnung über ein eigenes Zimmer.

Das Leben der Heldin – mit Reit- und Ballettstunden, dem Besuch einer Kindervorstellung in der Oper – orientiert sich an den Eckpunkten einer bürgerlichen Sozialisation. Damit entspricht sie dem von Goodson (2004, S. 1) ermittelten Prototypen in Kinderbüchern: ein weißes Mädchen aus der Mittelschicht. Auf die Armutsthematik wird in einer der Geschichten als Randnotiz im Kontext des Weihnachtsfestes eingegangen, nämlich beim gemeinsamen Kirchenbesuch und der dortigen Kollekte: »In einem Beutel wird Geld gesammelt für Kinder, die weit weg in einem sehr armen Land leben, das Kolumbien heißt« (Schneider 2016, S. 139). Damit wird Armut zwar thematisiert, allerdings als ein Problem der »Anderen« außerhalb Deutschlands dargestellt.

Obgleich die Geschichten von *Conni* nur die Lebensrealität eines Teils der Kinder widerspiegeln, repräsentieren sie für den Verlag eine prototypische Kindheit: »Conni ist eine starke Identifikationsfigur, zunächst für alle Kinder, später dann vor allem für Mädchen, denn in Connis Geschichten spiegelt sich vor allem ihre Lebens- und Erlebniswelt« (Presseinformationen 2019, S. 4). Trotz geschlechtsbezogener Differenzierung wird davon ausgegangen, dass Conni in ihrer spezifischen Lebenslage und familiären Welt bruchlose Identifikationsmöglichkeiten für alle Kinder bietet.[5] Mit dieser Konstruktion von Normalitätsmustern sind die *Conni*-Bücher typisch für die bundesrepublikanische Kinder- und vor allem Bilderbuchliteratur. Dies bestätigt auch eine exemplarische Recherche in der Bilderbuchabteilung der Stadtbibliothek einer westdeutschen Großstadt[6], bei der neben den erzählten Geschichten vor allem auch die Illustration im Analysefokus stand.

Im Ergebnis vermitteln die Bücher ein recht homogenes Bild: Die Kinder in diesen Geschichten leben selten in der Großstadt oder in höheren Mietshäusern, der gezeichnete Blick aus den Fenstern zeigt vielmehr nahezu ausschließlich eine kleinstädtische oder ländliche Idylle, oftmals Gärten. Mehrere Bücher haben den Umzug der Familie, meist von der Wohnung in das eigene Haus zum Inhalt. Ob-

---

5 Diese Annahme stützen auch die letzten Seiten des genannten Sammelbandes, die für die *Conni*-Reihe und weitere Ausgaben der Bücher werben. Dort äußern sich junge Leser*innen mit Fotos zu den Parallelen unter der Überschrift »Alle lieben Conni!«. Während Jannes (4 Jahre) hervorhebt: »Ich mag, dass Conni genau die gleichen Sachen macht wie ich. Sie geht in den Kindergarten, zum Zahnarzt und war sogar schon mal auf Kreta«, wird Stella (4 Jahre) mit den folgenden Worten zitiert: »Ich habe viele von Connis Sachen auch schon erlebt.« Und die elfjährige Freya imaginiert die erwachsene Zukunft von Conni: »Sie wird Lokalredakteurin, weil Deutsch ist ihr Lieblingsfach. Mit ihren Kindern und ihrem Mann, einem Arzt, lebt sie in einer Neubausiedlung.«

6 Im September 2020 wurden in der Stadtbücherei alle Bilderbücher durchgesehen, die unter »Familie« und »Trennung/Scheidung« kategorisiert waren und menschliche Protagonist*innen haben. Anhand dieser Kriterienauswahl war davon auszugehen, dass insbesondere hier ein Einblick in die familiäre Lebenssituation von Kindern gegeben wird.

wohl der Wegzug oftmals als schmerzvoller Abschied für die Kinder beschrieben ist, bedeutet dies stets eine Verbesserung der kindlichen Lebenssituation: z. B. durch einen Garten oder ein Baumhaus, die Möglichkeit, ein Haustier anzuschaffen, oder einen See, der nun vor der Haustür liegt. Über ein eigenes Zimmer verfügen die Protagonist*innen allerdings fast immer schon vor dem Umzug.[7] Und auch sonst inszenieren die Illustrationen eine bürgerliche Idylle: Die Räume sind großzügig und gemütlich, zu sehen sind Klavier und Spielzeuge der Kinder. Demgegenüber ist kein Fernseher in den Zeichnungen der Stichprobe abgebildet, der realiter in kaum einem bundesdeutschen Haushalt fehlt.

4.4 »Wir haben keinen Geldscheißer« – Zur Darstellung von Armut im Bilderbuch Schnipselgestrüpp

Nach unserer Recherche sind auf dem deutschen Buchmarkt aktuell nur wenige Kinderbücher vorhanden, die das Thema »Armut« aufgreifen – und wenn, dann geschieht dies häufig in der Weise, dass dies als ein Thema der »Anderen« behandelt wird. Entweder ist in diesen Büchern die Armut (von Kindern) außerhalb Deutschlands oder aber die Lebenssituation von Erwachsenen anstatt von Kindern dargestellt, wie z. B. die Geschichte wohnungsloser Erwachsener.[8] Auch fällt auf, dass es sich bei einem Teil der empfohlenen Bücher um Übersetzungen handelt[9] oder gar um Originale in englischer Sprache, was ebenfalls als Hinweis auf eine marginalisierte Thematisierung in der deutschsprachigen Kinderliteratur gelesen werden kann. Wie Armut von Kindern in den wenigen deutschsprachigen Büchern[10] thematisiert wird, ist Gegenstand der vorliegenden exemplarischen Analyse

---

7 Eine Ausnahme bildet die Geschichte »Papa wohnt jetzt in der Heinrichstraße« von Nele Maar und Verena Ballhaus (2002). In der Geschichte, die vom kindlichen Umgang mit der elterlichen Trennung handelt, hat die Protagonistin, die bei der Mutter wohnen bleibt und den Vater am Wochenende besucht, kein eigenes Zimmer, zunächst auch kein eigenes Bett beim Vater. Allerdings baut er ihr im Verlauf der Geschichte dann ein Hochbett in seinem Arbeitszimmer.

8 Beispiel für den ersten Typus wäre das Buch *Wenn der Löwe brüllt* von Nasrin Siege und Barbara Nascimbeni (2009), für die zweite Kategorie stehen Bücher wie *Stromer* von Sarah V. und Claude K. Dubois (2017) oder *Ein mittelschönes Leben. Ein Kinderbuch über Obdachlosigkeit* von Kirsten Boie und Jutta Bauer (2015).

9 Beispiel für ein Kinderbuch über Armut, das übersetzt wurde, ist das Bilderbuch *Wie ist es, wenn man arm ist? Alles über Armut und Hunger* von Louise Spilsbury und Hanae Kai (2018, übersetzt von Jonas Bedford-Strohm).

10 Neben dem hier analysierten Buch *Schnipselgestrüpp* von Christian Duda und Julia Friese (2013) ist z. B. das Buch *Was ist los mit Marie?* von Stefan Gemmel und Sonja Piechota-Schober (2004) zu nennen, das vom Diözesan-Caritasverband für das Erzbistum Köln e. V. herausgegeben wurde und von einem Bären-Mädchen erzählt, das aufgrund der ökono-

des Bilderbuchs *Schnipselgestrüpp* von Christian Duda (Text) und Julia Friese (Illustrationen), das 2013 im Beltz & Gelberg Verlag erschien. Das Buch wurde ausgewählt, weil es u. a. von der Fachstelle »Kinderwelten für Vorurteilsbewusste Bildung und Erziehung und dem Institut für den Situationsansatz« zur Thematisierung von Armut für sechs- bis neunjährige Kinder empfohlen wird. Anhand der bereits angeführten Analysekategorien von Kelley und Darragh (2011) wird das Bilderbuch danach untersucht, wie Armut dargestellt und begründet wird und welche Strategien im Umgang mit Armut aufgezeigt werden.

Das Buch *Schnipselgestrüpp* beschreibt die Lebenswelt einer Familie, deren Armut explizit im Buch zur Sprache kommt. Der Fokus des Buchs liegt dabei auf der Sichtbarmachung der Anstrengungen und Strategien des Sohnes der Familie, der im Text nur als Junge bezeichnet wird. Dieser begegnet der im Buch beschriebenen Armut der Familie und dem Mangel an Teilhabemöglichkeiten, indem er aus den Zeitungen, mit denen sein Zimmer anstelle eines Teppichs ausgelegt ist, Bilder ausschneidet und Wandcollagen bastelt. Aus den ausgeschnittenen Artikeln, Bildern und Wortschnipseln entstehen bunte, aber zum Teil auch gewaltvolle Fantasiewelten (abstürzende Flugzeuge, explodierende Bombe), in denen er dann selbst Fantasierollen einnimmt (z. B. die einer Gottesanbeterin auf einer bunten Wiese). Neben dem Jungen gibt es den Vater und die Mutter, die in eher traditionellen Geschlechterrollen dargestellt werden. Die als etwas rundlich gezeichnete Mutter trägt Kleider, Schmuck und hochgesteckte Haare und wird als diejenige Person beschrieben, die »hin und wieder in der Küche scheppert« (S. 11). Der schlanke Vater mit angedeuteten Bartstoppeln sitzt in T-Shirt und schwarzer Hose mit Pantoffeln auf dem Sofa mit der Fernbedienung in der Hand.

Armut wird in dem Bilderbuch zum einen als Mangel an materiellen Ressourcen dargestellt. Anstelle eines Teppichs hat das Kind Zeitungen in seinem Zimmer, weil das nichts »kostet« (S. 11). Seine Kleidung wird »nicht gekauft«, sondern sie »kommt vom Amt« und wird »lange« getragen, »denn Mutter stopft die Löcher« (S. 13). Armut wird aber auch als ein Zustand dargestellt, durch den die soziale und kulturelle Teilhabe eingeschränkt ist. So wird in dem Buch aus kindlicher Sicht beschrieben, dass sich die Familie keine Zirkusveranstaltung oder keinen Zoobesuch leisten kann und nicht in den Urlaub fährt.

Eine Begründung für die im Buch dargestellte Armut lassen die Autor*innen des Bilderbuchs die porträtierten Figuren selbst geben. Der Junge »weiß das [, dass er arm ist, Anmerk. M. P./E. S.], weil sie es ihm erklärt haben: ›Wir haben keinen Geldscheißer‹«. Durch die – gerade für ein Kinderbuch eher – unübliche Wortwahl »Scheißer« wird ein Hinweis auf den sprachlichen Habitus der Eltern gegeben. Die Verwendung eines Begriffs aus der Fäkalsprache markiert die Sprachwahl der Eltern als »anders« zu einem eher als bürgerlich charakterisierten Sprachgebrauch. Damit unterscheidet sich dieser auch zum sonst im Bilderbuch verwendeten Sprachstil, der klar und ohne umgangssprachliche Formulierungen auskommt. Neben dem Hinweis auf die »andere« Sprachkultur in der Familie werden in dem Bilderbuch weitere

---

mischen Situation der Familie kein neues Spielzeug hat und sich deshalb in der Bärenkinder-Gruppe zurückzieht.

Hinweise auf die kulturellen Praxen der Eltern gegeben, die wiederholt als sitzend porträtiert werden. Insbesondere der Körper des Vaters taucht zunächst nur vor dem Fernseher sitzend auf, während die Mutter auch noch als einmal kochend und einmal bei einer Wegräumaktion der Zeitungen im Zimmer des Jungen gezeichnet ist.

Eine weitere wichtige Facette in der Darstellung von Armut stellen die wiederholten Hinweise auf den Fernseher dar: So erfolgt fünfmal der Verweis auf den Fernseher, der »plappert« oder der »lärmt«. In den Illustrationen taucht der Fernseher nicht auf, stattdessen werden die eher emotions- und freudlosen Gesichter der vor ihm sitzenden Eltern gezeigt. Durch die negativ konnotierten Verben »plappern« und »lärmen« werden die von den Eltern konsumierten Inhalte als eher belanglos und intellektuell wenig anspruchsvoll ausgewiesen. Eine weitere Illustration verweist auf die Essenspraxis der Familie. Während der Junge in seinem Zimmer mit den Zeitungen auf der einen Hälfte einer der Doppelseiten gezeigt wird, sieht man auf der anderen Seite die Mutter im Wohnzimmer auf einem Stuhl und den Vater mit der Fernbedienung in der Hand auf dem Sofa sitzen. Vor ihnen steht ein leerer Teller mit Besteck und ein leeres Glas, auf dem Herd in der Küche steht ein Topf. Suggeriert wird hier, dass die Familie nicht gemeinsam isst bzw. dass die Mahlzeiten getrennt voneinander und auch vor dem laufenden Fernseher eingenommen werden.

Die Thematisierung eines materiellen Mangels korreliert mit der Darstellung der fehlenden elterlichen Fürsorge. Zwar wird geschildert, dass das Kind von der Mutter mit Essen und Zeitungen versorgt und seine Kleidung ausgebessert wird, allerdings wird der Eindruck evoziert, dass die Eltern weder in echtem Kontakt mit ihrem Sohn stehen noch sich für ihn interessieren, vielmehr werden sie zunächst nur als vor dem Fernseher sitzend dargestellt. Verstärkt wird dieser Eindruck durch die Reaktionsweisen der Eltern auf ihr Kind. So erschöpft sich die Interaktion zwischen Mutter und Sohn darin, dass diese die Collagen ihres Sohnes von den Wänden nimmt und die alten Zeitungen gegen neue aus dem Mülleimer austauscht. Auch der Vater, der der Fantasiewelt seines Kindes zunächst ablehnend gegenübersteht und dessen Fantasierolle (der Gottesanbeterin) er als »Quatsch« bezeichnet, wird so als desinteressiert und kontaktlos markiert. Allerdings ändert sich das distanzierte Verhältnis dann mit der Hinwendung der Eltern, insbesondere des Vaters zur Fantasiewelt seines Sohnes, der Anerkennung seiner Rollen durch seine Bereitschaft, in der Rolle eines Frosches »mitzuspielen«.

Auf die Frage, wie die Lebenswelt der armen Familie visuell und textlich in dem Bilderbuch dargestellt wird, lässt sich mithin feststellen, dass auf die fehlenden Teilhabemöglichkeiten und die materiellen Beschränkungen von Kindern hingewiesen wird, die in Armut aufwachsen. Das Bilderbuch zeigt, dass Familien auch in gesellschaftlichen Systemen, in denen es soziale Sicherungssysteme gibt und grundlegende Bedarfe wie Essen und Wohnen sichergestellt sind, Armut erfahren können, ihnen Partizipationsmöglichkeiten verwehrt bleiben, sie exkludiert sein können und die Kinder vor besondere Anforderungen gestellt sind, mit diesen Erfahrungen des Ausschlusses und des Mangels umzugehen. Dabei gelingt es dem Buch, sowohl die Anstrengungen als auch die kreativen Strategien des Kindes herauszustellen, mit den mangelnden Teilhabemöglichkeiten umzugehen und sich trotz der durch die Armutslage bedingten lebensweltlichen Beschränkungen als handlungswirksam zu erleben. Durch die Hinwendung der Eltern zu dem Jungen und durch die damit verbundene Anerkennung der von dem Sohn geschaffenen Fantasiewelt wird die Familie nach einer anfangs dargestellten Kontaktlosigkeit und Distanziertheit als lebendiger und harmonischer charakterisiert.

Zusätzlich werden in dem Bilderbuch aber auch wiederholt Hinweise auf die »anderen« kulturellen Praxen der Eltern gegeben. Armut wird damit weniger als strukturelle Ungleichheit benannt, sondern mit einer bestimmten kulturellen Praxis der Betroffenen in Verbindung gebracht. So finden sich in dem Kinderbuch Diskursfiguren, die als Ausdruck einer Kulturalisierung von sozialer Ungleichheit verstanden werden können (vgl. Chassé 2007; Hradil 2010; Kessl, Reutlinger & Ziegler 2007a). Im Zuge der Diskurse um die »sogenannten neuen Unterschichten« (Chassé 2010b, S. 7) durch Politik und Medien wird Armut nicht mehr als Effekt struktureller Ungleichheiten beschrieben, denn es werden weniger die materiellen und kulturellen Teilhabemöglichkeiten von armen Menschen thematisiert. Vielmehr werden diese aufgrund ihrer vermeintlichen Praxen des »Zuviel-Fernsehens«, einer schlechteren Ernährung, einer fehlenden Bildungsaspiration für ihre Kinder als kulturell »anders«, mithin als undiszipliniert, träge und passiv dargestellt, sodass insgesamt einer Kulturalisierung und »Moralisierung sozialer Ungleichheit« Vorschub geleistet wird (ebd., S. 18; vgl. auch Kessl, Reutlinger & Ziegler 2007b). Armut droht durch diese simplifizierenden Zuschreibungen individualisiert zu werden, da strukturelle Ungleichheiten als Ursprung von Armut verschleiert und die Gründe stattdessen den Subjekten selbst bzw. ihren vermeintlich »anderen« kulturellen Praxen (dem Zuviel-Fernsehen, dem falschen Essen, der Inaktivität) zugeschrieben werden.

Wenngleich das Bilderbuch *Schnipselgestrüpp* für die vom Protagonisten erlebten Beschränkungen und fehlenden Teilhabemöglichkeiten zu sensibilisieren versteht, lassen sich dennoch auch Diskurselemente einer Kulturalisierung von Armut finden. So wird der familiäre Mangel an materiellen und sozialen Ressourcen zwar erwähnt, durch Bilder und Text droht dieser allerdings stark auf die kulturellen Praxen der Eltern zurückgeführt zu werden. Hinsichtlich der Fragestellung von Kelley und Darragh (2011), welche Handlungsstrategien der Figuren im Umgang mit der Armut gezeigt werden, lässt sich in dem Buch vor allem eine Bewältigungsform erkennen, die den Subjekten überlassen wird. Während bei dem Jungen die Flucht in die Kreativität und das Hineinschlüpfen in fremde Rollen als Umgang mit der Situation des materiellen und kulturellen Mangels dargestellt wird, ist es aufseiten der Eltern die Hinwendung zu dem Jungen.

4.5 Schluss

Die beiden Analysen zeigen beispielhaft, dass und wie in Kinderbüchern privilegierte, ökonomisch gesicherte Lebensmodelle vorausgesetzt werden, während in den Darstellungen von Armut und Prekarität neben einer Sensibilisierung für die damit verbundenen Mangel- und Ausschlusserfahrungen der Subjekte oftmals normative Vorstellungen über Armut reproduziert werden. Vor dem Hintergrund, dass Bilderbücher in einer dialogischen Weise von Kindern und ihren Bezugspersonen rezipiert werden, kann das geteilte Lesen dieser Bücher – so Sue Saltmarsh (2007, S. 99) – als zentraler Bestandteil kindlicher Subjektivierungsprozesse verstanden werden. Auch wenn Kinder keineswegs die in Büchern vermittelten kulturellen Werte fraglos übernehmen müssen, sind die in den Bilderbüchern dialogisch vermittelten Normen dennoch eine machtvolle Ressource, anhand derer Kinder die soziale Welt zu erfassen und zu interpretieren lernen, um sich zu positionieren und Subjektentwürfe zu entwickeln (vgl. ebd.).[11] So werden in der *Conni*-Reihe wie auch in den exemplarisch analysierten Bilderbüchern der Stadtbibliothek Normalitätsmuster ökonomischer Sorglosigkeit konstruiert. Durch die Darstellung der Räume, in denen die Figuren leben (eigene Häuser, eigene Zimmer, Spielzeuge, Gärten), oder durch die Aktivitäten der porträtierten Figuren (privater Reit-, Schwimm- und Ballettunterricht) wird eine mittel- bzw. oberschichtsorientierte Lebenswelt als Norm porträtiert, die zugleich als Identifikationsangebot für alle Leser*innen der Bücher verstanden und beworben wird.

In den textlichen und bildlichen Darstellungen der als arm markierten Familie in dem Bilderbuch *Schnipselgestrüpp* offenbaren sich dagegen Verwobenheiten mit aktuellen Diskursfiguren der Kulturalisierung, Individualisierung und Moralisierung von Armut. Wenngleich das Buch einen Blick auf die Begrenzungen eröffnet, die der Protagonist als Kind armer Eltern erfährt, und für die kreativen Bewältigungsversuche des Kindes mit den erlebten Mängeln zu sensibilisieren versteht, so werden diese Beschränkungen doch weniger als Folgen struktureller Ungleichheitslagen thematisiert, sondern vielmehr eng mit den kulturellen Praxen der Eltern (ihrem Fernsehkonsum, ihrer Sprach- und Esskultur) verknüpft, womit diese individualisiert und moralisiert werden.

Saltmarsh (2007) wie auch Burghard und Klenk (2019) betonen den hohen Stellenwert von Bilderbüchern für den kindlichen Subjektivierungsprozess, weshalb die (Re-)Produktion der Norm ökonomischen Wohlstands oder einer bürgerlichen Kindheit ebenso wie die Darstellungen »anderer« kultureller Praxen armer Menschen beeinflussen, welche »Subjektangebote von Kindern als les-, denk- und anerkennbar(er) wahrgenommen werden« (Burghard & Klenk 2019, S. 63). Daraus ergibt sich eine pädagogische Notwendigkeit, Kinderbücher hinsichtlich der hier vertretenen ökonomischen Normalitätsmuster und ihrer Darstellungen von Armut einer kritischen Relektüre zu unterziehen. So gilt es, stereotype und klassistische Darstellungen kritisch zu hinterfragen und die in den Kinderbüchern vielfach vermittelte vermeintliche Normalität ökonomisch, sozial und kulturell gut ausgestat-

---

11 Kinderbücher vermitteln damit immer auch normative Vorstellungen von Arbeit, Leistung und Armut. Wie sehr lebensweltliche Darstellungen von aktuellen Diskursen um Armut und normativen Familienmodellen geprägt sind, zeigt Saltmarsh (2007) in ihrer eigenen diskursanalytischen Studie auf, in der sie den Einfluss neoliberaler Diskurse hervorhebt, der dazu führen kann, dass sich die in den untersuchten Kinderbüchern repräsentierten Figuren als aktive, selbstdisziplinierte Subjekte beweisen müssen, womit sie ihr »unternehmerisches Selbst« dokumentieren (Bröckling 2007).

teter Familien anzuzweifeln. Über die Lebenswelten von Menschen, die in prekäreren ökonomischen Verhältnissen leben (müssen), wären differenziertere und vielfältigere Erzählungen wünschenswert, in denen auch die strukturellen und institutionellen Verfasstheiten dieser Ungleichheiten berücksichtigt werden. Was es also braucht, sind

> »everyday stories of working-class and poor families' lives that validate and value daily living experiences including happy, sad, ecstatic, tragic, and the mundane; fantasy stories transcending class categories; explicit stories of class power, classism and social action around class all genres; information literature on labor, wage, and capitalism as it is in the United States and across the globe; and books that challenge our simplistic assumptions about social class« (Jones 2008, S. 46f.).[12]

Literaturverzeichnis

Boie, K. & Bauer, J. (2015): Ein mittelschönes Leben. Ein Kinderbuch über Obdachlosigkeit. Hamburg: Hinz&Kunzt.

Botelho, M. J. & Rudman, M. K. (2009): Critical multicultural analysis of children's literature. Mirrors, windows, and doors. NY: Routledge.

Bröckling, U. (2007): Das unternehmerische Selbst. Soziologie einer Subjektivierungsform. Frankfurt/Main: Suhrkamp.

Burghardt, L. & Klenk, F. C. (2016): Geschlechterdarstellungen in Bilderbüchern. Eine empirische Analyse. GENDER Heft, 3, 61–80. https://doi.org/10.3224/gender.v8i3.07

Carthew, N. (2016): I didn't see working class identity in books when I was growing up and I don't see enough now. Online verfügbar unter: https://www.theguardian.com/childrens-books-site/2016/apr/12/working-class-identity-childrens-books-natasha-carthew, Zugriff am 07.10.20.

Chassé, K. A. (2007): Unterschicht, prekäre Lebenslagen, Exklusion. Versuch einer Dechiffrierung der Unterschichtsdebatte. In: F. Kessl, C. Reutlinger & H. Ziegler (Hrsg.), Erziehung zur Armut. Soziale Arbeit und die »neue Unterschicht« (S. 17–37). Wiesbaden: VS Verlag für Sozialwissenschaften.

Chassé, K. A. (2010a): Kinderarmut in Deutschland. Aus Politik und Zeitgeschichte, 51/52, 16–23.

Chassé, K. A. (2010b): Unterschichten in Deutschland. Materialien zu einer kritischen Debatte. Wiesbaden: Springer VS.

Dedeoğlu, H., Ulusoy, M. & Lamme, L. L. (2011): A content analysis of international children's picture books. Representation of poverty. Egitim Arastirmalari-Eurasion Journal of Educational Research, 43, 37–52.

Dubois, S. V. & Dubois C.-K. (2017): Stromer (übersetzt von T. Scheffel). Frankfurt/Main: Moritz Verlag.

---

12 Eig. Übersetzung: »Was es also braucht, sind ›alltägliche Geschichten aus dem Leben von Arbeiter- und armen Familien, Geschichten, die deren Alltagserfahrungen bestätigen und wertschätzen, einschließlich den glücklichen, traurigen, verzückenden, tragischen und profanen Momenten. Fantasiegeschichten, die Klassenkategorien überwinden; explizite Geschichten von Klassenmacht, Klassismus und sozialem Handeln rund um Klassenlagen aller Art; Sachbücher über Arbeit, Lohn und Kapitalismus, wie er sich in den USA und über den Globus darstellt; und Bücher, die unsere vereinfachenden Annahmen über Gesellschaftsschichten infrage stellen.‹«

Duda, C. & Friese, J. (2010): Schnipselgestrüpp. Weinheim: Beltz und Gelberg.

Fachstelle Kinderwelten für Vorurteilsbewusste Bildung und Erziehung/Institut für den Situationsansatz (ISTA) (2019): Bücherliste zum Thema Klassismus/Armut. Online verfügbar unter: https://situationsansatz.de/wp-content/uploads/2019/07/B%C3%9CCHERLISTE-ARMUT_01_2019-1.pdf, Zugriff am 10.10.2020.

Gemmel, S. & Piechota-Schober, S. (2004): Was ist los mit Marie? (hrsg. vom Diözesan-Caritasverband für das Erzbistum Köln e. V.). Neureichenau: edition zweihorn.

Goodson, L. A. (2004): Protagonists in young adult literature and their reflection of society. (Doctoral dissertation, Kansas State University). ProQuest, UMI Dissertations Publishing, 3132165.

Hill, C. & Darragh, J. J. (2016): From bootstraps to hands-up. A content analysis of the depiction of poverty in young adult literature. Study and Scrutiny: Research on Young Adult Literature, 1 (2), 31–63.

Holm, A., Lebuhn, H., Neitzel, K. & Junker, S. (2017): Wohnverhältnisse in Deutschland. Eine Analyse der sozialen Lage in 77 Großstädten. Forschungsbericht, Hans-Böckler-Stiftung.

Hradil, S. (2010): Der deutsche Armutsdiskurs. Aus Politik und Zeitgeschichte, 51/52, 3–8.

Jones, S. (2008): Grass houses. Representations and reinventions of social class through children's literature. Journal of Language and Literacy Education, 4 (2), 40–58.

Kelley, J. E. & Darragh, J. J. (2011): Depictions and gaps. Portrayal of U.S. poverty in realistic fiction children's picture books. Reading Horizons, 50(4), 263–282. Online verfügbar unter: https://scholarworks.wmich.edu/cgi/viewcontent.cgi?article=1029&context=reading_horizons, Zugriff am 12.10.2020.

Kessl, F. (2005): Das wahre Elend? Zur Rede von der »neuen Unterschicht«. Widersprüche. Zeitschrift für sozialistische Politik im Bildungs-, Gesundheits- und Sozialbereich, 25 (98), 29–42.

Kessl, F., Reutlinger, C. & Ziegler, H. (Hrsg.) (2007a): Erziehung zur Armut. Soziale Arbeit und die »neue Unterschicht«. Wiesbaden: VS Verlag für Sozialwissenschaften.

Kessl, F., Reutlinger, C. & Ziegler, H. (2007b): Erziehung zur Armut? Soziale Arbeit und die »neue Unterschicht«. Eine Einführung. In: dies. (Hrsg.), Erziehung zur Armut. Soziale Arbeit und die »neue Unterschicht« (S. 7–15). Wiesbaden: VS Verlag für Sozialwissenschaften.

Lamme, L. L. (2000): Images of poverty in picture books with international settings. New Advocate, 13 (4), 347–364. Online verfügbar unter: https://www.researchgate.net/publication/234615963_Images_of_Poverty_in_Picture_Books_with_International_Settings, Zugriff am 12.10.2020.

Lietzmann, T. & Wenzig, C. (2020): Materielle Unterversorgung von Kindern. Zwischenbericht zum Forschungsprojekt »Erwerbskonstellationen in Familien mit Schwerpunkt Aufstocker« des Instituts für Arbeitsmarkt- und Berufsforschung (IAB) im Auftrag der Bertelsmann Stiftung. Gütersloh: Bertelsmann Stiftung, Juli 2020.

Maar, N. & Ballhaus, V. (2002/1988): Papa wohnt jetzt in der Heinrichstraße. Zürich: Atlantis Verlag.

Presseinformationen des Carlsen Verlags (2019): Meine Freundin Conni. Online verfügbar unter: https://www.carlsen.de/presse/pressemappen, Zugriff am 27.11.2021.

Pupeter, M., Schneekloth, U. & Andresen, S. (2018): Kinder und Armut. Spürbare Benachteiligungen im Alltag. In: WorldVision Deutschland e. V. (Hrsg.), Kinder in Deutschland 2018. 4. WorldVision Kinderstudie (S. 180–195). Weinheim, Basel: Beltz.

Saltmarsh, S. (2007): Picturing economic childhoods. Agency, inevitability and social class in children's picture books. Journal of Early Childhood Literacy, 7 (1), 95–113. Online verfügbar unter: https://www.researchgate.net/publication/249744108_Picturing_economic_childhoods_Agency_inevitability_and_social_class_in_children%27s_picture_books, Zugriff am 12.10.2020.

Schneider, L. (2016): Das große Conni-Buch. Hamburg: Carlsen.

Siege, N. & Nascimbeni, B. (2009): Wenn der Löwe brüllt. Wuppertal: Peter Hammer Verlag.

Spilsbury, L. & Kai, H. (2018): Wie ist es, wenn man arm ist? Alles über Armut und Hunger (übersetzt von J. Bedford-Strohm). Stuttgart: Thienemann-Esslinger Verlag.

5 Familiennormen in Kinderbüchern. Eine heteronormativitätskritische Betrachtung

Raphael Bak, Noelle O'Brien-Coker, Niki Vetter

Einleitung

Familie und ihre Darstellung stehen seit jeher im Zentrum gesellschaftlicher (Macht-)Aushandlungen. In Deutschland ist dies im Zuge des Rechtsrucks besonders sichtbar geworden: Reaktionäre Stimmen möchten die ›klassische‹ Familie vor Veränderungen bewahren (AfD 2017, S. 40; Ahrbeck & Felder 2020): Das Ideal von Familie, das auf biologischer Verwandtschaft und → Heteronormativität basiert, erweist sich somit als gesellschaftlich wirkmächtig. So scheiterte beispielsweise die Fachstelle Queere Bildung 2018 mit ihrem Versuch, eine pädagogische Handreichung zu geschlechtlicher und sexueller Vielfalt als Themen frühkindlicher Inklusionspädagogik in Berliner Kitas und Schulen zu platzieren (Klöpper 2018). Als Gegenargument hält sich die Behauptung, dass Kinder den ›Trends der Moderne‹ schutzlos ausgeliefert seien, wenn sie mit → queeren Konzepten von Familie vertraut gemacht werden (Nay 2019, S. 373–374). Dabei wird die Normabweichung stets als Ideologie konstruiert, während die geltende Norm als selbstverständlich betrachtet wird.

Neben Bildungsinstitutionen nehmen Medien wie Kinderbücher eine besondere Rolle bei der Normvermittlung ein (Burghardt & Klenk 2016; Janschitz 2015). Um jungen Rezipient*innen Identifikationsmomente zu bieten, wird dort häufig eine Erzählperspektive aus Kindersicht angestrebt, bei der das Geschehen in einer Familie situiert ist (vorausgesetzt wird, dass diese stets den Lebensmittelpunkt eines Kindes bildet). Gerade mit Blick auf die heterogenen und komplexen Lebenswirklichkeiten von Kindern und ihren Familien ermöglichen Kinderbücher den Zugang zu Wissen über gesellschaftliche Normen und begünstigen die Beantwortung der Frage, »als wer jemand wie leben muss, um anerkennbar zu sein« (Machold 2015, S. 18). Ob und wie familiale Lebens- und Beziehungsweisen in Kinderbüchern repräsentiert sind, bleibt nicht folgenlos, sondern hat entscheidenden Einfluss auf die subjektiv bedeutsamen Selbst- und Fremderfahrungen ihrer Rezipient*innen. Kinder entwickeln früh ein Bewusstsein für Machthierarchien und Differenzkonstruktionen. Aufgrund ihrer gesellschaftlichen Position sind sie diesen ausgesetzt und zugleich als Akteur*innen in vielschichtige Diskriminierungshandlungen und Ungleichheitsstrukturen involviert (Eggers 2012, S. 9; Machold 2015; Machold & Bak 2021). Wie machtvoll diese Normvermittlung ist, zeigt sich unmittelbar im Alltag vieler Kinder und Erwachsener, die ebendieser Norm nicht entsprechen. So entstand dieser Artikel auch vor dem Hintergrund unserer persönlichen Erfahrungen als queere, → trans* und/oder migrantisierte, rassifizierte Personen in Deutschland, die ihre

Familien, ihr → Elter-Sein, ihr Geschlecht, ihre Hautfarbe und Haare, ihre Migrationserfahrung, ihr Begehren – und demnach sich selbst – selten in Kinderbüchern repräsentiert sahen und sehen.

Wohl wissend, dass sich die Idee von Familie keineswegs in den nachfolgend beschriebenen Normen erschöpft, liegt es uns ebenso fern, ein alternatives Verständnis von Familie als allgemeingültig definieren zu wollen. Vielmehr beabsichtigen wir, mit unseren Beobachtungen aufzuzeigen, wie ein ›klassisches‹ Familienverständnis als Norm in der Erzählwelt konstruiert wird. Mit einer heteronormativitätskritischen und dekonstruktiven Herangehensweise lässt sich die Frage klären, wie Kinderbücher Familiennormen re_produzieren[1], aber auch infrage stellen können.

Zunächst führen wir in die theoretischen Grundlagen ein, indem wir Heteronormativität in gängigen Familienverständnissen aufzeigen. Daran schließt sich ein Überblick über den Forschungsstand zu Familiendarstellungen in Kinderbüchern an. Es folgt eine kriteriengeleitete, normkritische Analyse, wie Differenz- und Normbotschaften in Kinderbüchern vermittelt und welche Perspektiven dabei eröffnet oder eingeschränkt werden. Hierfür untersuchen wir exemplarisch sieben Bücher für Kinder ab dem dritten Lebensjahr, darunter vier Erzählungen sowie drei Kindersachbücher mit narrativen Elementen, wobei Letztere aufgrund ihrer vielfältigen Familienkonstellationen als ›progressiv‹ zu bezeichnen sind. Im letzten Abschnitt führen wir die zentralen Erkenntnisse zusammen und geben ein Ausblick auf offene Fragen und weitergehende Forschungsdesiderate.

5.1 Wer ist Familie?

»Die Familie gibt es nicht [...]. Familie ist kein Naturgesetz, sondern eine soziale Institution«, konstatiert Schneider (2012) und verweist damit auf die historische, ideologische und praktische Genese des Familienkonzepts und dessen begriffliche Wandelbarkeit. Jegliche Definition von Familie anhand fixierter Merkmale ist zunächst ein Spiegelbild der gesellschaftlichen Normen seiner Zeit. Diese Definitionen erfassen gesellschaftlich, rechtlich und politisch legitimierte Formen familialen Zusammenlebens, die zur Orientierung für das eigene Handeln herangezogen werden (Noack-Napoles 2017, S. 55). In der Praxis haben diese Formen zwar ihre Entsprechungen, allerdings vermag die Norm nie erschöpfend, gelebte Erfahrung zu beschreiben (ebd.; Bender 2009, S. 19–22). Die Normierung kennt keine abweichenden Familienformen und verwehrt den Menschen, die in solchen Familienkonstellationen leben, durch den Ausschluss sowohl Sichtbarkeit und Akzeptanz als

---
1 Anknüpfend an Kelly (2016) und Hayn (2011) verdeutlicht diese Schreibweise, dass jede Produktion von Wissen stets mit vorausgegangenen Wissensproduktionen verwoben ist und somit auch eine Reproduktion darstellt. Mit dem Unterstrich wird betont, dass die Reproduktion aber nie gänzlich der Produktion gleicht (Hayn 2011, S. 139).

auch gesellschaftliche Teilhabe und somit elementare Rechte und Schutz vor Diskriminierung.

In einem eurozentrischen Verständnis von Familie dominiert die (bürgerliche und moderne) Kernfamilie als gesellschaftliches Leitbild. Diese ist nach Schneider (2012) durch fünf wesentliche Charakteristika gekennzeichnet: »das Vorhandensein von zwei Generationen und von zwei Geschlechtern, die Ehe des Elternpaars, verwandtschaftliche Beziehungen zwischen den Familienmitgliedern und eine Haushalts- und Wirtschaftsgemeinschaft« (ebd.). Indem wir diese Familienspezifika als soziale Normen begreifen, betrachten wir sie als Ergebnis und Gegenstand kontinuierlicher Aushandlungsprozesse[2], innerhalb derer diese Normen im Alltag vieler Familien zugleich re_produziert und infrage gestellt werden. Und auch wenn soziale Normen als statisch angesehen werden, sind sie tatsächlich flexibel (Pohlkamp 2015, S. 79). Sie bestehen in Varianzen, die sich in einem ›normierten Spektrum‹ bewegen, das selbst beweglich ist.

Unter Berücksichtigung dessen haben wir Schneiders Merkmale (2012) präzisiert, diese dabei häufig universeller formuliert und ergänzt. So ergeben sich nach unserer Betrachtung folgende Charakteristika für das Leitbild der Familie im eurozentrischen Kontext, anhand derer diese regelmäßig erkennbar wird:

- Generationalität und Filiation (Abstammung, Verwandtschaft in gerader Linie)
- Geschlechtliche Binarität, Cis- und/oder Endogeschlechtlichkeit: Alle Individuen identifizieren sich mit dem Geschlecht, das ihnen bei ihrer Geburt zugewiesen wurde (Nay 2019, S. 37). Trans*- und inter*-Geschlechtlichkeit kommen nicht vor.
- Ehe oder eine andere romantisch[3]-(hetero-)sexuelle, dyadische Partner*innenschaft: Die Individuen identifizieren sich als heterosexuell (Riegel 2017, S. 79).
- Reproduktion
- Genetische Verwandtschaft
- Co-Residenz
- Geteiltes Eigentum/geteilter Besitz
- Care-Arbeit
- Getrennte »Gendersphären« (Bender 2009, S. 11) entlang der Bereiche von Wohnen (Care-Arbeit) und Arbeit (Lohnarbeit) (bürgerliche Kernfamilie nach Schneider 2012)

Jenseits der von Schneider identifizierten und von uns erweiterten Charakteristika gibt es weitere Dimensionen, die für das vorherrschende Verständnis von Familie aus unserer Sicht bedeutsam sind:

- ›Innen und Außen‹: Familie als privater Gegenpol zur Öffentlichkeit (Bender 2009, S. 12),

---

2 Im Sinne eines *Doing-Family*-Ansatzes (Schwamborn & Hahnen 2018, S. 440).
3 Romantik – als erotische, amouröse Anziehung gedacht – ist hier in Abgrenzung zur Freund*innenschaft zu verstehen.

- Kontinuität: »they have a shared history, past and present, with the intention of a future« (Bozett 1987, S. XV),
- Intimität und Emotionalität bezogen auf familiale Beziehungen,
- (religiöse) Rituale: Zusammenkunft zu bestimmten Zeiten und Ereignissen, vom gemeinsamen Abendessen bis zum Weihnachtsfest,
- *Weiß*-Sein: → Othering von migrantischen und nicht-*weißen* Familien (Riegel 2017),
- Mittelklasse: ökonomische Fähigkeit, unabhängig von größeren Kollektiven zu leben (hooks 2001, S. 132),
- Nichtbehinderung: Alle Individuen haben Körper, die als psychisch und physisch gesund bezeichnet werden bzw. → ableisiert sind.

Diese Merkmale begünstigen, dass eine Gruppe in einem allgemein anerkannten Sinn als Familie identifizierbar ist, allerdings erheben sie keinen Anspruch auf Vollständigkeit. Dennoch dient die Zusammenstellung zunächst als Analysegrundlage für die Darstellung von Familie in der Kinderliteratur. Dazu leiten wir aus den ermittelten Merkmalen Fragen ab, die beim Betrachten ausgewählter Kinderbücher beantwortet werden. Die Einordnung der Ergebnisse erfolgt mit Fokus auf die Re_Produktion von Heteronormativität in Familiendarstellungen. Auf die heteronormative Struktur des Leitbilds von Kernfamilie gehen wir deshalb im Folgenden detaillierter ein.

5.2 Familie und Heteronormativität

Die historischen Kontinuitäten eines in eurozentrischen Kontexten prävalenten Familienmodells lassen sich bis ins Mittelalter zurückverfolgen (Bender 2009, S. 11). Queere[4] Lebensweisen wurden wegen vermeintlicher Unfähigkeit zu langfristigen romantisch-sexuellen Beziehungen und insbesondere zu biologischer Reproduktion außerhalb der Familie konstruiert, gesellschaftlich stigmatisiert und marginalisiert. So herrschte die Vorstellung, dass nur heterosexuelle und → cisgeschlechtliche Menschen einen ›natürlichen‹ Zugang zu Familie hätten (ebd., S. 21). Dadurch wurde queeren Beziehungen auch der rechtliche Status als Familie verwehrt, sodass beispielsweise lesbischen Frauen das Sorgerecht für ihre Kinder noch bis in die 1990er Jahre entzogen wurde (Zschunke 2018).

Jedoch reichen auch die wissenschaftlichen Bestrebungen weit zurück, Heterosexualität und Zweigeschlechtlichkeit ihren Anschein von Natürlichkeit und Normalität zu nehmen (Wagenknecht 2007, S. 19). In den poststrukturalistischen → Gender und Queer Studies dient das Konzept der Heteronormativität als grundlegender Struktur- und Analysebegriff zur Untersuchung dieser Normen

---

4 Der Begriff »queer« wird hier anachronistisch gebraucht. Die heute damit assoziierten Merkmale galten lange nicht als identitätsstiftend.

(Hartmann 2018, S. 12–14). Degele (2005) definiert Heteronormativität als »ein binäres, zweigeschlechtlich und heterosexuell organisiertes und organisierendes Wahrnehmungs-, Handlungs- und Denkschema« (ebd., S. 19).[5] Da soziale Normen einen verlockenden, zugleich aber auch zwanghaften und gewaltvollen Charakter besitzen, bewirkt Heteronormativität eine Naturalisierung von Heterosexualität und geschlechtlicher Binarität und reduziert so gesellschaftliche Komplexität (Castro Varela, Dhawan & Engel 2016, S. 11; Degele 2005, S. 19). Im gesellschaftlichen Diskurs um Familie zeigt sich Heteronormativität äußerst facettenreich. Die Pathologisierung trans*geschlechtlicher Elterschaft, die Orientierung an → amatonormativen Beziehungsmodellen und die rechtliche Privilegierung von heterosexuellen dyadischen Partner*innenschaften und Ehen sind nur einige Beispiele.

Zwar werden ›Diversitätspolitiken‹ inzwischen zunehmend bereitwillig in die hegemonialen Strukturen von Gesellschaften integriert, die sich als ›pluralistisch‹ definieren. Allerdings bleibt dabei offen, inwiefern geschlechtliche und sexuelle Normen sich verschieben bzw. bereits verschoben haben (Castro Varela, Dhawan & Engel 2016, S. 19). So lässt sich beispielsweise argumentieren, dass im Zuge der Öffnung der Ehe für ›alle‹[6] im Jahr 2017 nun auch monogame lesbische und schwule Paare und ihre Kinder vermehrt in kontemporären mono-, cis- und homonormativen Konstrukten von Familie repräsentiert sind (Allen & Mendez 2018, S. 76, 81; Riegel 2017, S. 74–75). Ob ihre annähernde Gleichstellung im deutschen Ehe- und Adoptionsrecht jedoch tatsächlich einer Diversifizierung von Familienbildern entspricht oder nur eine Verschiebung der bestehenden Heteronorm hin zu einer Inklusion von gleichgeschlechtlichen Paaren darstellt, ist Gegenstand queertheoretischer Reflexionen (Allen & Mendez 2018, S. 81; Castro Varela, Dhawan & Engel 2016, S. 19). Zumindest werden queere Identitäten jenseits von LSB (lesbisch, schwul, bisexuell) weiter unzureichend im Ehe- und Familienkontext anerkannt: »Die familiale Vielfalt […] erfährt durch diesen normalisierenden Einschluss [gleichgeschlechtlicher Paare] eine Verengung« (Nay 2019, S. 373). Die ›klassische‹ heteronormative Kernfamilie bleibt damit weiterhin Orientierungspunkt. Auch heteronormativitätskritische Ansätze, wie sie beispielsweise in ›progressiven‹ Kinderbüchern verfolgt werden, bedürfen demnach einer kritischen Reflexion.

Wie Riegel (2017) zeigt, wird Familie auch im pädagogischen, erziehungswissenschaftlichen und soziologischen Diskurs zumeist heteronormativ gedacht. Obwohl der sozial konstruierte Charakter von Familie unstrittig ist, sind nicht-heteronormative familiale Lebensweisen auch weiterhin kaum differenziert in der Fachliteratur repräsentiert. Vielmehr erscheinen sie lediglich in Bezug auf die Pluralisierung von Familienformen erwähnenswert (ebd., S. 75–76). Häufig werden sie außerdem nicht als ›Familie‹, sondern etwa als ›Regenbogenfamilien‹ oder ›gleich-

---

5   Wie Klapeer (2015) zu Recht anmahnt, birgt die unkritische Verwendung des Begriffes ›Heteronormativität‹ die Gefahr, das Konzept methodologisch und politisch zu komprimieren, Interdependenzen auszublenden und zahlreiche widersprüchliche und in Aushandlung begriffene Perspektiven innerhalb des Diskurses zu supprimieren (ebd., S. 26). Vor diesem Hintergrund ist ein reflektierter und kritischer Umgang mit diesem Konzept unerlässlich.

6   Die Bezeichnung ›Ehe für alle‹ ist unseres Erachtens irreführend, da mit ›alle‹ lediglich hetero- und homosexuelle Paare gemeint sind.

geschlechtliche Lebensgemeinschaften mit Kindern‹ bezeichnet. Nicht zuletzt marginalisiert die Fachliteratur jene queeren Lebensformen nach wie vor, die nicht entlang binärer Unterteilungen zwischen hetero- und homosexuell verlaufen, etwa → inter*, → trans* und nicht-binäre Elterschaft (Riegel 2017, S. 77). Einen Gegenentwurf hierzu stellt die Konzeptualisierung von queeren Familien dar, denn diese zeichnen sich durch eine Elter(n)-Kind-Beziehung aus, in der mindestens eine Person (der älteren Generation) mit einer der im Akronym → LSBT*QI*AA+ vereinten Identitäten beschrieben werden kann (Riegel 2017, S. 69; Bender 2009, S. 6).

5.3 Forschungsstand zu Familiendarstellungen in Kinderbüchern

Diversität familialer Lebensweisen in Kinderbüchern ist in der deutschsprachigen erziehungswissenschaftlichen Kindheitsforschung bisher weitgehend unberücksichtigt geblieben. Zudem existierte keine einschlägige deutschsprachige Studie zu heteronormativen Darstellungen von Familie. Dieses Desiderat erschwert es, Aussagen über die Repräsentation von Familie in deutschsprachigen Kinderbüchern zu treffen. Für wissenschaftliche Arbeiten zu Familienbildern in deutschsprachigen Kinderbüchern muss der Blick geweitet werden, indem exemplarisch internationale Studien aus den letzten 20 Jahren herangezogen werden, die explizit eine queer- oder geschlechtertheoretische Perspektive einnehmen.

Die wenigen deutschsprachigen Studien, aus denen sich indirekt Aussagen über Familienbilder ableiten lassen, beschäftigen sich etwa mit der Darstellung von Einelterfamilie. In der quantitativ und qualitativ angelegten Studie resümiert Dierckx (2005), dass diese Familienform durchaus differenziert dargestellt wird, indem sowohl defizitäre Perspektiven als auch besonders positive Seiten der Einelterschaft repräsentiert sind (ebd., S. 34). Dies gilt jedoch nicht gleichermaßen für die Darstellungen alleinerziehender Väter: Im Sample finden sich nach Dierckx nicht nur zahlreiche Klischees re_produziert, sondern auch keine ausgewogene oder gar positive Zeichnung der alleinerziehenden Vaterfigur (ebd.).

Weitere Studien widmen sich entweder Geschlechterdarstellungen (Burghardt & Klenk 2016), Geschlechterwissen (Janschitz 2015) oder Geschlechter(de-)konstruktionen in ›geschlechtssensiblen‹ Bilderbüchern (Fürnsinn 2014). Sie generieren vereinzelt empirische Hinweise auf Wissen über Familie. So untersuchen Burghardt und Klenk (2016) in einer quantitativ-qualitativen Analyse überwiegend bildliche Darstellungen von Geschlecht aus poststrukturalistischer Perspektive. Der Untersuchung zufolge konnten in keinem Buch »andere Beziehungsformen gefunden werden als die heterosexuelle, mononormative Paarbeziehung« (ebd., S. 72). Zudem »wurden nur Familienformen abgebildet, die der traditionellen Vorstellung von Vater, Mutter, Kind entsprechen« (ebd.). Die Geschichten bleiben also einem heteronormativen Paradigma verhaftet (ebd., S. 72). Zu einem ähnlichen Ergebnis kommt Janschitz (2015), die sich mit Geschlechterwissen in Kinderbüchern beschäftigt, die zwischen 1963 und 2014 mit dem Österreichischen Kinder- und Jugendbuchpreis ausgezeichnet wurden. Aufschlussreich ist diese qualitative Studie, weil sie den Schwerpunkt auf die sich ändernden Familienkonstellationen legt. Zusätzlich ergänzt Janschitz die konventionelle binäre Operationalisierung von Geschlecht (männlich/weiblich) um die Kategorie ›ungegendert‹ (Janschitz 2015, S. 5). Trotz der Berücksichtigung verschiedener Geschlechtsdimensionen zeigt die Studie, dass das Bild der traditionellen Kernfamilie in den untersuchten Kinderbüchern stets die Basis darstellt, obwohl diese zu sehr unterschiedlichen Zeiten publiziert wurden und sich Familienstrukturen in dieser Spanne kontinuierlich wandelten (Janschitz 2015, S. 10–12).

Mit Blick auf die internationale Forschungslage kann am Beispiel einiger US-Studien gezeigt werden, dass vor allem Väter in Kinderbüchern immer noch unterrepräsentiert sind (White 2015; Anderson & Hamilton 2005), Care-Arbeit nach wie vor als ›Frauen- und Mutterarbeit‹ marginalisiert wird (Adam, Walker & O'Connell 2011) und die Abwesenheit von Mutter oder Vater als Entwicklungsrisiko für Kinder konstruiert wird (ebd.). Zugleich werden vermehrt queertheoretische Perspektiven auf Kinderliteratur eingenommen. Bemerkenswert ist die neuseeländische Untersuchung von Kelly (2012), die die Rezeption von Bilderbüchern mit gleichgeschlechtlichen Eltern untersucht. Kellys Ergebnisse verdeutlichen, dass Kindergartenkinder sich offener gegenüber nicht-traditionellen Familien zeigen, wenn sie bereits im Kindergarten nicht-heteronormative Bilderbücher kennenlernen konnten (ebd., S. 13). Allerdings bedarf es einer proaktiven, normreflektierenden pädagogischen Begleitung, damit die Kinder diese positiv aufnehmen. Denn hier sieht Kelly noch Nachholbedarf, da pädagogische Fachkräfte laut der Untersuchung nur unzureichend auf Fragen der Kinder in Bezug auf Familienwissen jenseits normativer Grenzen eingehen und sich weder mit (alternativen) Betrachtungsweisen der Kinder noch ihren eigenen Vorannahmen auseinandersetzen (ebd.). Dies rückt Fragen der pädagogischen Professionalisierung in den Vordergrund, durch die heteronormatives Familienwissen vermittelt wird.

Die Ergebnisse lassen Folgendes erkennen: Während ›neue‹ (nicht-heteronormative) Familien- und Lebensweisen in Kinderbüchern vereinzelt zum Gegenstand der Forschung werden, bleibt das praktisch überholte heteromononormative Familienbild stets der Referenzpunkt. Die Studien verweisen zwar auf eindimensionale Kontinuitäten in den Darstellungen von Familie, lassen aber u. a. intersektionale Bezüge außen vor. In jedem Fall bedarf es weiterer Studien, die systematisch sowohl die Konstruktion von Familiennormen in Kinderbüchern als auch deren Rezeption in Hinblick auf heteronormative Re_Produktion empirisch erforschen.

5.4 Sampling-Kriterien

Im Folgenden nennen wir die Kriterien für die Sample-Auswahl. Für eine normkritische Betrachtung ist die Auflagenzahl der untersuchten Kinderbücher entscheidend aufgrund der Reichweite. Deshalb haben wir die meistverkauften Kinderbücher in Deutschland im Zeitraum von 2016 bis 2019 anhand der von *buchreport* veröffentlichten *SPIEGEL*-Bestsellerlisten ermittelt. Zudem wurde vorab für die Sample-Auswahl am Inhalt der Bücher sichergestellt, dass eine familiale Beziehung dort ausreichend thematisiert wird. Aus forschungspragmatischen Gründen wurden solche Kinderbücher von der Datenerhebung ausgeschlossen, die einen Umfang von mehr als 50 Seiten haben und in denen nur ein Charakter vorkommt. Diese Filterung ergab schließlich ein kleines Sample von Büchern, darunter finden sich vermehrt die Titel der lange bestehenden Buchreihen *Conni* und *Pettersson und Findus*. Sie gelten auf dem deutschsprachigen Kinderbuchmarkt als Kultbuchreihen und lassen sich, auch angesichts ihrer aktuellen Filmadaptionen, eindeutig im Mainstream verorten. Von *Conni* wählten wir deshalb die Titel *Conni hilft Mama* (Schneider & Wenzel-Bürger 2013) und *Conni hilft Papa* (Schneider & Wenzel-Bürger 2017). Im erstgenannten Buch versucht Conni, ihre Mutter bei deren alltäglichen Aufgaben zu unterstützen, nachdem sich diese am Fuß verletzt hat. *Conni hilft Papa* erzählt hingegen davon, wie Conni ihren Vater am Wochenende bei seinen Aufgaben unterstützt, während ihre Mutter und ihr Bruder verreisen. Von der Reihe *Pettersson und Findus* wählten wir *Wie Findus zu Pettersson kam* (Nordqvist 2002), das die Entstehungsgeschichte von Petterssons Zusammenleben mit seinem Kater Findus erzählt. Zusätzlich fiel die Wahl noch auf das Kinderbuch *Eine Geburtstagstorte für die Katze* (Nordqvist 1984), in dem geschildert wird, wie Pettersson und Findus verschiedene Hindernisse auf dem Weg zu einer Pfannkuchentorte für Findus überwinden.

Große Aufmerksamkeit (z. B. durch Auszeichnungen) erfahren gegenwärtig auch Kinderbücher, die sich zwar explizit dem Thema Familie widmen, aber als Sachbücher mit geringerer Auflage nicht auf den Bestsellerrankings vertreten waren, was ein Ausschlusskriterium darstellt. Ihr Anliegen ist es zumeist, Kindern einen Zugang zu ›Familie‹ in ihren vielfältigen Formen zu eröffnen. Um der Frage allerdings nachzugehen, ob Beispiele dieses Formates ihrem Ziel gerecht werden, wählten wir zusätzlich drei exemplarisch aus: *Alles Familie!* (Maxeiner & Kuhl 2018), *Familie. Das sind wir!* (Brooks & Ferrero 2019) und *Das Familienbuch* (Summanen & Arpiainen 2015). So ergab sich ein Sample von insgesamt sieben Büchern, deren Texte und Bilder anhand der bereits aufgeführten Normkriterien systematisch analysiert wurden. Im Folgenden werden zentrale Ergebnisse dieser Analyse dargestellt.

5.5 Normkritische Kinderbuchbetrachtung

5.5.1 Ehe und Heterosexualität

Ehe oder andere romantisch-(hetero-)sexuelle dyadische Partner*innenschaften nehmen für das im vorliegenden Sample transportierte Konzept von Familie eine zentrale Rolle ein. Die Wirkmacht dieser Norm zeigt sich dabei in der Selbstverständlichkeit, mit der sie re_produziert wird. Entsprechend fehlen häufig explizite Texthinweise auf die Natur der Beziehung von Personen, die als Eltern- oder Liebespaar gelesen wurden. Visuell sind diese zwischenmenschlichen Verhältnisse durch Kuss-Situationen (*Conni hilft Papa*, S. 20) oder Zeichen wie Herzen symbolisiert (*Alles Familie!*, S. 7–9; *Familie. Das sind wir!*, S. 10; *Das Familienbuch*, S. 16). Als ›Urform‹ der romantisch-sexuellen Beziehung wird durchgängig diejenige zwischen Mann und Frau dargestellt. Im einzigen Buch im Sample, das eine Person als quasi alleinerziehend zeigt (*Wie Findus zu Pettersson kam*), offenbart sich indirekt das ›eigentliche‹ Begehren dieser Person in einem Dialog, wobei diese gleichzeitig als heterosexuell markiert wird, auch wenn sie diesem Begehren nicht (mehr) nachgeht (ebd., S. 3). Zwar gibt es in den Sachbüchern Raum für die Darstellung nichtheterosexueller Eltern, allerdings ist auffällig, dass insbesondere lesbische und schwule Paare inkludiert werden (*Alles Familie!*, S. 9; *Das Familienbuch*, S. 2, 26), während andere queere Beziehungen als Familienzentrum unterrepräsentiert bleiben. In der Häufigkeit der Abbildungen von heterosexuellen Paaren zeigt sich darüber hinaus, dass auch in den sich als progressiv verstehenden Sachbüchern diese klar als Norm gesetzt werden (*Alles Familie!*; *Das Familienbuch*; *Familie. Das sind wir!*).

Fast allen Büchern des Samples ist gemeinsam, dass sie → (Allo-)Sexualität und romantisches Begehren als natürliches Merkmal eines erwachsenen Menschen beschreiben. *Wie Findus zu Pettersson kam* beschreibt dabei auch eine vage Altersgrenze nach oben: Pettersson bezeichnet sich als »zu alt für eine Frau« (ebd., S. 3) und impliziert damit, dass alte Menschen kein Begehren hätten oder diesem nicht mehr nachgehen sollten. Das strenge Paradigma der romantisch-(hetero-)sexuellen Paarbeziehung als Kern und Keim von Familie wird hier zumindest insofern infrage gestellt, als dass das familiale Zusammenleben von Pettersson und Findus ohne Romantik und Sexualität auskommt und beides für die Entstehung ihrer Familie unerheblich war. In einem anderen Beispiel (*Das Familienbuch*) wird noch offener mit demselben Paradigma gebrochen:

> »Manchmal sind die Eltern ineinander verliebt, manchmal haben sie aufgehört sich zu lieben, manchmal sind sie Freund_innen, manchmal kannten sie sich fast gar nicht, bevor das Baby im Bauch anfing zu wachsen.« (ebd., S. 1)

Elterschaft und Familie wird so eine gewisse Unabhängigkeit von Liebe und Romantik zugeschrieben. Während Familie in *Das Familienbuch* als explizit nichtamatonormatives Konstrukt produziert wird, bleibt die vermeintlich natürliche Sexualität von Erwachsenen im Allgemeinen weiter hegemonial. Nicht nur wird dort behauptet, dass Sex sich jederzeit und für alle Erwachsenen »gut anfühlt« (ebd.,

S. 16), sondern auch, dass es üblich sei, häufig Sex zu haben. Für Personen aus dem asexuellen Spektrum bleibt demnach nicht nur im familialen Kontext, sondern generell kein Platz in der Gesellschaft. Romantik und Sexualität sind nicht als entscheidendes Kriterium für familiales Zusammenleben in *Wie Findus zu Pettersson kam* und in *Das Familienbuch* beschrieben und dennoch bleiben diese Bücher einer amatonormativen Narration bei der Charakterisierung von erwachsenen Individuen verhaftet. Dieser Norm entgehen durch ihre Allgemeingültigkeit also auch Familien nicht.

5.5.2 Binarität und Cisgeschlechtlichkeit

Binär- und cisgeschlechtliche Normen werden sowohl in narrativen als auch in versachlichenden Familiendarstellungen konstant re_produziert und so stabilisiert. Im gesamten Sample finden sich kaum Charaktere oder Narrative, die sich einer traditionell-eindeutigen Genderrepräsentanz entziehen oder die gar trans* oder inter* Geschlechtlichkeit explizit repräsentieren bzw. benennen. Auch die Norm geschlechtlicher Binarität wird auf beiden Ebenen weitgehend affirmiert. Semantisch geschieht dies zumeist durch die explizite Benennung als ›Mann‹ bzw. ›Frau‹, durch Namen, Pronomina und geschlechtsbestimmende Suffixe. Vor diesem Hintergrund stellt *Das Familienbuch* eine bemerkenswerte Ausnahme dar, indem dieses statt ›Frau‹/›Mann‹/›Vater‹/›Mutter‹ die Bezeichnungen ›Mensch‹/›Person‹ verwendet und mithilfe des Gendergaps versucht, nicht-binäre Geschlechtsidentitäten zu inkludieren. Auf semantischer Ebene findet so eine klare lexikalische Erweiterung statt. Auch bildlich spiegelt sich diese wider, indem einige Personen sich einer eindeutig binären Geschlechtszuordnung entziehen. Die Bezeichnung »bärtiges Geschwisterkind« (*Das Familienbuch*, S. 4) weist sprachlich darauf hin, dass das Geschlecht einer Person nicht ohne Weiteres vom Erscheinungsbild abzuleiten ist. Das öffnet den Raum, Personen als ›divers‹ zu deuten.

In den anderen Büchern wird binäre Geschlechtskonformität meist durch Kleidung vereindeutigt. Dies geschieht selbst bei zunächst mehrdeutigen Darstellungen über Details, wie es sich in *Conni* paradigmatisch zeigt. Anhand ihrer Kleidung oder ihres Namens ist Conni nicht eindeutig einem Geschlecht zuzuordnen. Ihre charakteristische rote Schleife im Haar, die in keiner Darstellung fehlt, markiert sie letztendlich jedoch klar als Mädchen.

5.5.3 (Care-)Arbeit und getrennte Gendersphären

Care-Arbeit wird durchgängig als ein zentrales Element familialen Zusammenlebens konstruiert, wobei die beschriebenen Tätigkeiten in den meisten Fällen deutlich vergeschlechtlicht sind. Ein Beispiel für die offensive Umkehrung dieser Norm zeigt *Familie. Das sind wir!*: Hier wäscht eine männlich gelesene Person Wäsche, während sich eine weiblich gelesene Person entsprechend gekleidet auf dem Weg zur Lohnarbeit befindet (ebd., S. 19). Dies kann im Vergleich als progressiv bewertet werden. Doch es sollte nicht außer Acht gelassen werden, dass eine bloße Umkehrung stets zugleich auf genau die entsprechende Norm hinweist und so in der Kritik derselben verhaftet bleibt, ohne diese zu überwinden. Bemerkenswert ist, dass der Rollentausch nur vordergründig zu sein scheint, wenn Männer als zumeist vorübergehend alleinige Fürsorgepersonen in Erscheinung treten. Während bei *Conni hilft Mama* insbesondere weiblich konnotierte Fürsorgetätigkeiten in Bild und Text vorkommen, treten in *Conni hilft Papa* Erledigungen auf, die eher Männern zugeschrieben werden bzw. weniger eindeutig vergeschlechtlicht sind. Der Umkehrschluss verdeutlicht dies drastisch: Papa putzt nicht das Haus, es wird nicht gezeigt, wie er kocht oder Conni ins Bett bringt. Auch Pettersson als Quasi-Alleinerziehender übernimmt zwar Aufgaben, die eher Frauen zugeschrieben werden, jedoch nur, wenn diese für die Handlung eine zentrale Rolle spielen, wie es beim Backen der Torte in *Eine Torte für die Katze* der Fall ist.

Bekräftigt wird diese normative Rollenzuschreibung in einem Dialog zwischen Pettersson und seiner Nachbarin Beda, die ihm das Katzenjunge Findus vorbeibringt. »Kriegt er nicht Sehnsucht nach seiner Mama?«, fragt Petersson. Beda antwortet: »Vielleicht ein paar Tage, aber dann vergisst er sie. Du musst dich um ihn kümmern und seine neue Mama werden« (*Wie Pettersson zu Findus kam*, S. 5). Statt der Vaterrolle, die Pettersson eigentlich zukäme, muss er offenbar die Mutterrolle einnehmen, wenn ihm die Aufgabe gelingen soll, sich fürsorglich um Findus zu kümmern. Bemerkenswert ist, dass ihm diese Fähigkeit nicht grundsätzlich abgesprochen wird, allerdings wird durch das Festhalten an normativ aufgeladenen Termini auch dort die normkonforme Teilung der geschlechtlichen Sphären diskursiv verstetigt.

5.5.4 (Genetische) Verwandtschaft

In den Sachbüchern zu Familie wird Verwandtschaft – trotz einzelner differenzierter Darstellungen von diversen Verwandtschaftsverhältnissen – ansonsten weitgehend auf genetische Abstammung zurückgeführt. Gleichzeitig werden zum Teil unterschiedliche Familienformen präsentiert: Alleinerziehende, Patchwork-, Regenbogen-, Adoptiv-, Pflegefamilien und Wahlverwandtschaften etc., die aber häufig als erklärungsbedürftig betrachtet werden. Damit werden diese ›verbesondert‹, wodurch zwischen ›normalen‹ und anderen Familien unterschieden wird. Die Privilegierung ›natürlicher‹, d. h. biologisch-genetischer Verwandtschaft erfolgt z. B. durch die Benennung von Stiefeltern als »unechte Elternteile« (*Alles Familie!*, S. 15). Insbesondere auf der Bildebene lassen sich in fast allen Kinderbüchern Hinweise auf verwandtschaftliche Ähnlichkeiten wie Namen, Haar- oder Hautfarben finden, die auf eine Naturalisierung von Elterschaft hinweisen.

Einen Gegenentwurf zur naturalisierten Elterschaft stellt das hausgemeinschaftliche Zusammenleben dar, wofür exemplarisch die Beziehung zwischen Pettersson und Findus steht. Hier ist ein biologisch-genetisches Verwandtschaftsverhältnis ausgeschlossen, nicht zuletzt, weil Pettersson ein Mensch und Findus eine Katze ist. Im erwähnten Dialog zwischen Pettersson und seiner Nachbarin Beda zeigt sich aber, dass Pettersson auch ohne biologisch-genetische Zusammengehörigkeit Findus' Mama sein kann. Es wird suggeriert, dass das eigene Empfinden und Handeln entscheidend sei, um eine Familie zu sein, sodass eine Mutterrolle flexibel und keineswegs zwangsläufig an eine genetische Verwandtschaft gekoppelt ist.

5.5.5 Reproduktion

Die Vorstellung von Reproduktion ist mit der Idee eines ›klassischen Weges‹ zur Familiengründung verbunden. In den Kinderbüchern verdeutlicht sich dies an dem Umstand, dass dort stets Erwachsene mit Kindern vorkommen, womit das Leitbild einer ›vollständigen‹ Familie bestätigt wird. Diese Norm wird etwa in *Alles Familie!* sogar explizit angesprochen: »In den meisten Familien gibt es ein Kind, zwei oder vielleicht drei Kinder« (ebd., S. 2). Umgekehrt verfügt jedes Kind in den Büchern zumeist über eine Mutter und einen Vater. Gleichzeitig zeigen die untersuchten Sachbücher zu Familien, dass der Familien-/Kinderwunsch auf unterschiedliche Weisen realisiert werden kann. So wird in diesen Büchern auch thematisiert, dass es gar keine Kinder geben muss, um sich ›Familie‹ zu nennen: »Es gibt viele erwachsene Menschen, die nicht mit Kindern, sondern mit Tieren zusammenleben« (*Das Familienbuch*, S. 6) und »für einige Menschen sind Freunde die Familie [...]. Sie haben sich ihre Familie ausgesucht« (*Alles Familie!*, S. 16). *Alles Familie!* beinhaltet als einziges Werk im Sample unterschiedliche Zeugungsnarrative jenseits von sexueller Interaktion. Die vielfältigen Möglichkeiten, wie eine Eizelle und eine Samenzelle sich vereinen können, werden nicht nur veranschaulicht, sondern auch als gleichwertig dargestellt. Es heißt dort sogar: »Jedes Kind wächst in dem Bauch des Menschen heran, der es zur Welt bringt, aber Eltern werden diejenigen, mit denen man zusammen aufwächst« (ebd., S. 20). Diese Aussage ist insofern besonders, als sie aus Sicht der Kinder aufzeigt, dass sie sowohl biologische als auch soziale Eltern haben können.

5.6 Fazit und Ausblick

Dieser Beitrag hat exemplarisch aufgezeigt, wie Kinderbücher Familiennormen re_produzieren und wie sich diese auch infrage stellen lassen. Wie der Forschungsstand belegt, sind heteronormative Familienkonstruktionen in Kinderbüchern und deren Rezeption bisher kaum Gegenstand der Kindheitsforschung. Aus einer heteronormativitätskritischen und dekonstruktiven Perspektive bestätigt die Analyse der vorliegenden Kinderbücher, dass Cis-Hetero-Mononormativität im Wesentlichen mit großer Selbstverständlichkeit als Norm transportiert wird, die nur selten aufgebrochen wird. Dies gilt vor allem für Erzählungen, in denen die Figuren durch ihre konstante Normkonformität charakterisiert sind, z. B. im Fall der *Conni*-Erzählungen. Diese scheinen zudem in erster Linie ein erzieherisches Anliegen zu vermitteln und zugleich kaum zu einer ästhetischen Erfahrung anzuregen. Die Beziehung von Pettersson und Findus liegt teilweise außerhalb von gesellschaftlichen

Normverhältnissen. Hier gibt es keine ›klassische‹ Darstellung familialen Zusammenlebens, sondern eine selbstbestimmte Definition von Familie. Darin zeigt sich – jenseits jeder neoliberalen Vielfaltsrhetorik – eine emanzipatorisch-empowernde Wirkung, die Kindern kreative Denkräume eröffnet. Das Beispiel offenbart, dass Normen keineswegs nur durch die bloße Ergänzung verschiedener Identitäten aufgebrochen werden können.

Im Zeichen der Pluralität stehen die Titel *Alles Familie!*, *Familie. Das sind wir!* sowie *Das Familienbuch*. Insbesondere in *Das Familienbuch* gelingt es größtenteils, Familiennormalität zu »entnormalisieren« (Hornscheidt 2013), indem es das bisher »Nicht-Benannte und Unsichtbare« (ebd., S. 24) einbezieht, um individuelle familiäre Lebensrealitäten von Familien inklusiv zu thematisieren. Jedoch ist auch in diesen sich als progressiv verstehenden Büchern die gängige Norm weiterhin deutlich erkennbar.

Eine intersektionale Lesart des Samples lässt zudem erkennen, wie eng heteronormative Familienkonstruktionen mit anderen Differenzkategorien wie → *race*, Klasse oder Behinderung bedeutsam verknüpft sind. Die Bücher verstricken sich in Mustern des Othering, die allerdings nicht im Fokus der Analyse standen. In den meisten Büchern dominieren → *weiße* Figuren. Sowohl die *Conni*-Erzählungen als auch *Pettersson und Findus* sowie *Alles Familie!* bedienen sich fast ausschließlich stereotyper Vorstellungen einer *weißen*, nicht-migrantischen Familie. Entsprechend der Verschiebung der Heteronorm erschöpft sich queere Repräsentation in *Alles Familie!* und *Familie. Das sind wir!* allein in der Darstellung schwul-lesbischer Beziehungen. Diese Bücher imaginieren offenbar pauschal eine *weiße*, cis-hetero-amatonormative Leser*innenschaft.

Unsere Befunde legen die Vermutung nahe, dass Familienbilder in vielen Kinderbüchern auch über das hier untersuchte Sample hinaus nicht entscheidend von der Norm abweichen. Wir sehen hier bislang die Chance vertan, dass Kinderbücher zu inklusiven Erfahrungsorten als »[a]gents provocateurs für gesellschaftspolitische Entwicklungen« (Frickel et al. 2020, S. 13) werden können. Deshalb plädieren wir für eine emanzipatorisch-empowernde Schreib- sowie eine normreflektierende Lesepraxis von (pädagogischen) Bezugspersonen mit Kindern, die sich durch eine diversitätsorientierte, zuschreibungsreflexive und damit norm- und dominanzkritische Perspektive auszeichnet. Wie uns während der Entstehung dieses Artikels deutlich wurde, muss dies keineswegs bedeuten, alle Normen aufzulösen. Das erschiene uns trotz aller Kritik unvorstellbar. Doch schon das Angebot, die Norm nicht als selbstverständlichen Ausgangspunkt, sondern als Option neben anderen zu betrachten, kann Rezipient*innen dazu ermächtigen, ihre Familie nach ihren Vorstellungen und Bedürfnissen zu denken und zu gestalten.

Literaturverzeichnis

Adams, M., Walker, C. & O'Connell, P. (2011): Invisible or involved fathers? A content analysis of representations of parenting in young children's picturebooks in the UK. Sex Roles, 65, 259–270.

Ahrbeck, B. & Felder, M. (2020): Das Thema Gender-Identität überfordert Kinder. Frankfurter Allgemeine Zeitung. Online verfügbar unter: https://www.faz.net/aktuell/gesellschaft/menschen/ gastbeitrag-dasthema-gender-identitaet-ueberfordert-kinder-16934895.html, Zugriff am 07.10.2020.

Allen, S. H. & Mendez, S. N. (2018): Hegemonic heteronormativity. Toward a new era of queer family theory. Journal of Family Theory & Review, 10, 70–86.

Alternative für Deutschland/AfD (2017): Wahlprogramm der Alternative für Deutschland für die Wahl zum Deutschen Bundestag am 24. September 2017. Online verfügbar unter: https://www.afd.de/wp-content/uploads/sites/111/2017/06/2017-06-01_AfD-Bundestagswahlprogramm_Onlinefassung.pdf, Zugriff am 26.03.2020.

Anderson, D. A. & Hamilton, M. (2005): Gender role stereotyping of parents in children's picture books. The invisible father. Sex Roles, 52, 145–151.

Bender, T. (2009): »It's just like we made this family for ourselves«. Der Queer Family Claim im zeitgenössischen amerikanischen Film und Fernsehen. PhD Diss., Universität Tübingen. Online verfügbar unter: https://publikationen.uni-tuebingen.de/xmlui/bitstream/handle/10900/46553/pdf/ QueerFamilyClaim.pdf?sequence=1&isAllowed=y, Zugriff am 21.02.2020.

Bozett, F. (1987): Gay and lesbian parents. New York: Praeger.

Brake, E. (2012): Minimizing marriage. Marriage, morality and the law. New York: Oxford University Press.

Brooks, F. & Ferrero, M. (2019): Familie. Das sind wir! London: Usborne.

Burghardt, L. & Klenk, F. C. (2016): Geschlechterdarstellungen in Bilderbüchern. Eine empirische Analyse. Gender, 3, 61–80.

Castro Varela, M., Dhawan, N. & Engel, A. (2016): Introduction: Hegemony and heteronormativity. Revisiting ‚the political' in queer politics. In: M. Castro Varela, N. Dhawan & A. Engel (Hrsg.), Hegemony and heteronormativity. Revisiting ‚the political' in queer politics (S. 1–24). London: Routledge.

Castro Varela, M. & Dhawan, N. (2020): Postkoloniale Theorie. Eine kritische Einführung (3. Auflage). Bielefeld: transcript.

Debus, K. & Laumann, V. (2020): Glossar zu Begriffen geschlechtlicher und sexueller Vielfalt. Online verfügbar unter: https://interventionen.dissens.de/fileadmin/Interventionen/Glossar_geschlechtliche_amouro%CC%88se_sexuelle_Vielfalt_-_Debus_Laumann.pdf, Zugriff am 29.10.2020.

Degele, N. (2005): Heteronormativität entselbstverständlichen. Zum verunsichernden Potenzial von Queer Studies. Freiburger FrauenStudien: Zeitschrift für interdisziplinäre Frauenforschung, 11 (17), 15–39.

Dierckx, H. (2005): Einelternfamilien. Erziehungswissenschaftliche Betrachtungen einer familialen Lebensform und ihrer Darstellungsweisen in der zeitgenössischen Kinderliteratur. In: T. Wieners (Hrsg.), Familienbilder und Kinderwelten. Kinderliteratur als Medium der Familien- und Kindheitsforschung (S. 7–38). Frankfurt/Main: Goethe-Universität.

Eggers, M. M., Kilomba, G., Piesche, P. & Arndt, S. (2009): Konzeptionelle Überlegungen. In: M. M. Eggers, G. Kilomba, P. Piesche & S. Arndt (Hrsg.), Mythen, Masken und Subjekte. Kritische Weißseinsforschung in Deutschland (2. Auflage) (S. 11–13). Münster: Unrast.

Eggers, M. M. (2012): Gleichheit und Differenz in der frühkindlichen Bildung. Was kann Diversität leisten? Online verfügbar unter: https://heimatkunde.boell.de/sites/default/files/diversitaet_und_kindheit_kommentierbar.pdf, Zugriff am 10.09.2020.

Frickel, D. A., Kagelmann, A., Seidler, A. & von Glasenapp, G. (2020): Kinder- und Jugendmedien im inklusiven Blick. Analytische und didaktische Perspektiven. In: D. A. Frickel, A.

Kagelmann, A. Seidler & G. von Glasenapp (Hrsg.), Kinder- und Jugendliteratur und Inklusion (S. 9–26). Frankfurt/Main: Peter Lang.

Fürnsinn, S. (2014): Intermedialität und Geschlechter(de)konstruktionen in ‚geschlechtssensiblen' Bilderbüchern für Kinder. Diplomarbeit, Universität Wien, Philologisch-Kulturwissenschaftliche Fakultät.

Hartmann, J. (2018): ›Geschlechtliche & sexuelle Vielfalt‹, Heteronormativitätskritik und Praxisforschung. Einführende Überlegungen. In: B. von Mart, J. Hartmann, T. Nettke & U. Streib-Brzic (Hrsg.), Heteronormativitätskritische Jugendbildung (S. 9–18). Bielefeld: transcript.

Hassemer, J. (2017): Handlungsfähigkeit zwischen Autonomie und Distribuiertheit. Interaktionale ›Selbstvertretung‹ als subjektivierende Norm? Wiener Linguistische Gazette, 80, 47–80.

Hayn, E. (2011): Wissen feministisch re_produzieren lernen. In: AK Feministische Sprachpraxis (Hrsg.), Feminismus schreiben lernen (S. 139–161). Frankfurt/Main: Brandes und Apsel.

hooks, b. (2001): All about love. New visions. New York: William Morrow.

Hornscheidt, L. (2013): Die Normalität entnormalisieren. an.schläge, 11, 24–25.

Janschitz, G. (2015): Geschlechterwissen in Kinderliteratur. Zur Geschlechterdarstellung in vom Österreichischen Kinder- und Jugendbuchpreis ausgezeichneten Kinderbüchern von 1963–2014. Online verfügbar unter: https://static.uni-graz.at/fileadmin/sowi-institute/Soziologie/Geschlechtersoziologie/Fopra/Janschitz2015_Geschlechterwissen_in_Kinderliteratur.pdf, Zugriff am 18.05.2020.

Kelly, J. (2012): Two daddy tigers and a baby tiger. Promoting understandings about same gender parented families using picture books. Early Years. An International Research Journal, 32 (3), 288–300.

Kelly, N. A. (2016): Afrokultur. Der Raum zwischen gestern und morgen. Münster: Unrast.

Klapeer, C. M. (2015): Vielfalt ist nicht genug! In: F. Schmidt, A.-C. Schondelmayer & U. B. Schröder (Hrsg.), Selbstbestimmung und Anerkennung sexueller und geschlechtlicher Vielfalt (S. 25–44). Wiesbaden: Springer VS.

Klöpper, A. (2018): Kita-Broschüre zu sexueller Vielfalt. CDU will nicht aufklären. TAZ, 19. Februar. Online verfügbar unter: https://taz.de/Kita-Broschuere-zu-sexueller-Vielfalt/!5482869/, Zugriff am 18.10.2020.

Machold, C. (2015): Kinder und Differenz. Eine ethnografische Studie im elementarpädagogischen Kontext. Wiesbaden: Springer VS.

Machold, C. & Bak, R. (2021): Difference and inequality in early childhood education in Germany. Qualitative research and educational program. In: B. Bloch, M. Kuhn, M. Schulz, W. Smidt & U. Stenger (Hrsg.), Early childhood education in Germany. Issues in history, theory, and research (S. 107–123). London: Routledge.

Maxeiner, A. & Kuhl, A. (2018): Alles Familie! Vom Kind der neuen Freundin vom Bruder von Papas früherer Frau und anderen (10. Auflage). Leipzig: Klett Kinderbuch.

Nay, Y. E. (2019): Die heterosexuelle Familie als Norm. Sozial Extra, 6, 372–375.

Noack-Napoles, J. (2017). ›Geschlechtsidentität‹ als elementarpädagogisches Bildungsziel. Eine queertheoretische Betrachtung. In: J. Hartmann, A. Messerschmidt & C. Thon (Hrsg.), Queertheoretische Perspektiven auf Bildung. Pädagogische Kritik der Heteronormativität. Jahrbuch Frauen- und Geschlechterforschung in der Erziehungswissenschaft 13 (S. 53–68). Opladen: Barbara Budrich.

Nordqvist, S. (1984): Eine Geburtstagstorte für die Katze. Hamburg: Friedrich Oetinger.

Nordqvist, S. (2002): Pettersson und Findus. Wie Pettersson zu Findus kam. Hamburg: Friedrich Oetinger.

Pohlkamp, I. (2015): Queer-dekonstruktive Perspektiven auf Sexualität und Geschlecht. In: F. Schmidt, A.-C. Schondelmayer & U. B. Schröder (Hrsg.), Selbstbestimmung und Anerkennung sexueller und geschlechtlicher Vielfalt (S. 75–87). Wiesbaden: Springer VS.

Riegel, C. (2016): Bildung – Intersektionalität – Othering. Bielefeld: transcript.

Riegel, C. (2017): Queere Familien in pädagogischen Kontexten – zwischen Ignoranz und Othering. In: J. Hartmann, A. Messerschmidt & C. Thon (Hrsg.), Queertheoretische Perspektiven auf Bildung. Pädagogische Kritik der Heteronormativität. Jahrbuch Frauen- und

Geschlechterforschung in der Erziehungswissenschaft 13 (S. 69–94). Opladen: Barbara Budrich.

Schneider, N. F. (2012): Was ist Familie? Eine Frage von hoher gesellschaftspolitischer Relevanz. Online verfügbar unter: https://www.bpb.de/politik/grundfragen/deutscheverhaeltnisse-eine-sozialkunde/138023/was-ist-familie, Zugriff am 16.04.2020.

Schneider, L. & Wenzel-Bürger, E. (2013): Lesemaus 52. Conni hilft Mama. Hamburg: Carlsen.

Schneider, L. & Wenzel-Bürger, E. (2017): Lesemaus 191. Conni hilft Papa. Hamburg: Carlsen.

Schwamborn, C. & Hahnen, M. (2018): Familiale Lebenskontexte. In: K. Böllert (Hrsg.), Kompendium Kinder- und Jugendhilfe (S. 439–466). Wiesbaden: Springer VS.

Summanen, E. & Arpiainen, J. (2015): Das Familienbuch. Aschaffenburg: Alibri.

Wagenknecht, P. (2007): Was ist Heteronormativität? Zu Geschichte und Gehalt des Begriffs. In: J. Hartmann, C. Klesse, P. Wagenknecht, B. Fritzsche & K. Hackmann (Hrsg.), Heteronormativität (S. 17–34). Wiesbaden: Springer VS.

White, L. M. (2015): Impact of children's literature on family structures and children's perceptions of family. In: Education Masters. Paper 320. Online verfügbar unter: https://fisherpub.sjfc.edu/education_ETD_masters/320/, Zugriff am 16.09.2020.

Zschunke, P. (2018): Noch in den 90ern verloren lesbische Mütter das Sorgerecht. Die Welt. Online verfügbar unter: https://www.welt.de/geschichte/article172342176/Sozialgeschichte-Noch-in-den-90ern-verloren-lesbische-Muetter-das-Sorgerecht.html, Zugriff am 10.06.2020.

Winker, G. & Degele, N. (2009): Intersektionalität zur Analyse sozialer Ungleichheiten. Bielefeld: transcript.

6 Geschlechtersensible Kinderliteratur

Ulrike Becker, Marisa Beckmann

Einleitung

»*Wisst ihr schon, was es wird?*« – Eine Frage, die fest mit der → heteronormativen Matrix der Gesellschaft verwoben ist. Sie ruft Implikationen auf, wonach das Wissen über erkennbare Geschlechtsteile eines Fötus im Mutterleib Erkenntnisse ermöglicht, die nicht nur von zentraler Bedeutung für die Gesellschaft zu sein scheinen, sondern auch das Leben des Kindes und das seines Umfelds prägen. Um ebendiese Gewissheiten aufzubrechen, die sich hinter der konstruierten Kausalitätskette *sex-gender-desire* verbergen und um rein binär gedachte Geschlechterkonstruktionen zu überwinden, braucht es eine gendersensible Pädagogik. Hierzu gehört auch die kritische Analyse der vorhandenen und genutzten Kinderbücher, die z. B. im pädagogisch gerahmten Setting Kita zur Verfügung stehen. Welche Welten eröffnen sich in den Büchern? Welche Bilder werden gezeichnet? Inwiefern spiegeln diese (ausschließlich) hegemoniale Perspektiven wider?

Obwohl sich nach einer Recherche zum Thema ›Geschlechtersensible Kinderliteratur‹ durchaus Bücher mit einer gendersensiblen Perspektive finden lassen, stellen diese trotz ihrer Relevanz eine Minderheit dar. Diese Bücher sowie ihre Rolle für das Aufwachsen von Kindern stehen im Mittelpunkt dieses Beitrags.

Zunächst wird sich mit dem Diskurs Kindheit und Geschlecht im Zusammenhang mit Kinderliteratur beschäftigt, um danach deren Bedeutung für das Aufwachsen von Kindern herauszuarbeiten. Daran anknüpfend diskutieren wir einschlägige Studien, die nachweisen, dass Kinderliteratur zur Geschlechtersozialisation beiträgt. Danach wenden wir uns der Fragestellung zu, inwieweit das heteronormative Paradigma in der Kinderliteratur die heteronormative Matrix in der Gesellschaft nährt und dort binär gedachte Geschlechterkonstruktionen stützt, mit denen implizierte Geschlechterbilder und Erwartungen einhergehen. Danach wird erörtert, welche Potenziale durch einen gendersensiblen Umgang mit literarischen Texten entstehen. Konkret stellen wir Überlegungen zur Beschaffenheit von geschlechtersensibler Kinderliteratur an, damit die hegemonial gesetzte heteronormative »Blase« um andere Sichtweisen erweitert wird. Anschließend setzen wir uns kritisch mit dem Normalitätsbegriff auseinander, weil dadurch erst die Notwendigkeit einer Beschäftigung mit Vielfalt im Kinderbuch erkannt wird. Der vorliegende Beitrag schließt mit diversitätsbewussten und vor allem gendersensiblen Buchbeispielen und dem Plädoyer, Vielfalt als neue Norm anzuerkennen.

6.1 Kinderliteratur und ihre Bedeutung für die kindliche Entwicklung

Auf die Frage, welche Rolle kinderliterarische Texte für das Heranwachsen in der heutigen Zeit spielen, liefert die einschlägige Fachliteratur zahlreiche Deutungsansätze und eine Reihe von Perspektiven. Diesem Beitrag mit seinen Impulsen für einen diversitätssensiblen Einsatz von Kinderliteratur liegt die Auffassung zugrunde, dass das Geschlecht sowohl den pädagogischen als auch den gesamtgesellschaftlichen Kontext strukturiert (Dietzen 1993). Geschlecht verstehen wir mit Butler (1991) als eine kulturell erzeugte Strukturkategorie, die mit einem weiten Geschlechterbegriff verbunden wird, in dem sowohl die sexuelle Orientierung als auch das heteronormative Paradigma in unseren Überlegungen berücksichtigt ist.

Mit dem Bewusstsein, dass auch das Alter normativ konstruiert ist, möchten wir dennoch eine erste Eingrenzung vornehmen: Der Fokus dieses Beitrags liegt auf Kinderliteratur, deren Zielgruppe Kinder von null bis zwölf umfasst und die für sich genommen äußerst divers ist.

In der Regel kennzeichnet sich Kinderliteratur durch ihre Einbettung in eine generationale Ordnung aus, die gleichzeitig zumeist an Themen des Heranwachsens anknüpft (Brenner 2016, S. 32). Deshalb wird in der Kinder- und Jugendliteraturforschung insbesondere Bezug auf Literatur genommen, die von Erwachsenen für Kinder geschrieben ist (Kümmerling-Meibauer 2020, S. 3). Aus systemtheoretischer Sicht ist Kinderliteratur mit einem komplexen Handlungssystem verwoben, in welchem sich gesellschaftliche Prozesse vollziehen: »Die einheitsstiftende Funktion wird in der Regel von einer systemspezifischen Öffentlichkeit wahrgenommen, welche von Publikationsmedien, aber auch von Institutionen getragen werden kann« (Ewers 2012, S. 87).

Dadurch wirkt Kinderliteratur auch auf aktuelle Diskurse über Kindheit und Jugend (Abraham et al. 2020, S. 381). Die dort entfalteten Perspektiven auf zielgruppenspezifische Themen wie Liebe, Paarbeziehungen, Freundschaften und Abenteuer sind jedoch an binäre Geschlechterkonstruktionen gekoppelt, weil aufgrund der zunehmenden Globalisierung eine Vielzahl an Marketing-Entscheidungen in die Kinderliteratur mit einfließt:

> »Durch die zunehmende Hybridisierung, die vor allem in den Filmen der ›Wilden (Fußball-)Kerle‹ zutage tritt, wird die schon in den Büchern angelegte Tendenz zur ›Archaisierung‹ gesteigert, da sie im Medienwechsel durch die Zunahme visueller Elemente eine Verstärkung erfährt« (Böhm 2017, S. 159).

In der Kinder- und Jugendliteraturforschung pointiert der mitunter gängige Begriff der Sozialisationsliteratur den Umstand, dass Kinderbücher in vielfältigen Formen Einfluss auf die Werteentwicklung ihrer Zielgruppe nehmen können (Kümmerling-Meibauer 2020, S. 5). So bewegt sich auch eine pädagogische Begleitung beim Einsatz von Kinderbüchern im »Spannungsfeld zwischen Tradition, Innovation und Utopie« (Abraham et al. 2020, S. 381).

Zudem vermittelt Kinderliteratur Inhalte, die stets ein bestimmtes Bild gesellschaftlicher Wirklichkeit suggerieren. Als ein identitätsstiftendes Sozialisationsmedium erfasst sie u. a. Elemente zur Ausbildung von Geschlechteridentitäten, deren Einsatz im institutionellen Kontext gerechtfertigt zu sein scheint, um »vermeintlich geschlechtsspezifische Interessen [zu bedienen]« (Böhm 2017, S. 161). Um einem solchen Sachverhalt kritisch zu begegnen, braucht es eine Sensibilisierung, mit der die Wirkmächtigkeit von binären Geschlechterkonstruktionen im Heranwachsen von Kindern erkennbar wird. Damit lässt sich das unbewusste Stärken von Heteronormativität aufhalten, indem Lebenswelten in Kinderbüchern divers gestaltet werden.

6.2 Geschlechtersozialisation – auch durch Kinderliteratur

Im Rahmen der Geschlechtersozialisation wird zumeist entlang des binären Geschlechterverhältnisses erlernt, was unter Geschlecht zu verstehen ist und welche Erwartungen an dieses Geschlecht gerichtet werden (Hoffmann 1997). Ausgeklammert scheinen in kinderliterarischen Texten solche Inhalte, die für ein hybrides Geschlechterverständnis und diverse sexuelle Orientierungen stehen, indem sie ungebundene Identitätsvorstellungen ihrer Zielgruppe fördern, etwa indem sie Einblicke in die Empfindungen und Lebenswelten → inter- und → transgeschlechtlicher Heranwachsender ermöglichen. Inter- und Transgeschlechtlichkeit bilden zwar bereits Themenschwerpunkte in der sog. *problemorientierten* Kinder- und Jugendliteratur, aber sie werden nicht selbstverständlich mitgedacht (Nieberle 2016, S. 25). Somit gehören kinderliterarische Inhalte selbst, auch die Regulation ihres Einsatzes bei Erstleseliteratur zu einer »Initiierung des gemeinsamen Lesens, als sozialisationsstiftendes Element« (Abraham et al. 2020, S. 383). Dies spiegelt sich in den Ergebnissen verschiedener Studien wider (u. a. Burghardt & Klenk 2016; Jürgens & Jäger 2010; Taylor 2004).

In einer methodenkombinatorischen Studie von Jürgens und Jäger (2010) wurden die 2007 und 2008 zum Kinderliteraturpreis nominierten Bilderbücher unter → Gender-Gesichtspunkten untersucht. Die Autorinnen können mit ihrer Literatur-Analyse von Büchern mit der Altersempfehlung bis sechs Jahre zeigen, dass die Expert*innen-Jury bei ihrer Auswahl die Kategorie Geschlecht kaum berücksichtigte. Die Forschenden schlussfolgern daraus, dass Gender-Gesichtspunkte ein nachrangiges bis untergeordnetes Selektionskriterium für den Einsatz von Kinderbüchern in institutionellen Kontexten darstellen.

Der Erforschung von Kinderliteratur im Primarschulbereich wenden sich Abraham und Kolleg*innen (2020) zu, indem sie deren Funktionen aus einer literatur- und mediendidaktischen Perspektive nachgehen. Die Autor*innen bemängeln u. a., dass die potenziellen Einsatzgebiete von Kinderliteratur vor allem durch den institutionellen Kontext selbst begrenzt sind, insbesondere, wenn diese ausschließlich als thematischer Einstieg genutzt werden (Abraham et al. 2020, S. 396). Abraham und

Kolleg*innen fordern weiter, dass »stets auch die literaturästhetische Beachtung finden [sollte]« (Abraham et al. 2020, S. 396). Dies deutet bereits das besondere Spannungsverhältnis an, das es beim Gebrauch von Kinderliteratur im Zusammenhang mit Geschlecht zu beachten gilt: Einerseits leistet Kinderliteratur einen Beitrag zur Geschlechtersozialisation und andererseits ist ihr Einsatz durch die umgebenden geschlechtersozialisierenden Bedingungen vorstrukturiert.

6.3 Das heteronormative Paradigma in der Kinderliteratur

Das bestehende Machtsystem innerhalb der Gesellschaft bezeichnet Butler (1991) als heteronormative Matrix, in die die gesellschaftlichen Erwartungen an das geschlechtliche Individuum herangetragen werden, was zu einer wechselseitigen Bedingtheit zwischen dem sozialen Geschlecht (*gender*), dem biologischen Geschlecht (*sex*) und dem sexuellen Verlangen (*desire*) führt. Dadurch wird eine Gleichsetzung dieser Dimensionen erwirkt. Nach Sabine Hark (2009) gehen mit der Kritik am heteronormativen Paradigma drei wesentliche Ansprüche an die Geschlechterforschung einher: Erstens muss das unhinterfragte Herrschaftsprinzip der Heterosexualität in Analysen von Geschlechterverhältnissen zunehmend systematisch berücksichtigt werden. Zweitens gilt es, die diskursiv wirkenden Programme zu prüfen, welche das gesellschaftlich anerkannte Geschlecht und dessen Sexualität erzeugen, steuern und festigen. Drittens ist das Geschlecht als eine intersektionale Strukturkategorie zu verstehen, die immer auch in einer wechselseitigen Verflechtung mit Kategorien wie Ethnizität und Kultur steht (Hark 2009, S. 323 f.).

Aus einer analytisch-kritischen Perspektive verweist der Begriff ›Heteronormativität‹ auf »das Ineinandergreifen von Geschlechternormen und heterosexueller Dominanz, die ein Regime ausbilden, durch das Macht-, Ungleichheits-, Herrschafts- und teilweise auch Gewaltverhältnisse gerechtfertigt und durchgesetzt werden« (Engel 2009, S. 19). Mit diesem Verständnis von Heteronormativität ließe sich danach fragen, wie sich Kinderliteratur auf Kinder auswirkt, in der das heteronormative Paradigma der Erwachsenenwelt unausgesprochen mitwirkt. Nach Taylor (2004) verhält es sich in der Entwicklung kindlicher Vorstellungen von biologischen und sozialen Geschlechtsunterschieden zwar so, »dass Kinder nicht alles nur durch die Geschlechtszugehörigkeit erklären«, allerdings machen insbesondere jüngere Kinder die Geschlechtszugehörigkeit für die Entwicklung eines Kindes verantwortlich und »mit zunehmendem Alter werden Kinder dann gewahr, dass dieses Zusammenspiel durch andere Faktoren, wie z. B. das soziale Umfeld, moderiert wird« (Taylor 2004, S. 249).

Deshalb untersuchte Kasüschke (2008) in ihrer Inhaltsanalyse über Gespräche zur Bilderbuchbetrachtung, ob Kinder unter sechs Jahren geschlechtsuntypisches Verhalten als solches wahrnehmen bzw. wie sie darauf reagieren (Kasüschke 2008,

S. 198). Kinder fokussieren sich dabei vor allem auf Äußerlichkeiten wie Kleidung oder Haare, wobei sie das menschliche Verhalten weniger mit biologischen Merkmalen als sozialen Kriterien begründen (Kasüschke 2008, S. 196f.). Zu demselben Ergebnis kommen auch Stoddard und Turiel (2004) in ihrer Untersuchung zu den Einstellungen von Kindern und Jugendlichen gegenüber geschlechtsübergreifenden Tätigkeiten. Wie die Wahrnehmung von Geschlecht mit den äußerlichen Merkmalen zusammenhängt, erklärt sich nach Meinung der Autor*innen anhand von zwei Ansätzen: Entweder leiten Kinder aufgrund der Beständigkeit körperlicher Attribute ab, dass die Grenzen des Geschlechts verbindlich sind, oder sie schlussfolgern, dass die Geschlechterordnung beizubehalten ist, indem vorgeschriebene körperliche Geschlechtermerkmale bestehen bleiben (Stoddard & Turiel 2004, S. 318 f.). Nach Stoddard und Turiel zeigen sich zudem in der Bewertung sozialer Grenzüberschreitungen geringe Unterschiede zwischen verschiedenen Altersgruppen: Kindergartenkinder und Achtklässler*innen erklären gesellschaftlich inadäquates Geschlechterverhalten für regelwidriger als die Vergleichsgruppen der Dritt- und Fünfklässler*innen (Stoddard & Turiel 2004, S. 315). Die zunehmenden diskursiven Auseinandersetzungen mit genderrelevanten Fragestellungen und die Kritik am heteronormativen Paradigma verdeutlichen die Notwendigkeit eines diversitätssensiblen Einsatzes von Kinderliteratur im privaten Umfeld sowie in Institutionen formaler und non-formaler Bildung.

So kommen Burghardt und Klenk (2016) in ihrer quantitativen Studie zu Bilderbüchern in Kindertageseinrichtungen zu dem Ergebnis, dass die darin enthaltenen Geschlechtsdarstellungen klare Rollenverteilungen zeigen. Diese enthalten nicht nur bestimmte Botschaften, sondern hinterlassen vor allem den Eindruck einer gesellschaftlichen Normalität, die auf stereotypen Darstellungen basiert. Danach werden Mädchen häufig als schwach und passiv dargestellt, während Jungen vor allem mutig und aktiv wirken, sodass die analysierte Kinderliteratur nach dieser Studie einem sichtlich heteronormativen Gesellschaftsbild Genüge leistet (Burghardt & Klenk 2016, S. 71 f.).

Aus den Untersuchungen von Kasüschke (2008) geht außerdem hervor, dass die kindlichen Geschlechterrollenverständnisse in der Regel auf Erwachsenenauffassungen von Handlungsmaximen und Moral beruhen. Dabei beurteilen Kinder das nonkonforme Geschlechterverhalten von Erwachsenen sichtlich negativer als dasjenige von anderen Kindern. Sie neigen aber nicht dazu, geschlechtsuntypisches Verhalten von sich aus als negativ zu bewerten (Kasüschke 2008, S. 200). Mit Gendersensibilisierung kann ein Bewusstsein für Markierungen von Geschlechterkonstruktionen geschaffen werden, um Kinder bei der Entwicklung ihrer eigenen Geschlechtsidentität ebenso verantwortungsvoll zu begleiten wie beim Erlangen von Selbstbestimmung.

6.4 Was braucht geschlechtersensible Kinderliteratur?

Nach den bisherigen Überlegungen stellt sich die Frage nach den Möglichkeiten für das Kinderbuch, genderkonstruierende »Praktiken der Grenzziehung, Kategorisierung und Normalisierung zu durchbrechen« (Riegel 2018, S. 229), um dahingehend »zu einer Veränderung dieser Verhältnisse beizutragen« (ebd.). Im nachfolgenden Teil dieses Beitrags konzentrieren wir uns auf zwei Varianten gendersensibler Kinderliteratur, wobei beide Ausrichtungen vereint, Geschlechtersensibilität als Teil einer diversitätsbewussten Haltung begreifen. Die Thematisierung von Diversität verstehen wir mit Geier und Mecheril (2017) als unabdingbare Voraussetzung, um die Vielfältigkeit von Lebenswirklichkeiten nicht nur als solche anzuerkennen, sondern auch darin enthaltene soziale Unterschiede offenzulegen.

6.4.1 Das thematisierende Buch[1]

Zur Irritation des heteronormativen Paradigmas können thematisierende Bücher vielfältige Zugänge und Anregungen für eine Auseinandersetzung mit Geschlechterkonstruktionen bereithalten. In dieser Variante von geschlechtersensibler Kinderliteratur kann das (soziale) Geschlecht beispielsweise unmittelbar zum Gegenstand der Erzählungen werden, indem es Zugehörigkeitsempfindungen und die Erfahrungen aus trans- und intergeschlechtlichen Lebenswirklichkeiten behandelt. Mithilfe des thematisierenden Buches können Kinder eine Welt außerhalb der heteronormativ gesetzten Gesellschaft erkunden. Dennoch birgt ein Einsatz von thematisierenden Büchern das Risiko, dass Leser*innen bestimmten Darstellungen insbesondere dann eine hohe Bedeutung beimessen, wenn die dargestellten Merkmalsträger*innen »entlang von Unterschieden/Unterscheidungen in festlegende Kategorien gesteckt werden« (Leiprecht 2018, S. 218). Somit besteht zwangsläufig die Notwendigkeit, die eigene Haltung im kommunikativen Austausch mit dem Kind zu überprüfen, um heteronormativ wirkende Versprachlichungen und Bilder aufzudecken.

Unabhängig davon, ob es sich um die Erstellung von Kinderliteratur oder die situative Ausgestaltung ihres Einsatzes handelt, können thematisierende Bücher nicht die Auseinandersetzung mit Genderperspektiven ersetzen. Vielmehr erfordert ihr Einsatz von Erwachsenen die Bereitschaft, die eigene »Reaktion auf Machtasymmetrien« wahrzunehmen (Leiprecht 2018, S. 216) und selbstkritisch zu sein, wenn thematisierende Bücher ihre gendersensibilisierenden Wirkungen entfalten sollen. Für erwachsene Lesebegleiter*innen und/oder Vorleser*innen von Kinderliteratur bedeutet dies, reflektierte*r Ansprechpartner*in für Kinder zu sein.

---

1 Die hier aufgeführte Unterscheidung bedient sich keiner wissenschaftlich etablierten Kategorie, sondern soll lediglich der Strukturierung dienen.

6.4.2 Das inklusive Buch

Der Begriff der Inklusion im Sinne einer gleichberechtigten Teilhabe ist unserem Verständnis nach weit auszulegen, sodass dies ebenfalls die geschlechterbezogene Selbstbestimmung von Kindern umfasst. Somit stellt das inklusive Buch eine weitere Möglichkeit der Thematisierung von Gender-Perspektiven dar, die selbstverständlich in die Geschichte integriert sind. Inklusive Kinderbücher meiden es, vereinzelte Charaktere als Merkmalsträger*innen zum Augenmerk von Genderkonstruktionen zu machen. Vielmehr wird gesellschaftliche Wirklichkeit in ihrer Vielfalt abgebildet. Mit Blick auf eine gendersensible Darstellungsform müssen inklusive Kinderbücher ihre Darstellungen und Inszenierungen am Maßstab von Vielfalt authentisch und stringent ausrichten. Der Facettenreichtum, der sich aus der Diversität ihrer Figuren speist, sollte sich somit grundsätzlich durch das Gesamtwerk ziehen.

Diese Variante von gendersensibler Kinderliteratur hat den Vorteil, dass das Buch im Idealfall keine weiteren Erklärungen benötigt, sondern in seinen bewussten als auch unbewussten Botschaften gesellschaftlich gelebte Vielfalt abbildet.

6.5 Vielfalt als Normalität vorleben – auch im Kinderbuch

Normen prägen das gesellschaftliche Miteinander. Teils wirken sie verdeckt, teils offen, aber immer sind sie machtvoll und geprägt von einer privilegierten Hegemonie, die ihre Einhaltung mal still und mal laut einfordert. Die Verstrickungen und verschleierten Implikationen der Diskriminierungen stärken ein System, das dessen Aufrechterhaltung nach Kausalzusammenhängen und Binaritäten verlangt.

Derartige hegemoniale Gewissheiten werden durch die intergenerationale Weitergabe von Wissen in der Gesellschaft gefestigt und gewinnen als Allgemeinwissen an Macht. Die Deutungshoheit innerhalb der Gesellschaft ist hierbei ungleich verteilt und führt zu einer Schieflage der machtvollen Diskurse. Eine Umverteilung der Deutungsmacht steht jedoch in Abhängigkeit zur Veränderungsbereitschaft älterer Generationen. Deshalb bedarf es einer Auseinandersetzung mit dem gesellschaftlichen Normalitätsdiskurs, dem wir uns in diesem Kapitel konkret am Thema der Vielfalt im Kinderbuch sowie seinen Möglichkeiten widmen.

6.5.1 Ein kritischer Diskurs zum Normalitätsbegriff

Die nachwachsende Generation bietet der Gesellschaft eine Chance auf Weiterentwicklung, indem ein Neubeginn ansteht, der sich jedoch unter dem Vorzeichen hegemonialer Perspektiven vollzieht. Winker und Degele (2009) betonen u. a., dass Diskriminierungen sich nur aufdecken lassen, wenn Analysen eine gesellschaftliche Prägung von Kapitalismus und Patriarchat voraussetzen. Unter welchen *Normali-*

tätsvorstellungen wachsen Kinder auf? Wenden wir uns dieser Fragestellung zu, dann finden sich in Kulturprodukten inhärente enkodierte Normalitätsvorstellungen, die auf Heteronormativität, binären Geschlechtervorstellungen und einem assoziierten Kausalzusammenhang zwischen *sex, gender* und *desire* basieren. Hinzu kommen Diskriminierungen aufgrund von Rassismus, Sexismus, Klassismus und Bodyismus, die die Lebensrealität des sich herausbildenden Subjekts mitbestimmen. Bildung verläuft hierbei in Form von Lernprozessen, »die sich auf die Veränderung von Interpunktionsprinzipien von Erfahrung und damit auf die Konstruktionsprinzipien der Weltaufordnung beziehen« (Marotzki 1990, S. 41 f.). Die Konstruktionskraft liegt in der Hegemonie, weshalb sich Kelly (2016, S. 7) die berechtigte Frage stellt: »Wie und wann kann Nichtwissen in Wissen überführt oder falsches Wissen korrigiert werden?«

Statt einer »Ablehnung von Schwarzen Wissensre_produktionen« (Kelly 2016, S. 21) müsste die permanente Bestätigung weißer Wissensbestände offengelegt werden. Erst dann lässt sich die Produktion von Wissen hinterfragen und um weitere kritische Perspektiven ergänzen, um sich letztendlich von ihrer ausschließenden Normativität und einer vermittelten Absolutheit zu verabschieden. Die Entstehung von Leerstellen kann hierbei genutzt werden, um Vielfalt als neue Normalität einzusetzen und Kindern eine neue Sicherheit mitzugeben, die von Ambiguitätstoleranz geprägt ist.

Alle Kinder in ihren unterschiedlichsten Lebensrealitäten sollten *ihre Normalität* in Kinderbüchern wiederfinden dürfen. Es soll nicht nur *über* sie gesprochen werden, sondern vielmehr müssen sie in ihrer Unterschiedlichkeit und ihren Gemeinsamkeiten Protagonist*innen der Geschichte sein. Vera King (2020), die sich intensiv mit den Phasen des Übergangs und den Generationenverhältnissen befasst, erkennt diesbezüglich die Perspektiven einer abzulösenden Generation, die einer nachfolgenden Generation Räume frei geben und auch Gedankenräume überlassen muss. Durch den Optimierungszwang der Leistungsgesellschaft, der Erfolg nach Zertifikaten misst und Humankapital formt, sieht die Autorin allerdings die Chancen dafür begrenzt. Diese weitergetragenen Dominanzverhältnisse schlagen sich auch in Kinderbüchern nieder, denn sie leben häufig von Protagonist*innen, die sich unhinterfragt in die Mehrheitsgesellschaft einfügen, ohne dass das Privileg der unhinterfragten Zugehörigkeit als solches benannt wird.

Menschen sollten in ihrer Vielfalt in der Literatur vorkommen. Geschlechter und sexuelle Orientierungen sind nicht an Kausalitäten gebunden, sondern vielfältig, hybrid und wandelbar und vor allem individuell. Statische Geschlechterzuschreibungen hingegen unterwerfen Subjekte und nehmen Menschen das Recht auf Selbstbestimmung. Der vergeschlechtlichte Mensch erkennt zwar Geschlecht als kulturell hervorgebracht, lebt es jedoch als eine biologisierte Tatsache:

> »Ja, möglicherweise ist das Geschlecht (sex) immer schon Geschlechtsidentität (gender) gewesen. So daß sich herausstellt, daß die Unterscheidung zwischen Geschlecht und Geschlechtsidentität letztlich gar keine Unterscheidung ist. Wenn also das ›Geschlecht‹ (sex) selbst eine kulturell generierte Geschlechter-Kategorie (gendered category) ist, wäre es sinnlos, die Geschlechtsidentität (gender) als kulturelle Interpretation des Geschlechts zu bestimmen.« (Butler 1991, S. 24)

Doch welche Freiheiten der Entwicklung und des Ausbruchs aus alten Denkmustern bleiben einer nachwachsenden Generation, wenn Machtverhältnisse in naturalisierten Kategorien eingeschrieben sind? Ein Aufbegehren gegen patriarchale Strukturen reicht nicht mehr aus, da die dahinterliegenden Konstrukte weiterhin unangetastet bleiben bzw. vielmehr weitergedacht und gestärkt werden. Die Bildung im Sinne einer Metabildung, eines Wissens über Wissen, ermächtigt Menschen hingegen, Machtgefüge im Entstehen von Wissen zu entlarven und die Kategorie Geschlecht neu zu denken.

6.5.2 Vielfalt im Kinderbuch

Kinderbücher eröffnen einen Raum der Fantasie, in dem Platz für vielfältige Lebensrealitäten und unterschiedlichste Familiensituationen sein sollte, auch wenn dieser von einer Geschichte gerahmt wird. Kinder können dabei Gewissheiten hinterfragen, ohne dass an ihrer eigenen Lebenswelt gerüttelt wird, indem diese sich lediglich um weitere Selbstverständlichkeiten erweitert. Winkelmann beschreibt in ihrem Buch *Machtgeschichten* (2019) unhinterfragte und durch die ältere Generation an Kinder weitergegebene ›Wahrheiten‹, die direkte Machtbotschaften in dieser Literaturform enthalten. Im Sinne der → Adultismusforschung nimmt die Autorin eine kritische Haltung gegenüber der Fremdpositionierung von Kindern in der Gesellschaft ein und fordert Erwachsene dazu auf, mehr *mit* Kindern als *über* sie zu sprechen. Hierbei wird die Frage der Deutungsmacht neu gestellt, denn in der Regel integrieren Kinderbücher Perspektiven auf Kinderwelten durch die Augen von Erwachsenen. Welche Perspektiven hierbei gezeigt und ausgedrückt werden, liegt in der Deutungsmacht dieser Autor*innen und spiegelt womöglich weniger die Gefühlswelt der Kinder als vielmehr die erwachsene Interpretation dessen wider.

Winkelmann verweist daher in ihrem Buch, das sowohl an Kinder als auch an Erwachsene gerichtet ist, immer wieder auf die Kinder selbst. »Unter Macht wird in diesem Sinne die Möglichkeit verstanden, meine Anliegen, meinen Willen und meine Definitionen von dem, was ›richtig‹ und ›falsch‹, wertvoll und relevant ist, durchzusetzen« (Winkelmann 2019, S. 28). Die Autorin fragt die jungen Leser*innen nach ihren Erfahrungen in ähnlichen Situationen und fordert sie dazu auf, in den Austausch zu gehen und ihrerseits gewünschte Reaktionen zu äußern. Sie meint damit nicht nur die Art und Weise, wie in Kinderbüchern mit und über Kinder gesprochen wird, sondern auch die ausgelassenen Realitäten in den Geschichten. So betont Winkelmann:

> »Eine besondere Bedeutung hat das Vorkommen von bestimmten Lebensrealitäten und Zugehörigkeiten für diejenigen zuhörenden Kinder, die sich selbst darin wiedererkennen. Für sie ist es eine sehr wertvolle Erfahrung zu sehen, dass Menschen, mit denen sie sich vielleicht identifizieren, als aktiv handelnde Kinder selbstverständlich in Büchern vorkommen, ohne dass sie als besonders hervorgehoben werden« (Winkelmann 2019, S. 15).

Diversitätsbewusste und damit auch gendersensible Kinderliteratur muss Lebensformen repräsentieren, die nicht der Hegemonie entsprechen, und somit Umwelten zeichnen, die die Lebens- und Alltagswelten der vielfältigen Gesellschaftsmitglieder widerspiegeln. Mecheril und Plößer (2015) sehen eine diversitätsbewusste Ausrichtung als Querschnittsaufgabe pädagogischer Arbeit und stellen folgende Frage an pädagogische Einrichtungen: »Repräsentiert die Einrichtung auch Inhalte, die Inhalte nicht allein der Majorität, sondern auch der Minderheiten sind?« (Mecheril & Plößer 2015, S. 328 f.).

Diese Frage lässt sich auch auf die Forderung nach gendersensibler Kinderliteratur übertragen, in der sich Geschlechterrollen nicht nur an einem dichotom ausschließenden System abarbeiten sollten. Dahinter steht die Forderung nach einer konsequenten, intersektional ausgerichteten Aufarbeitung und Erweiterung von Literatur. Hierfür benötigen Kinder zudem Vorleser*innen, die über Differenzsensibilität und Wissen in Bezug auf vorurteilsbewusste und gendersensible Bücher verfügen.

6.6 Beispiele gendersensibler Kinderbücher

> »Bücher haben eine große Bedeutung, da sich Kinder durch das Betrachten und Lesen ein Bild von sich, von anderen Menschen und der Welt machen. Unserer Erfahrung nach werden Vorurteile durch Kinderbücher verstärkt, wenn diese stereotype oder diskriminierende Bilder von Menschen und einseitige Botschaften enthalten« (ISTA/Fachstelle Kinderwelten 2020, S. 2).

Dieses Statement von der Fachstelle Kinderwelten lässt sich als Aufruf für die Lektüre von diversitätsbewusster Literatur im Sinne der Prävention lesen, aber auch auf den Fokus dieses Artikels übertragen. Binäre Geschlechterkonstruktionen liegen wie eine allumfassende Hintergrundfolie auf den Geschichten, die für Kinder zur Verfügung stehen.

Dies zeigt auch Janschitz' geschlechtersensible Studie (2015) von zwölf ausgewählten Kinderbüchern, die zwischen 1963 und 2014 vom Österreichischen Kinder- und Jugendbuchpreis nominiert wurden. Das Codesystem der Forscherin umfasste auch das Schlagwort *ungegendert*, das für literarische Figuren eingefügt wurde, deren Geschlecht sich nicht aus dem Kontext der Geschichte erschließen lässt oder die nicht innerhalb des binären Systems männlich vs. weiblich angedacht waren. Das eindeutige Ergebnis verdeutlicht, wie die heteronormative Matrix auch weiterhin unhinterfragt hinter jeder Erfahrung des Aufwachsens klebt:

> »Bei der Analyse der zwölf Kinderbücher kam sie jedoch nie zur Anwendung, jede Person ließ sich eindeutig dem einen oder dem anderen Geschlecht zuordnen. Es gab weder Personen, die sich abseits dieser beiden Außenpole des Geschlechterkontinuums befanden, noch Personen, die sich Gedanken über die Zuordnung zu einer Geschlechtsklasse gemacht bzw. diese hinterfragt haben oder aus ihr ausbrechen wollten.« (Janschitz 2015, S. 6)

Darin offenbart sich ein doppeltes Dilemma: Auf der einen Seite besteht der Auftrag, diese Schieflage in der ausschließenden Darstellung sichtbar zu machen und Kinder zu sensibilisieren, dass sie in einer patriarchalen Gesellschaft aufwachsen, die auf Geschlechterstereotypen aufbaut, einengende Identitätsbausteine sowie strukturelle und teils essenzielle Benachteiligungen nach sich zieht. Auf der anderen Seite muss dazu angeregt werden, Geschlechter neu zu denken und das dichotome System der hegemonialen Geschlechterkonstruktion zu hinterfragen und aufzubrechen (und dies auch kindgerecht aufzubereiten). Doch wenn eine Utopie einer geschlechtervielfältigen Gesellschaft in die Kinderzimmer gelangen und starre Geschlechterstereotype geöffnet werden sollen, um Kinder in ihrer Individualität zu stärken, benötigen wir Anregungen in Kinderbüchern, die diese Vielfalt aufgreifen und sie in ihren Geschichten lebendig machen.

Auch die Bücherliste der Fachstelle Kinderwelten für Vorurteilsbewusste Bildung und Erziehung entstand aus dem Bedürfnis heraus, etablierte Kinderliteratur, die häufig zu einseitig ist, zu erweitern. Das vielfach Nichtbenannte in den Geschichten erfährt hierdurch einen Ausschluss – Kinder lernen somit nicht nur durch das Benannte, sondern auch durch das Nichtbenannte: »Es liegt nahe, dass Kinder daraus schließen, dass ein Mädchen, das ein Kopftuch trägt, nicht Ingenieurin werden kann« (ebd.). Auf diese Weise verinnerlichen Kinder die Gender-Markierungen und -grenzen von Geburt an und tragen diese aus ihren Kinderzimmern in die Welt hinaus. Adams (2010) betont hierbei, dass die Vergeschlechtlichung ganzheitlich mit dem Aufwachsen verwoben ist, und legt eine Verknüpfung zwischen »Children's Bedrooms and Gender Identity« offen, die erneut die Machtwirksamkeit des dichotomen Geschlechtersystems unterstreicht, welche sich vielfach auch in Kinderliteratur widerspiegelt: Protagonist*innen sind zumeist weiß, heterosexuell und mittelschichtszugehörig. Wo sind die kopftuchtragenden Ärztinnen, wo sind die Familien mit zwei Vätern oder zwei Müttern, die Ein-Elternfamilien, die Mehrgenerationenfamilien, die Adoptiv- und Pflegefamilien oder die Patchworkfamilien? Wo sind die Menschen, die sich nicht in das binäre Geschlechterkonstrukt integrieren lassen?

Das Kinderbuch *Wie Lotta geboren wurde* von Ka Schmitz und Cai Schmitz-Weicht (2013) setzen den transgeschlechtlichen Papa Tobias und die Geburt von Lotta ins Zentrum der Geschichte, ohne dies in besonderer Art und Weise zu beschreiben oder sogar zu problematisieren. Auf kindgerechte Weise wird in dem Kinderbuch vermittelt, dass nicht immer alles so laufen muss, wie sie es *meistens* erleben: »Wenn eine Eizelle und eine Samenzelle sich im Uterus treffen, kann dort ein Baby wachsen. Meistens haben Frauen so eine Babyhöhle, aber nicht immer. Lottas Papa hat auch eine Babyhöhle im Bauch« (Schmitz & Schmitz-Weicht 2013). Mit der Formulierung *meistens* erweitern die Autor*innen Geschlechterperspektiven kindgerecht. Sie bestätigen ihre Alltagserfahrungen, die sie in einer heteronormativ geprägten Gesellschaft erleben, und ergänzen diese um weitere Lebensrealitäten. So lernen Kinder, dass z. B. die *meisten* Männer einen Penis haben, *aber nicht alle!*

In einem Blog für vielfältige Kinderbücher, dem »Vielfalter«, wird das erste deutschsprachige Kinderbuch, dass die Schwangerschaft eines Papas thematisiert, wie folgt besprochen und empfohlen:

> »Kinder lernen durch Tobias' und Lottas Geschichte, dass manchmal auch Papas Kinder bekommen können und dass sie dafür nicht einmal Sex mit jemandem haben müssen. Kinder entstehen und finden ihren Weg in eine Familie auf vielfältige Weise, also wieso nicht auch im Bilderbuch?« (Vielfalter 2016)

6.7 Vielfalt könnte so »normal« sein – auch in Kinderliteratur

Kinder sind so vielfältig wie ihre Lebenswelten und Kinder haben vor allem Rechte. Sie haben ein Recht darauf, in ihrer Vielfalt gesehen, mitgedacht und anerkannt zu werden. Um dies zu realisieren, gilt es, auch Kinderliteratur kritisch zu hinterfragen. Binär etablierte Kategorien und monokausale Erklärungsketten müssen als solche offengelegt und erweitert werden, um Geschlechtervielfalt als Normalität zu setzen. Hierzu bedarf es einer machtkritischen Analyse, die aufzeigt, welche Realitäten nicht bedacht und somit ausgeschlossen werden.

Ein Rückbezug auf die individuelle Welt der Kinder und der Hinweis, dass Familien und Familiensituationen und -konstellationen sowie Geschlechterrollen und -identitäten *nicht festgeschrieben* sind, ermöglicht es Kindern, vielfältige Parallelen zu ihrer eigenen Lebenswelt herzustellen und Perspektiven zu erweitern. Das *Nicht-festgeschrieben-Werden* auf eine Geschlechterrolle, das Hinterfragen und Neujustieren von Geschlechterbildern sowie das selbstverständliche Mitdenken von gesellschaftlich weniger bis kaum präsenten Lebensrealitäten verhilft zu einer Utopie einer Gesellschaft, in der Identitätsbausteine nicht durch klare Stereotype dichotom verteilt sind, sondern die sich gendersensibel öffnet.

Diese Hybridität findet langsam Einzug in gesellschaftliche Realität, ist jedoch noch nicht selbstverständlicher Bestandteil von Identitätsarbeit, sonst gäbe es mehr Bücher, die diese Selbstverständlichkeit integrieren, und es müssten keine Debatten mehr z. B. über eine unabdingbare gendersensible Sprache geführt werden. Doch der Alltag von Kindern ist seit jeher geprägt von Veränderung, Uneindeutigkeiten und sich verändernden Dynamiken. Sie können in ihrem Spiel in jede Rolle schlüpfen, warum also nicht auch in Rollen, die außerhalb dichotomer Geschlechterbilder stehen? Denn eigentlich könnte Geschlechtervielfalt so *normal* sein:

> »Alle haben sich total gefreut, dass Lotta da war. Ihr Papa und der nette Freund, der ihm seine Samenzelle geschenkt hatte [sic] und Papas Freundinnen und Freunde und Lottas Onkel und Tanten und ihre Omas und Opas. Und Lotta, Lotta hat sich auch gefreut.« (Schmitz & Schmitz-Weicht 2013, o. S.)

Literaturverzeichnis

Abraham, U. et al. (2020): Kinder- und Jugendliteratur im Unterricht des Elementar- und Primarbereichs sowie des Sekundarbereichs. In: T. Kurwinkel & P. Schmerheim (Hrsg.), Handbuch Kinder- und Jugendliteratur (S. 381–399). Stuttgart: J. B. Metzler.

Adams, A. (2010): The power of pink. Children's bedrooms and gender identity. Zeitschrift für Geschlechterforschung und visuelle Kultur, Selbst im Bild. Kulturelle Versprechungen, Nr. 50, 59–69.

Böhm, K. (2017): Archaisierung und Pinkifizierung. Mythen von Männlichkeit und Weiblichkeit in der Kinder- und Jugendliteratur. Bielefeld: transcript.

Brenner, J. (2016): Intersektionalität und Kinder- und Jugendliteraturforschung. In: P. Josting, C. Roeder & U. Dettmar (Hrsg.), Immer Trouble mit Gender? Genderperspektiven in Kinder- und Jugendliteratur und -medien(forschung) (S. 29–42). München: kopaed.

Burghardt, L. & Klenk, F. C. (2016): Geschlechterdarstellungen in Bilderbüchern. Eine empirische Analyse. GENDER – Zeitschrift für Geschlecht, Kultur und Gesellschaft 8(3), 61–80.

Butler, J. (1991): Das Unbehagen der Geschlechter. Frankfurt/Main: Suhrkamp.

Dietzen, A. (1993): Soziales Geschlecht. Soziale, kulturelle und symbolische Dimensionen des Gender-Konzepts. Opladen: Westdeutscher Verlag.

Engel, A. (2009): Bilder von Sexualität und Ökonomie. Queere kulturelle Politiken im Neoliberalismus. Bielefeld: transcript.

Ewers, H.-H. (2012): Literatur für Kinder und Jugendliche. Eine Einführung. Paderborn: Fink.

Geier, T. & Mecheril, P. (2017): Diversität. In: A. Kraus et al. (Hrsg.), Handbuch Schweigendes Wissen. Erziehung, Bildung, Sozialisation und Lernen (S. 235–245). Weinheim, Basel: Beltz Juventa.

Hark, S. (2009): Queer Studies. In: C. von Braun & I. Stephan (Hrsg.), Gender@Wissen. Ein Handbuch der Gender-Theorien. Band 2584: UTB Gender-Studies, Kulturwissenschaften, Literaturwissenschaften (2. Auflage) (S. 309–327). Köln: Böhlau.

Hoffmann, B. (1997): Das sozialisierte Geschlecht. Zur Theorie der Geschlechtersozialisation. Wiesbaden: Springer Fachmedien.

ISTA/Fachstelle Kinderwelten (2020): Kinderwelten Bücherliste 2020 in Kooperation mit Queerformat. Kinderbücher für eine vorurteilsbewusste und inklusive Bildung für Kinder von 3 bis 6 Jahren. Online verfügbar unter: https://situationsansatz.de/wp-content/uploads/2022/04/Handreichung_3bis6.pdf, Zugriff am 25.08.2022.

Janschitz, G. (2015): Geschlechterwissen in Kinderliteratur. Zur Geschlechterdarstellung in vom Österreichischen Kinder- und Jugendbuchpreis ausgezeichneten Kinderbüchern von 1963–2014. Online verfügbar unter: https://silo.tips/download/von-gerlinde-janschitz, Zugriff am 1.12.2021.

Jürgens, E. & Jäger, R. (2010): Auf der Suche nach männlich und weiblich. Welche Informationen finden Vorschulkinder heute im Bilderbuch? Eine Analyse unter Gendergesichtspunkten. Verhaltenstherapie & psychosoziale Praxis, 42 (4), 1045–1059.

Kasüschke, D. (2008): Geschlechtsbezogene Wissenskonzepte von Kindern unter sechs Jahren. Ein Problemaufriss. In: B. Rendtorff & A. Prengel (Hrsg.), Kinder und ihr Geschlecht (S. 191–202). Opladen: Barbara Budrich.

Kelly, N. A. (2016): Afrokultur. Der Raum zwischen gestern und morgen. Münster: UNRAST.

King, V. (2020): Zur Theorie der Jugend. Problemstellungen – Konstitutionslogik – Perspektiven. In: A. Heinen, C. Wiezorek & H. Willems (Hrsg.), Entgrenzung der Jugend und Verjugendlichung der Gesellschaft. Zur Notwendigkeit einer ‚Neuvermessung' jugendtheoretischer Positionen (S. 39–53). Weinheim: Beltz/Juventa.

Kümmerling-Meibauer, B. (2020): Begriffsdefinitionen. In: T. Kurwinkel & P. Schmerheim (Hrsg.), Handbuch Kinder- und Jugendliteratur (S. 3–8). Stuttgart: J. B. Metzler.

Leiprecht, R. (2018): Diversitätsbewusste Perspektiven für eine Soziale Arbeit in der Migrationsgesellschaft. In: B. Blank et al. (Hrsg.), Soziale Arbeit in der Migrationsgesellschaft (S. 209–220). Wiesbaden: Springer Fachmedien.

Marotzki, W. (1990): Entwurf einer strukturalen Bildungstheorie. Biographietheoretische Auslegung von Bildungsprozessen in hochkomplexen Gesellschaften. Weinheim: Deutscher Studienverlag.

Mecheril, P. & Plößer, M. (2015): Diversity und Soziale Arbeit. In: H.-U. Otto & H. Thiersch (Hrsg.), Handbuch Soziale Arbeit. Grundlagen der Sozialarbeit und Sozialpädagogik (S. 322–331). München: Reinhardt.

Nieberle, S. (2016): Gender Trouble als wissenschaftliche und literarische Herausforderung. In: P. Josting, C. Roeder & U. Dettmar (Hrsg.), Immer Trouble mit Gender? Genderperspektiven in Kinder- und Jugendliteratur und -medien(forschung) (S. 19–28). München: kopaed.

Riegel, C. (2018): Intersektionalität. Eine kritisch-reflexive Perspektive für die sozialpädagogische Praxis in der Migrationsgesellschaft. In: B. Blank et al. (Hrsg.), Soziale Arbeit in der Migrationsgesellschaft (S. 221–232). Wiesbaden: Springer Fachmedien.
Schmitz, K. & Schmitz-Weicht, C. (2013): Wie Lotta geboren wurde. Berlin: Atelier.
Stoddard, T. & Turiel, E. (2004): Kindliche Konzepte von geschlechtsübergreifenden Aktivitäten. In: L. Fried & G. Büttner (Hrsg.), Weltwissen von Kindern (S. 307–322). Weinheim: Juventa.
Taylor, M. G. (2004): Die Entwicklung kindlicher Vorstellungen zu biologischen und sozialen Geschlechtsdifferenzen. In: L. Fried & G. Büttner (Hrsg.), Weltwissen von Kindern (S. 249–276). Weinheim: Juventa.
Vielfalterbuecher.de (2016): Schmitz, Ka und Schmitz-Weicht, Cai: Wie Lotta geboren wurde. Online verfügbar unter: https://vielfalterbuecher.wordpress.com/2016/05/10/schmitz-ka-schmitz-weicht-cai-wie-lotta-geboren-wurde/, Zugriff am 01.11.2021.
Winkelmann, A. S. (2019): Machtgeschichten. Ein Buch für Kinder über das Leben mit Erwachsenen. (hrsg. von Deutsches Rotes Kreuz). Limbach-Oberfrohna: Edition claus.

7 »Alle behindert!« Zur Konstruktion von Behinderung im Kinderbuch

Teresa Vielstädte

Einleitung

Bilderbücher besitzen einen hohen Stellenwert für die kindlichen Bildungs-, Sozialisations- und Kulturalisierungsprozesse (Burghardt & Klenk 2016; Thiele 2012), denn sie bieten Kindern die Möglichkeit, mit Lebensweisen, Normen, Werten und vorherrschenden gesellschaftlichen Diskursen in Kontakt zu kommen. Dadurch gewinnen sie erste Vorstellungen und Bilder über das Zusammenleben in der Gesellschaft, womit Bilderbücher die Prozesse der Identitätsfindung unterstützen helfen, sodass die Verhältnisse von Welt, Selbst und Anderen entwickelt werden (Burghardt & Klenk 2016, S. 62). Dabei bilden Bücher immer auch gesellschaftliche Realitäten ab, sodass ihnen eine bedeutende Rolle in der Auseinandersetzung mit (intelligiblen) Lebensweisen und gesellschaftlichen Wert- und Normorientierungen zukommt (ebd.).

In Bezug auf die Abbildung gesellschaftlicher Realitäten und deren Wandel hält der Literaturwissenschaftler Thiele (2012) fest, dass die veränderte Sicht auf Kindheit eine Lockerung der engen pädagogischen Vorstellung vom »kindgemäßen« Bilderbuch mit sich brachte (ebd., S. 217). Es wurde die Chance erkannt, Kindern durch Bilderbücher Teilhabe an kulturellen Entwicklungsprozessen der Gesellschaft zu verschaffen und sie an diverse Formen literarisch-bildnerischer Erzählmodi heranzuführen (ebd.). Trotz des Anspruchs der Repräsentation von vielfältigen Lebenswelten in Bilderbüchern wurde das Thema ›Behinderung‹ lange Zeit ausgegrenzt (Reese 2010).

In aktuellen Diskussionen findet sich die Forderung nach einer stärkeren Verknüpfung von Disability Studies und Kinderliteraturwissenschaft, um gesellschaftliche Vorstellungen über Behinderung, Abweichung und Normalität aufzudecken (Schäfer, Ullmann & Blümer 2012, S. 61).

Auf die Klärung des sozial- und kulturwissenschaftlichen Verständnisses von Behinderung (▶ Kap. 7.1) folgt eine Bestandsaufnahme zur Darstellung von Behinderung im Bilderbuch (▶ Kap. 7.2). Im Anschluss daran wird das Bilderbuch *Alle behindert!* als aktuelles Exempel für die kinderbuchspezifische Thematisierung von Behinderung vorgestellt und diskutiert (▶ Kap. 7.3). Der Artikel schließt mit einem Fazit, in dem weiterführende Fragen zur Darstellung von Behinderung im Bilderbuch und weitere (Forschungs-)Perspektiven ausgeführt sind.

7.1 Zum sozial- und kulturwissenschaftlichen Verständnis von Behinderung

Obwohl das Verständnis von Behinderung auf keiner einheitlichen Definition fußt, ist dies dennoch seit einigen Jahrzehnten ein gängiger Begriff im Sprachgebrauch, dem sich auch unterschiedliche Disziplinen auf unterschiedliche Art und Weise bedienen. Zu den angrenzenden bzw. ergänzenden Termini gehören z. B. Krankheit, Schädigung und Beeinträchtigung. Damit befindet sich der Begriff im semantischen Feld von Hindernis, Erschwernis, Barriere und Hemmung. Nach dem Erziehungswissenschaftler Dederich (2009, S. 15) verweist der Begriff Behinderung damit auf unspezifische Weise auf die »Negativphänomene« menschlichen Daseins. Dies deutet bereits an, was sich in der Auseinandersetzung mit unterschiedlichen Definitionen wie z. B. denen des deutschen Bildungsrates, des SGB IX und der WHO sehr deutlich abzeichnet: *Die* Behinderung gibt es nicht. »Vielmehr markiert der Begriff eine von Kriterien abhängige Differenz und somit eine an verschiedene Kontexte gebundene Kategorie, die eine Relation anzeigt« (Dederich 2009, S. 15).

Heutige Klassifikations- und Definitionsversuche berücksichtigen soziale und gesellschaftliche Aspekte von Behinderung stärker, womit sich diese vom ›individuellen Defekt‹ in ihrer Begriffsbestimmung entfernt haben. Sie begreifen Behinderung als relationales Konstrukt, in welchem auch Rahmenbedingungen und Kontexte zum Tragen kommen. Den Anstoß für diese veränderte Sichtweise gab die Entstehung der rehabilitationskritischen Disability Studies zu Beginn der 1980er Jahre (ebd., S. 16). Dort besteht die Annahme, »dass körperliches ›Anderssein‹ und ›verkörperte Differenz‹ (eine) weit verbreitete Lebenserfahrung darstellen« (Waldschmidt & Schneider 2007, S. 13). Als interdisziplinäre Forschungsrichtung setzt sich diese deshalb nicht nur für die Erforschung dieser Lebenserfahrung ein, um Wissen über Behinderung, Abweichung, Normalität und deren jeweilige Bewertung zum engen Feld des herkömmlichen Behinderungsbegriffs und der damit verknüpften Praxis zu generieren, sondern diese zielt darauf ab, grundlegende Erkenntnisse zum Verhältnis von Individuum, Gesellschaft und Kultur zu gewinnen. Die Leitvorstellung der Protagonist*innen der Disability Studies, die sehr oft selbst ›Betroffene‹[1] sind, bezieht sich auf die Veränderung von gesellschaftlichen Sichtweisen und Praktiken, durch die dann eine uneingeschränkte Partizipation für Menschen mit besonderen körperlichen Merkmalen und gesundheitlichen Beeinträchtigungen sowie die Anerkennung eines vollen Subjektstatus verbunden ist (ebd.).

---

1 An dieser Stelle ist anzumerken, dass sich die Disability Studies insbesondere als emanzipatorisches und an Teilhabe orientiertes Projekt verstehen, die Betroffene selbst aktiv in Forschungsprozesse mit einbeziehen. Dies ist z. B. vergleichbar mit der sozialwissenschaftlichen Kindheitsforschung.

Das *soziale Behinderungsmodell* galt zunächst als Fundament und Errungenschaft der sich in Deutschland entfaltenden Disability Studies, welches das *individuelle Modell*[2] und damit verknüpfte Vorstellungen von Behinderung zunehmend ablöste:

> »Auf der Basis einer Dichotomie zwischen Beeinträchtigung (impairment) und Behinderung (disability) lautet der Kerngedanke des sozialen Modells: Behinderung ist kein Ergebnis medizinischer Pathologie, sondern das Produkt sozialer Organisation« (Waldschmidt 2005, S. 18).

Das soziale Behinderungsmodell beruht demnach auf einer gesellschaftlichen Verursachung und den sog. systematischen Ausgrenzungsmustern, die der sozialen Gesellschaftsstruktur innewohnen. Im Gegensatz zum individuellen Modell, das den individuellen Körperschaden als Ursachenfaktor benennt, gelten beim sozialen Modell die soziale Benachteiligung und die ausbleibenden Partizipationsmöglichkeiten als Triebfeder für die Entstehung von Behinderung (ebd., S. 17 f.).

Waldschmidt (2005) kritisiert jedoch am sozialen Modell, dass dort der Körper unberücksichtigt bleibt und eine anhaltende Problemorientierung stattfindet, bei der Behinderung stets als ein zu ›lösendes Problem‹ dargestellt wird.[3] Deshalb plädiert sie für eine Erweiterung des sozialen Modells und entwirft das *kulturelle Modell*. Aus kulturwissenschaftlicher Perspektive reicht es nicht aus, Behinderung als »individuelles Schicksal« oder »diskriminierte Randgruppenposition« zu markieren, sondern es muss ein vertieftes Verständnis von Kategorisierungsprozessen erarbeitet werden, um an der »Dekonstruktion der ausgrenzenden Systematik« mitzuarbeiten (ebd., S. 25). Da Menschen mit Behinderung in besonderer Weise von Kategorisierungsprozessen, Zuschreibungspraktiken und Normalisierungstechniken betroffen sind, geraten auch ›Normalität‹, ›Normierung‹, ›Normalisierung‹ und das Hinterfragen dieser Begrifflichkeiten in den Blickpunkt der Analyse. Deutlich wird dann zum einen, dass Menschen mit und ohne Behinderung keine binären, strikt getrennten Gruppierungen sind, sondern stets in einer interaktiv hergestellten und strukturell verankerten Wechselbeziehung zueinanderstehen. Zum anderen wird sichtbar, dass das Verständnis von Normalität auf inkorporierten kulturellen Werten beruht und damit auch eine Folge rapider Veränderungen in einer wachstums- und wissenschaftsorientierten Gesellschaft ist (Waldschmidt 2005, S. 25; Rösner 2014, S. 9 f.).

Das *kulturelle Modell* verweist damit auf die kulturelle Prägung der Identitäten von (nicht) behinderten Menschen, indem es die Relativität und Historizität von Ausgrenzungs- und Stigmatisierungsprozessen aufzeigt (Waldschmidt 2005, S. 25). Behinderung lässt sich demnach als ›Produkt‹ oder ›Effekt‹ historisch wandelbarer und kultureller Wissensbestände verstehen. Kulturelles Wissen verfestigt sich durch Kommunikation, Kollektivität und Standardisierung, die allesamt wiederum gewisse soziale und kulturelle Handlungsmuster hervorrufen (Dederich 2009, S. 30 f.). Zum einen beabsichtigen die Disability Studies, wissenschaftliche Erkenntnisse und Alltagswissen dazu zusammenzutragen, was unsere Vorstellungen und unser Den-

---

2 Die sog. International Classification of Impairments, Disabilities and Handicaps (ICIDH) unterschied in ihrem individuellen Modell die Ebenen Schädigung (impairment), Beeinträchtigung (disability) und Benachteiligung (handicap).
3 Zur Kritik am sozialen Modell siehe auch Waldschmidt & Schneider 2007.

ken über Behinderung formt. Zum anderen wird dadurch herausgearbeitet, wie dieses Wissen durch gesellschaftliche und insbesondere mediale Praxen des Redens und Handelns erzeugt und verfestigt wird (Dederich 2010, S. 174). Dies wirft die Frage auf, »wie der behinderte Körper als unerwünschte Differenz beispielsweise in literarischen Texten, Filmen oder der bildenden Kunst hervorgebracht, repräsentiert und mit Sinn aufgeladen wird« (Dederich 2010, S. 172). Dieser Beitrag widmet sich konkret der Konstruktion von Behinderung im Kinderbuch.

7.2 Zur Darstellung von Behinderung im Kinderbuch – eine Bestandsaufnahme

Das Thema ›Behinderung‹ galt lange Zeit als Tabuthema in der Kinderliteratur.[4] Diese thematische Exklusion in der Literatur korrespondiert mit der Ausgrenzung von als behindert geltenden Menschen aus dem gesellschaftlichen Leben (Reese 2010). Im Kinderbuch wird Behinderung in Form von Wahrnehmungsmöglichkeiten und Verständnisweisen der als behindert und nicht behindert geltenden Protagonist*innen präsentiert, die mit diversen Realitäts- und Lebensentwürfen verknüpft sind. Dadurch entfalten sich Konstruktionen[5] von Behinderung sowie damit verbundene Vorstellungen von Verhaltens-, Kommunikationsmustern und Praktiken: Wie verhalten sich Menschen mit und ohne Behinderung (in Interaktion)? Wie kommunizieren diese miteinander? Welche Praktiken gelten im Umgang mit Behinderung als gesellschaftlich anerkannt und welche erscheinen als unvereinbar?

Durch Versprachlichung und Bebilderung wird Behinderung erst hervorgebracht, womit diese entweder zur Reifizierung beitragen können oder sich dadurch auch die in dieser Differenz eingeschriebenen Diskriminierungen und Stigmatisierungen aufdecken lassen. So konstatieren Burghardt und Klenk (2016, S. 63): »Die in den Bilderbüchern zirkulierenden, auf Konventionen beruhenden und durch mehrmaliges Lesen oder Zuhören ritualisierten Anrufungen […] können letztlich auch auf individueller Ebene subjektivierende Effekte entfalten.«

---

[4] Erst seit den 2000er Jahren findet sich ein breiteres Darstellungsspektrum von Behinderung im Kinderbuch.

[5] Unter Konstruktionen von Behinderung kann die gesellschaftliche Bewertung einer Schädigung oder Behinderung verstanden werden. Die Normen, die der Zuschreibung von Behinderung zugrunde liegen, sind nach diesem Verständnis gesellschaftlich oder kulturell determiniert. Da Normen, Urteile, Kategorien und Erkenntnisse das Ergebnis kommunikativer und diskursiver sozialer Praktiken sind, wird Behinderung als gesellschaftlich hervorgebracht angesehen (Kastl 2017, S. 260 f.).

Bilderbücher fungieren als Mittel zur Konstitution von Subjektpositionen[6], womit diese ebenfalls Einfluss auf die Identitätsbildungsprozesse von Kindern nehmen. Die Identifikationsangebote im Kinderbuch entscheiden somit darüber, welche Subjektmöglichkeiten von den rezipierenden Kindern als »les-, denk- und anerkennbar(er) wahrgenommen werden« (Burghardt & Klenk 2016, S. 63).

In der Ausgestaltung der Charaktere finden sich verschiedene Darstellungsweisen von Behinderung, die in Kinderbüchern kursieren. Reese (2010) fasst die häufigsten Darstellungsmöglichkeiten im Kinderbuch und die damit zusammenhängenden Anrufungsoptionen zusammen. Dabei stellt sie zunächst fest, dass die Zahl behinderter Charaktere in der Kinder- und Jugendliteratur erst zu Beginn des 20. Jahrhunderts zugenommen hat. Gleichzeitig finden sich dort wiederkehrende »Strickmuster« (ebd., S. 4), die in der alltäglichen Realität selten, aber im Kinder- und Jugendbuch sehr oft vorkommen. Menschen mit Behinderung werden primär als Musterkrüppel, Tyrann*in, Held*in, verschwundene*r Behinderte*r porträtiert oder entsprechen dem Erzählmuster der »wundersamen Heilung« oder »Behinderung als Strafe«.[7]

Die Verwendung des Begriffs ›Strickmuster‹ verweist auf die vorurteilsbeladene Ausrichtung bestimmter Darstellungsformen, die immer wieder in neuen Variationen aufbereitet werden. Die Auflistung solcher Strickmuster verrät die dominanten Alltagstheorien über Behinderung. Beispielsweise entwickelte sich zum Bild des ›Musterkrüppels‹ das Gegenklischee des ›Tyrannen‹, welcher aggressiv, mürrisch und wenig freundlich charakterisiert wird. Dabei gilt das unangepasste soziale Verhalten als Teil der Persönlichkeit und wird nicht im Rahmen von sozialen Interaktionen besprochen und reflektiert. Die Umwelt leidet unter dem ›Tyrannen‹. Dennoch stellt Reese (2010) fest, dass es gegen Ende fast immer zu einem Wandel kommt: »Die behinderte Person ist endlich gut« (ebd., S. 4 f.). Am Beispiel von »Heidi«[8] erläutert sie eine typische und weit verbreitete Narration, »nämlich die Verharmlosung von Behindertsein durch die wundersame Heilung« (ebd., S. 5). Dahinter verbirgt sich allerdings eine starke Problematisierung, da damit die Vorstellung verbunden wird, Behinderung durch Heilung ›lösen‹ zu müssen.

Als eine der häufigsten Grundmuster definiert Reese (2010) die Zuschreibung der Held*innenrolle, die sich über eine außergewöhnliche Leistung der jeweiligen Schlüsselfigur definiert, worauf die soziale Umwelt überrascht reagiert. Oetken (2012) schreibt diesem Muster auch das Konzept der Sublimierung zu, wonach Held*innen andere Formen von Auszeichnungen erhalten, über die sie dann lediglich Anerkennung erlangen. Die Behinderung wird dadurch ›weg gemacht‹ oder zumindest in den Hintergrund gerückt (ebd., S. 39).

Mit Blick auf die Liste der verwendeten Strickmuster und Stereotype stellt sich die Frage, warum die Darstellung von Behinderung an der alltäglichen Realität vor-

---

6 Nach Butler werden Menschen als Subjekte durch den historischen Raum, die institutionellen Strukturen sowie ihre sozialen und kulturellen Umgebungen hervorgebracht, in denen sie sich bewegen (Butler 2009, zit. nach Burghardt & Klenk 2016, S. 63).

7 Natürlich sind noch weitere und auch die Kombination und Verknüpfung unterschiedlicher ›Strickmuster‹ denkbar.

8 »Heidi« wurde von der Autorin Johanna Spyri im Jahr 1880 und 1881 geschrieben und gehört zu den bekanntesten Kinderbüchern der Welt.

beizielt und Behinderung vorurteilsbeladen beschrieben wird. Hinsichtlich der verschiedenen Stereotype kommt Oetken in ihren Bilderbuchanalysen zu dem Fazit, dass nicht nur der Sprachgebrauch im Kinderbuch jeder Selbstverständlichkeit entbehrt, sondern auch die Einbettung von Erzählungen in vertraute Alltagssituationen noch weit entfernt zu sein scheint (ebd., S. 38).

Im Folgenden wird nun beispielhaft das Sachbilderbuch *Alle behindert!* vorgestellt und nach einem kulturwissenschaftlichen Verständnis von Behinderung analysiert (▶ Kap. 7.1). Dieses Buch wurde insbesondere deshalb ausgewählt, da es zu Beginn der Recherche für diesen Artikel neu erschienen ist, woraufhin es in verschiedenen Blogformaten[9] durchaus kontrovers diskutiert und rezensiert wurde.

7.3 Alle behindert! – eine exemplarische Analyse

Das sozial- und kulturwissenschaftliche Verständnis von Behinderung erfordert eine Analyse von Behinderung in Abhängigkeit von Kommunikation, Interaktion, sozialen Praktiken, institutionellen Kontexten sowie seinen medialen Repräsentationen (Dederich 2009, S. 30). Dennoch ist die Fragestellung, wie Behinderung im Kinderbuch dargestellt, verhandelt und konstruiert wird, sicherlich nicht ganz unproblematisch, denn hierdurch wird letztlich wieder an der Rekonstruktion von Behinderung und Nichtbehinderung mitgewirkt.

Die Disability Studies fordern die explizite Erforschung von gesellschaftlichen Wahrnehmungs-, Bewertungs- und Deutungsmustern des Phänomens ›Behinderung‹. Dennoch muss hier bereits auf die Problematik von dessen Reifizierung und dem notwendigen Reflexionsbedarf hingewiesen werden, sodass die eingangs gestellte Frage gemäß einem reflexiven Inklusionsverständnis weiterverfolgt wird (Budde & Hummrich 2014). Die Fragestellung zielt darauf ab, Differenzen zu erfassen und ernst zu nehmen sowie die darin eingeschriebenen Benachteiligungen sichtbar zu machen.

Bei der nachfolgenden Analyse handelt es sich um ein exploratives Vorgehen, welches sich grob an den Analysekategorien des fünfdimensionalen Modells der Bilderbuchanalyse nach Staiger (2014) orientiert. *Alle behindert!* wurde von Heinz Klein und Monika Ostberghaus geschrieben und ist als Sachbilderbuch[10] zu klassifizieren, da es auf 25 Doppelseiten »25 spannende und bekannte Beeinträchtigungen in Wort und Bild« erläutert (Klein & Ostberghaus 2019). Das Buch richtet sich an Kinder ab fünf Jahren. Autor und Autorin geben auf der letzten Seite des Buches an, dass an dessen Entstehung viele »besondere Kinder« beteiligt waren, indem diese mit

---

9 Siehe z. B. Kollodzieyski 2020.
10 Das Sachbilderbuch gehört in die Sparte des Bilderbuches und zeichnet sich besonders durch seine themenspezifische Veranschaulichung in Bild und Text und weniger durch einen fiktionalen Erzählstrang aus (Thiele 2012, S. 222). Das Sachbilderbuch ist als Rubrik Bilderbuch dem Kinderbuchgenre zuzuordnen.

ihren Familien anhand von Steckbriefen befragt wurden. Dabei sei Klein und Ostberghaus durch die Steckbriefe erst die Individualität einer Behinderung bewusst geworden (ebd.). Im Mittelpunkt des Sachbilderbuchs steht eine alltags- und lebensweltliche Strukturierung[11] der Inhalte.

Das Buch erinnert in seiner Aufmachung an ein ›Freundebuch‹. Auch hier zeigt sich nun wieder der alltags- und lebensweltliche Anknüpfungspunkt zur Bearbeitung des Buchthemas Behinderung. Gemäß der sprachlichen Gestaltung eines ›Freundebuches‹ werden einzelne Begriffe oder stichpunktartige kurze Sätze verwendet. Auf jeder Seite wird mittig eine andere Figur mithilfe einer großen Zeichnung vorgestellt, ringsum finden sich stichpunktartig Informationen zu den jeweiligen Figuren entlang immer gleicher Kategorien (ebd.):

> »Mag gerne«, »Mag weniger«, »Lieblingssatz«, »Behinderung«, »Spitz- oder Schimpfname«, »Wie oft kommt das vor«, »Geht das wieder weg«, »Wie gehe ich auf (…) zu«, »Was lasse ich lieber«, »Kann ich mit (…) spielen«, »Was ist daran einfach nur doof«, »Vorteil«, »Wo kommt das her« und »Geheimnisse«

Teilweise sind diese Angaben durch kleine Comic-Zeichnungen ergänzt, in denen alltägliche Situationen der Figuren karikaturartig aufbereitet sind. Dabei wirken die Kategorien in ihrer Auswahl und Formulierung bereits teilweise auf Behinderung zugeschnitten.[12] Es entsteht auf jeder Seite das Bild einer fiktionalen Persönlichkeit, wobei jede von ihnen ausnahmslos ›Behinderungserfahrungen‹ gemacht hat. Auf der letzten Seite steht die Aufforderung zu eigenen Eintragungen, somit bleibt das Buch mit seinem Titel *Alle behindert!* konsequent in der Herstellung eines kollektiven Wir, womit es versucht, klassische Definitionsversuche von Behinderung infrage zu stellen, weil sich jede*r Rezipierende darin wiederfinden soll. Entsprechend eines Sachbilderbuchs fehlt der Erzählstrang, da die einzelnen Persönlichkeiten individuell präsentiert werden und nicht miteinander interagieren.

Bei den Illustrationen im Buch handelt es sich um farbige, sehr detaillierte, ikonische Abbildungen auf unterschiedlich gefärbten Hintergründen. Die Bebilderung kann größtenteils nur in Kombination mit den Textelementen entschlüsselt werden. So sind z. B. die Gesichtsausdrücke der Protagonist*innen ohne die Comics oder ohne die Textelemente vielseitig deutbar, sodass sich Bild und Text gegenseitig bedingen. In der Präsentation der Charaktere unterstützen die bildlichen Elemente die stichpunktartigen Textbausteine.

Die Definition von Behinderung orientiert sich in diesem Buch nicht stringent an bekannten Klassifikations- und Definitionsversuchen (▶ Kap. 7.1). Es handelt sich beispielsweise bei den zugeschriebenen Charaktereigenschaften von Julien »dem Angeber«, Paul »dem Mitläufer« oder Vanessa »der Tussi« um Wesensmerkmale, die veränderbar sind. Nach aktuell gültigen Definitionen von Behinderung z. B. von der Behindertenrechtskonvention wird diese jedoch als »langfristige körperliche, seelische, geistige oder Sinnesbeeinträchtigungen« (CRPD 2020) beschrieben, die

---

11 Eine weitere Option wäre an dieser Stelle entsprechend eines Sachbilderbuches der fachkundliche Ausgangspunkt.
12 Dies wird z. B. in den Kategorien »Behinderung«, »Wie oft kommt das vor«, »Geht das wieder weg«, »Was ist daran einfach nur doof« explizit deutlich.

gleichbleibend sind. Lediglich die Wechselwirkungen mit verschiedenen Barrieren zur Teilhabe an der Gesellschaft unterliegen einem Wandel, die damit an der Hervorbringung von Behinderung unmittelbar beteiligt sind.

Anhand der Analyse zeigt sich, dass nach der im Buch verwendeten Definition von Behinderung keine lebenslange, strukturelle Diskriminierung von Menschen mit Behinderung explizit mitgedacht bzw. sichtbar gemacht wird. Vielmehr liegt hier folgendes Verständnis zugrunde: ›Es gibt nicht per se *die* Behinderung‹ (▶ Kap. 7.1). Auf den ersten Blick erweckt das Buch möglicherweise genau diesen Eindruck, denn hier werden nicht nur die ›geläufigen‹ und ›bekannten‹ Behinderungsbilder wie Trisomie 21, Autismus, Beeinträchtigung des Lernens, Sprechens, Sehens oder Hörens, Mikrosomie, Aufmerksamkeitsdefizit-/Hyperaktivitätsstörung oder Epilepsie aufgeführt, sondern zur Behinderung werden hier auch »Tussi«, »Mitläufer«, »Außenseiter«, »Dicksein«, »Bildschirmsucht«, »Hochbegabung«, »Essensnörgler«, »Schüchternheit«, »Rüpel« oder »Helikopterkind« erklärt (Klein & Ostberghaus 2019).

Offenbar orientiert sich die Verwendung des Behinderungsbegriffs hier an der Vorstellung von etwas Negativem, was unerwünscht ist und einer Abweichung von der Normalität entspricht (Dederich 2009, S. 15). Dies erinnert an das individuelle Modell von Behinderung (▶ Kap. 7.1). Es stellt sich hier die grundsätzliche Frage, wie die Auswahl der Prototypen erfolgt ist. Es fällt auf, dass z. B. gewisse soziale Merkmale wie Armut oder bestimmte Lebenserfahrungen wie Gewalt oder Rassismus als keine Beeinträchtigung eingestuft werden.

Zusammenfassend stellt das Buch infrage, ob Behinderung ein charakteristisches Merkmal ist oder ob wir alle unterschiedliche Voraussetzungen, Einschränkungen und Potenziale besitzen und somit »alle behindert« sind. Damit kann das Buch mitunter als Versuch verstanden werden, an der Dekonstruktion des Behinderungsbegriffs mitarbeiten zu wollen. Dieser Gedanke wird im weiteren Verlauf zwar noch weiterverfolgt, allerdings werden zunächst zwei im Buch dargestellte ›Kinderportraits‹ näher analysiert.[13]

Die erste Seite nach dem Titelblatt ist mit dem Wort »Anna« überschrieben. Hier springt den Rezipierenden ein lachendes Kind in einem Kleid entgegen. Das Kind hat die Arme weit geöffnet, steht auf einem Bein, die Augen sind weit aufgerissen und die Zunge ist herausgestreckt. Unterhalb befindet sich rechts davon eine Illustration. Dort ist ein Mann mit einem langen Bart zu sehen, den es umarmt. Der Mann hat einen Hut mit »Eine Spende bitte« vor sich stehen und daneben einen Einkaufswagen, der bis an den Rand mit Gegenständen gefüllt und mit einer Decke abgedeckt ist. Seine Mundwinkel sind nach oben gezogen, er scheint zu lachen. Außerdem sind Tränen neben und unter seinen Augen zu sehen. Unten rechts ist auf der Buchseite außerdem ein kleines Bild von dem Kind zu sehen, auf dem es offenbar sauer ist: Es kneift seine Augen zusammen, die Augenbrauen sind zusammengezogen und die Arme vor dem Körper verschränkt.

---

13 Entschieden habe ich mich bei der Auswahl für eine Persönlichkeit, der eine Behinderung nach CRPD 2020 zugeschrieben wird, und für eine Persönlichkeit, die nicht in dieses Definitionsmuster fällt.

Wird nun weitergehend der Text auch in Kombination mit den Bildern betrachtet, so erhalten die Rezipient*innen folgende Informationen: Anna hat »Mandelaugen« und einen »Topfhaarschnitt (leider!)«, sie streckt die »Zunge raus«. Im Porträt ist Anna mit abweichenden körperlichen Merkmalen gekennzeichnet.

Mit der Beschreibung der Behinderung »Down Syndrom, Trisomie 21« und auch in der Aufzählung der Spitznamen »Mongo, Downie, Wusel-Pusel, Flamongo« findet teilweise eine Kategorisierung und Standardisierung des Behinderungsbildes statt. In der Darstellung der Kategorien »Wie oft kommt das vor«, »Geht das wieder weg« und »Wo kommt das her« erhält das Lesepublikum Informationsangebote, die explizit auf die Behinderungserfahrungen zugeschnitten sind. Dabei wird in der Verwendung von »das« vermieden, die Behinderung oder Behinderungserfahrung explizit zu benennen. Die wiederholte Verwendung von »das« wirkt befremdlich und schafft Distanz, obwohl es wohl einen lockeren, saloppen Sprachstil suggerieren soll, der allerdings eher eine Verunsicherung zum Ausdruck bringt. Die hinter diesen Kategorien stehenden Informationen basieren auf validiertem Wissen, was hier in leichter Sprache, vereinfacht und stichpunktartig präsentiert wird. Zum Beispiel in der Beschreibung: »Wo kommt das her: Ein Baustein (Gen), aus dem Menschen entstehen, gibt es 3 statt 2 Mal« (S. 4). Die Erläuterungen fallen jedoch eher minimalistisch aus. Unter dem Stichwort »Wie oft kommt das vor« erhalten Lesende die Information »immer seltener (leider!)« (ebd.). Möglicherweise rekurriert die Bewertung »leider« an dieser Stelle auf einen Diskurs, der z. B. in Bezug auf pränatal diagnostische Verfahren die ethische Frage aufwirft, inwiefern die Möglichkeit, Trisomie 21 über einen Bluttest bereits in der Schwangerschaft zu diagnostizieren, zu mehr Abtreibungen von Menschen mit Trisomie 21 führt (vgl. z. B. Meyer 2020 oder Dedreux & Kaess 2019). Die Botschaft des Buches scheint darin zu bestehen, dass es schade sei, wenn es immer weniger Menschen mit Trisomie 21 gibt.

Die Kategorien »Was ist daran einfach nur doof« und »Vorteil« beziehen sich auf die jeweilige zugeschriebene Behinderung, in denen entweder das Resultat oder die Konsequenzen der zugeschriebenen Behinderung erfasst sind. Allerdings bleiben diese Informationen eher unspezifisch und vage, wie z. B. »Was ist daran einfach nur doof: Man brauchte lange, um Dinge zu lernen (z. B. Reißverschluss, Schuhe zubinden, trocken werden) …«. Hier stellt sich z. B. die Frage, was unter »lange« verstanden wird.

Weiter erhalten die Lesenden Informationen darüber, was Anna gerne mag, was sie weniger gerne mag, wie sie auf Anna zugehen oder was sie mit Anna spielen können. Diese Informationen beruhen ebenfalls weniger auf validiertem Wissen, sondern vielmehr auf individuellen Persönlichkeitsmerkmalen.[14] Durch die Ver-

---

14 Es tut sich ein Bild von einem Kind auf, welches gerne kulturellen Hobbys nachgeht und körperliche Nähe in Form von Küssen und Umarmungen sucht. Sprachen und Rechnen mag Anna weniger, genauso wie Haare schneiden. Das Bild von Anna wird ergänzt durch die Beschreibung von ihren Lieblingsspeisen und ihren weniger bevorzugten Gerichten. Außerdem bekommen Leser*innen einen Einblick in die Tätigkeiten, die mit Anna gespielt werden können. Dazu gehören vor allem Rollenspiele und Tanzen. Des Weiteren erfahren Leser*innen, was sie lieber lassen sollen, wie z. B. zwingen oder »Hör auf zu schmatzen« zu sagen. Unter dem Stichwort »Wie gehe ich auf Anna zu« erhalten Rezipierende Tipps im Umgang mit ihr wie »Ganz normal und geduldig oder albern sein und umarmen«.

wendung des Personalpronomens ›ich‹ in den jeweiligen Rubriken (»Wie gehe ich auf Anna zu«, »Kann ich mit Anna spielen«) werden Leser*innen direkt angesprochen. Dies hat den Effekt eines Identifikationsangebotes und der direkten Ansprache der Leser*innenschaft.

Als Vorteile von Anna werden »fast immer gute Laune, Gute Trösterin und Quatschmacherin, Free hugs and smiles!« genannt, die in der Nähe der Karikatur am rechten Bildrand stehen. Beschriftet ist die Karikatur mit »lieb zu allen«. Ein Pfeil verbindet diese Aussage mit der Karikatur. Die Kombination von Bild und Text legt die Lesart nahe, dass Anna offenbar lieb zu allen ist und entsprechend diesem Bild auch mit gesellschaftlichen Randgruppen ohne Berührungsängste in Kontakt tritt. Anna erinnert in dieser Lesart an die von Reese (2010) beschriebene Held*innenrolle (▶ Kap. 7.2). Auf überspitzte Weise und mit ironischem Unterton wird hier stereotypes Alltagswissen reproduziert, wie z. B., dass Menschen mit Trisomie 21 immer glücklich und freundlich sind.

Durch die kategorisierende Beschreibung entsteht ein Spannungsfeld von Normalität und Abweichung, von Behindertsein und Behindertwerden. Während dem Lesepublikum einige Kategorien ›Normalität‹ suggerieren, indem sie sich in den angesprochenen Aspekten unmittelbar wiederfinden oder diese Leerstellen für sich ausfüllen können, gehen andere Kategorien[15] auf ›abweichende‹, ›behinderungsspezifische‹ Beschreibungen ein. In diesem Fall ist eine unmittelbare Identifikation nicht immer möglich. In dem konstruierten Spannungsfeld von Normalität und Abweichung schafft das Buch für Rezipierende diverse Identifizierungsmöglichkeiten und Anknüpfungspunkte.

Auf der zweiten ausgewählten Buchseite mit der Überschrift »Karlotta« ist ein Kind in pinkfarbenen Leggings und mit grauem Kapuzenpullover abgebildet. Das Kind hat die Kapuze auf dem Kopf, unter dem ein roter, dicker, wuscheliger Pony hervorlugt. Es hat die Augen weit aufgerissen, darunter sind ein paar Sommersprossen zu erkennen, die Mundwinkel sind zwar nach oben gezogen, aber es ist kein echtes Lächeln zu erkennen. Augen und Gesicht schauen eher abenteuerlustig und auch etwas beängstigend, mitunter leicht aggressiv. Das Kind hat die Arme vor dem Körper verschränkt, in der einen Hand hält es ein Feuerzeug, in der anderen einen Gegenstand (die Beschriftung weist auf einen Snack hin, den sie gerne mag). Unten links ist eine comicartige Szene skizziert, die zeigt, wie das beschriebene Kind in einem Einkaufswagen stehend und »Angriff« brüllend von einem anderen unbekannten Kind angeschoben wird, ein weiteres folgt ihnen. Das Kind im Wagen schwenkt einen länglichen Gegenstand, der wie ein Stab mit einer Fahne in der Luft aussieht. Vor dem Einkaufswagen laufen zwei Kinder weg, die verängstigt schauen und »Hilfe« und »Mama« rufen. Am oberen rechten Bildrand findet sich eine weitere Karikatur: Ein Kind sitzt in einem Mülleimer und kann sich nicht befreien. Es schreit nach »Hilfe«, während unweit entfernt von ihm drei weitere Personen stehen, lachen und auf das Kind zeigen. Beschriftet ist die Karikatur mit »dumm gelaufen, Monika: Karlotta war da!«. Durch die dargestellten Comiczeichnungen

---

15 »Wie oft kommt das vor«, »Geht das wieder weg«, »Wo kommt das her«, »Was ist daran einfach nur doof«, »Wie gehe ich auf Anna zu«.

wird von dem Kind namens Karlotta ein Bild gezeichnet, das sie als Tyrannin oder auch als Heldin identifiziert (Reese 2010; ▶ Kap. 7.2).

Werden die Buchseiten auf den Kopf gestellt, kann man am unteren Bildrand eine Information zum sog. »Geheimwissen« lesen, das auf jeder Seite vermerkt ist. Über Karlotta erfahren Rezipierende dann: »Es sind mehr Jungen betroffen, aber die Mädchen holen auf. Man denkt, dass Rüpel immer nur prügeln wollen. Eigentlich wollten sich das aber oft überhaupt nicht. Sie rutschen da rein.« Neben dem Verweis auf die Geschlechterdimension sind hier vordergründig soziale Handlungs- und Interaktionsmuster beschrieben, ähnlich wie unter dem Punkt »Wie gehe ich auf Karlotta zu«. An dieser Stelle entsteht jedoch vielmehr der Eindruck, dass man für Karlotta ein gutes Wort einlegen müsste. Dies erinnert an das, was Reese (2010) als Wandel am Ende bei der Narration von Behinderung beschreibt: »Die behinderte Person ist endlich gut« (ebd., S. 4 f.; ▶ Kap. 7.2).

Auch auf dieser Bilderbuchseite erfahren Lesende etwas über die individuelle Persönlichkeit des abgebildeten Kindes.[16] Beim Versuch, auch hier wieder validiertes Wissen zu identifizieren, zeigt sich im Buch ein Bruch. Die Beschreibung von beispielsweise »Wo kommt das her: Zu wenig Liebe, vielleicht immer Zoff zu Haus« verweist in den Formulierungen »zu wenig« und »vielleicht« auf unspezifisches und spekulatives Wissen. Dennoch werden aus den Kategorien »Was ist daran einfach nur doof« und »Vorteil« und aus der zugeschriebenen Behinderungserfahrung Konsequenzen abgeleitet, indem z. B. beschrieben wird: »Was ist daran einfach nur doof: Alle haben Angst vor ihr, Einsamkeit«. Die Formulierung »alle« wirkt an dieser Stelle pauschalisierend und wirft weitere Fragen auf.

Im Vergleich zu Anna sind im Profil von Karlotta keine körperlich differenten Merkmale explizit genannt. Für die Disability Studies stellt jedoch körperliche Differenz eine weitverbreitete Lebenserfahrung im Kontext von Behinderung dar, die es zu analysieren gilt. Hier stellt sich die Frage: Wie würden die Disability Studies bei der Beschreibung von »Rüpel« analytisch verfahren?

7.4 Fazit

Im analytischen Vorgehen selbst offenbart sich schnell das grundsätzliche Dilemma im Behinderungsdiskurs: Jede Benennung des Phänomens bedient sich der Differenzen, die sie aufruft. Einerseits soll benannt werden, wovon gesprochen wird,

---

16 Dabei wird eine kindliche Person konstruiert, die ihre Familie mag, gerne Cola trinkt, laute Musik hört, Kosmetik stiehlt und Markenklamotten trägt. Weniger mag sie Gemüse, Langeweile oder das Befolgen von Regeln. Das abgebildete Kind spielt gerne mit Barbies und Fortnite und zeichnet, reitet etc.

Phänomene sollen deklariert werden, andererseits führt dies eben genau zur Rekonstruktion der Differenzkategorie Behinderung.[17]

Nach der Analyse ließen sich keine Zusammenhänge zwischen den Kategorien feststellen von z. B. »Wie oft kommt das vor«, »Geht das wieder weg« und »wo kommt das her«. Die Inhalte sind an dieser Stelle eher redundant dargestellt und beschränken sich in der Buchkategorie Sachbilderbuch auf alltags- und lebensweltliche Informationen, die themenspezifisch in Bild und Text aufbereitet sind. Die fachkundliche Auseinandersetzung bleibt hier jedoch aus. Des Weiteren spielen weder systembedingte Kontextfaktoren, kulturelle Wandlungsprozesse noch gesellschaftlich systematische Ausgrenzungsmechanismen eine Rolle, die besonders im Spiegel eines kulturwissenschaftlichen Verständnisses von Behinderung spannend zu betrachten wären.

Durch die fiktiven Vorstellungen einzelner Persönlichkeiten arbeitet das Buch vielmehr die individuellen Ausprägungen der Charaktere heraus. Besonders in diesem Punkt erinnert das Buch an das individuelle Modell von Behinderung. Die dargestellten Informationen repräsentieren rekurrentes Alltagswissen, in denen die subjektiven Kategorisierungslogiken und Normalisierungsvorstellungen auftreten. Auch wenn das Buch durch die Darstellung von Persönlichkeiten wie Karlotta versucht, an der Dekategorisierung der Behinderungsdefinition mitzuwirken, verstärkt es in der Darstellung gleichzeitig stereotype Vorstellungen und reproduziert Zuschreibungen (▶ Kap. 7.3). Gesellschaftliche Herausforderungen und Diskriminierungsformen, denen Menschen mit Behinderung ausgesetzt sind und die es nach dem aktuellen kulturellen Modell von Behinderung zu berücksichtigen gilt, bleiben in dem Buch unerwähnt.

Das Bilderbuch provoziert jedoch durch seine ironische Darstellungsart, dass mehr Fragen gestellt als Antworten gegeben werden: Wie kann beispielsweise im Bilderbuch Trisomie 21 dargestellt werden, ohne auf stereotype Bebilderungen zurückzugreifen? Warum erleben wir in der Betrachtung eines Buches mit dem Titel *Alle behindert!* das Nebeneinanderstellen von einer »Tussi« und einem Menschen mit Autismus als ›No-Go‹? Warum erscheint das In-Verbindung-Setzen von einem »Angeber« oder einem »Mitläufer« mit einem Menschen mit Trisomie 21 in der Präsentation von ›Behinderungserfahrungen‹ als Tabuzone? Was bedeutet ›ganz normal‹ auf Anna oder Karlotta zugehen? Warum kommt »Rüpel als Behinderung« »immer öfter« (Klein & Ostberghaus 2019, S. 18) vor? Was hat es mit dem Gen bei Trisomie 21 im Detail auf sich?

Insgesamt bleibt das Buch hinter seinen Möglichkeiten zurück, was die kindliche Identitätsfindung sowie das Kennenlernen diverser Lebensweisen und Normorientierungen betrifft. Stattdessen beschränkt es sich in seiner Narration einseitig auf Behinderung als ›individueller Defekt‹ oder Normabweichung, wenngleich es sein

---

17 An dieser Stelle sei kurz auf die Diskussion um die Notwendigkeit eines ›Behinderungsbegriffes‹ hingewiesen, da dies unmittelbar mit der Sicherung von Hilfeleistungen, Durchsetzung von Bedürfnissen, Schutz vor gesellschaftlicher Exklusion und Rücksicht auf Lebenskontexte zusammenhängt (z. B. Fornefeld 2008). Gleichzeitig wird besonders in Bezug auf inklusive gesellschaftliche Entwicklungen immer wieder über den Verzicht des ›Behinderungsbegriffs‹ nachgedacht und über eine damit verbundene Dekategorisierung diskutiert (Dederich 2016, S. 109 f.).

Verdienst ist, einem breiten Lesepublikum einen niedrigschwelligen Zugang zum Thema durch seine ironisch-witzige Darstellungsweise zu verschaffen. Dabei erhalten Kinder und Erwachsene Einblicke in verbreitetes Alltagswissen und damit zusammenhängende gesellschaftliche Praktiken und Effekte. Dennoch bedarf es beim Einsatz des Buches in privaten Kontexten und pädagogischen Institutionen eines reflektierten Umgangs, der in einen Kommunikations- und Aneignungsprozess zwischen Erwachsenen und Kindern eingebettet ist. Dabei bietet das Buch allerdings einen lohnenden Anlass, um mit Kindern über die verwendeten stereotypen Darstellungen ins Gespräch zu kommen. Die abschließende Frage, ob die angeführten Kategorien mit ihren Eigenschaftsbeschreibungen zum Stigma für Menschen mit Behinderung werden oder nicht, können an erster Stelle nur Betroffene selbst, dann aber auch Rezipierende entscheiden. Dies im Blick zu behalten, gilt sicherlich als eine zentrale Herausforderung, die das Buch an seine Leser*innenschaft stellt.

Das ausgewählte Buch *Alle behindert!* stellt eine Fallstudie zur Annäherung an die Fragestellung dar, wie Behinderung im Bilderbuch konstruiert wird. Das Buch kommt vermutlich auch aufgrund seiner Gestaltung[18] immer wieder auf stereotype Behinderungskonstruktionen zurück. Es gelingt diesem Buch in jedem Fall aufzuzeigen, wie schwer es ist, eine angemessene Sprache und Begriffsverwendung im Diskurs um Behinderung zu finden. Dabei ist die Rede über Behinderung noch längst nicht barrierefrei (vgl. auch Oetken 2012). Kategorisierungen und Dekategorisierungen[19] von Differenzkategorien wie z. B. Behinderung sowie deren Konstruktion und Dekonstruktion wird somit nicht nur die Erziehungswissenschaft, sondern auch die Literaturwissenschaften weiter beschäftigen.

Für ein reflexives Inklusionsverständnis (Budde & Hummrich 2014) braucht es allerdings eine Differenzkategorie Behinderung, in der dem Phänomen eingeschriebene Benachteiligungen, Ausgrenzungsmechanismen, gesellschaftliches Wissen und daraus resultierende Effekte und Produkte auch in der Kinderliteratur und in deren Rezeption erkennbar werden. Dabei stehen analytische Methoden vor der Herausforderung, statt zu einer Dekonstruktion von Differenzen vielmehr zu deren Rekonstruktion beizutragen.

Literaturverzeichnis

Budde, J. & Hummrich, M. (2014): Reflexive Inklusion. Zeitschrift für Inklusion, 4. Online verfügbar unter: https://www.inklusion-online.net/index.php/inklusion-online/article/view/193, Zugriff am 18.02.2020.
Burghardt, L. & Klenk, F. C. (2016): Geschlechterdarstellungen in Bilderbüchern. Eine empirische Analyse. GENDER – Zeitschrift für Geschlecht, Kultur und Gesellschaft, 8 (3), 61–80.

---

18 Das Layout entspricht der Aufmachung eines ‚Freundebuches' und entspricht damit einem Sachbilderbuch und keinem erzählenden Bilderbuch.
19 Siehe z. B. Wocken 2015 oder Dederich 2015.

Convention on the Rights of Persons with Disabilities (CRPD) (2020): Definition von Behinderung. Online verfügbar unter: https://www.behindertenrechtskonvention.info/definition-von-behinderung-3121/, Zugriff am 18.02.2020.
Dederich, M. (2009): Behinderung als sozial- und kulturwissenschaftliche Kategorie. In: M. Dederich & W. Jantzen (Hrsg.), Behinderung und Anerkennung (S. 15–39). Stuttgart: Kohlhammer.
Dederich, M. (2010): Behinderung, Norm, Differenz. Die Perspektive der Disability Studies. In: F. Kessl & M. Plößer (Hrsg.), Differenzierung, Normalisierung, Andersheit. Soziale Arbeit als Arbeit mit den Anderen (S. 170–184). Wiesbaden: Springer.
Dederich, M. (2015): Kritik der Dekategorisierung. Ein philosophischer Versuch. Vierteljahresschrift für Heilpädagogik und ihre Nachbargebiete, 84 (3), 192–205.
Dederich, M. (2016): Behinderung. In: M. Dederich et. al. (Hrsg.), Handlexikon der Behindertenpädagogik. Schlüsselbegriffe aus Theorie und Praxis (S. 107–110). Stuttgart: Kohlhammer.
Dedreux, N. & Kaess, C. (2019): Debatte um Trisomie-Bluttest/»Down-Syndrom ist keine Krankheit, sondern etwas Besonderes«. Online verfügbar unter: https://www.deutschlandfunk.de/debatte-um-trisomie-bluttest-down-syndrom-ist-keine-100.html, Zugriff am 06.12.2021.
Fornefeld, B. (2008): Menschen mit Komplexer Behinderung. Klärung des Begriffs. In: B. Fornefeld (Hrsg.), Menschen mit Komplexer Behinderung. Selbstverständnis und Aufgaben der Behindertenpädagogik (S. 50–81). München: Ernst Reinhardt Verlag.
Kastl, J.-M. (2017): Einführung in die Soziologie der Behinderung (2. Auflage). Wiesbaden: Springer.
Klein, H. & Ostberghaus, M. (2019): Alle behindert! 25 spannende und bekannte Beeinträchtigungen in Wort und Bild. Leipzig: Klett Kinderbuch Verlag.
Kollodzieyski, T. (2020): Kinderbuch »Alle behindert!« Inklusion braucht Unterschiede. Online verfügbar unter: https://dieneuenorm.de/kultur/kinderbuch-alle-behindert/, Zugriff am 28.05.2021.
Meyer, U. (2020): Down-Syndrom/ Wenn das Kinder anders normal ist. Online verfügbar unter: https://www.deutschlandfunk.de/down-syndrom-wenn-das-kind-anders-normal-ist-100.html, Zugriff am 06.12.2021.
Oetken, M. (2012): b-b-b-barrierefrei? Inszenierungen von Behinderung im Bilderbuch. Kjl&m – Kinder-/Jugendliteratur und Medien in Forschung, Schule und Bibliothek, 66 (3), 34–45.
Reese, I. (2010): Strickmuster und Stereotypen. Die Darstellung von Behinderung im Kinder- und Jugendbuch. JuLit, 1, 3–10.
Rösner, H.-U. (2014): Behindert sein – behindert werden. Texte zu einer dekonstruktiven Ethik der Anerkennung behinderter Menschen. Bielefeld: transcript.
Schäfer, I., Ullmann, A. & Blümann, A. (2012): Aktuelle Tendenzen zu Krankheit und Behinderung in Kinder- und Jugendliteratur und -medien. Kjl&m – Kinder-/Jugendliteratur und Medien in Forschung, Schule und Bibliothek, 66 (3), 58–63.
Staiger, M. (2014): Erzählen mit Bild-Schrifttext-Kombinationen. Ein fünfdimensionales Modell der Bilderbuchanalyse. In J. Knopf & U. Abraham (Hrsg.), BilderBücher. Theorie (S. 12–23). Baltmannsweiler: Schneider Verlag Hohengehren.
Thiele, J. (2012): Das Bilderbuch. In: G. Lange (Hrsg.), Kinder- und Jugendliteratur der Gegenwart. Grundlagen, Gattungen, Medien, Lesesozialisation und Didaktik (S. 217–233). Baltmannsweiler: Schneider.
Waldschmidt, A. (2005): Disability Studies: individuelles, soziales und/oder kulturelles Modell von Behinderung? Psychologie und Gesellschaftskritik, 29 (1), 9–31.
Waldschmidt, A. & Schneider, W. (2007): Disability Studies und Soziologie der Behinderung. Kultursoziologische Grenzgänge – eine Einführung. In: A. Waldschmidt & W. Schneider (Hrsg.), Disability Studies, Kultursoziologie und Soziologie der Behinderung. Erkundungen in einem neuen Forschungsfeld (S. 9–31). Bielefeld: transcript.
Wocken, H. (2015): Dekategorisierung. Eine Einladung zur kategorialen Bescheidenheit. Sozialpsychologische Grundlagen und inklusionspädagogische Konsequenzen. Vierteljahresschrift für Heilpädagogik und ihre Nachbargebiete, 84 (2), 100–112.

8 »… dann wäre das meine Familie«. Kindliche Perspektiven im Kontext diversitätsbewusster Kinderliteratur

Erika Schulze

Einleitung

Spätestens mit der 2013 in die Feuilletons vorgedrungenen Debatte um rassifizierende Inhalte und Bilder in Kinderbüchern und den adäquaten Umgang mit diesen wurde die Diskussion um eine diskriminierungskritische Kinderliteratur in Deutschland in eine breitere gesellschaftliche Öffentlichkeit getragen. Die Diskussion ist seitdem nicht abgerissen und wird – wenn auch mit unterschiedlicher Gewichtung je nach Ungleichheitsdimensionen – kontinuierlich weitergeführt, denn Kinderliteratur ist in vielfacher Weise bedeutsam für das Aufwachsen von Kindern. Bücher sind wichtig für die Sprach- und Leseentwicklung, weil Kinder über das Medium Buch ihren Erfahrungshorizont erweitern. Sie erfahren Unterstützung in der Bewältigung der eigenen Lebenssituation und erwerben dadurch explizites Wissen auf unterhaltsame Weise. Zugleich vermitteln Bücher soziales Wissen – über die Funktionsweise dieser Gesellschaft, über ihre Selbstverständlichkeiten und ihre Hierarchien. Dass das gesellschaftliche Wissen tatsächlich die Kinder erreicht, belegen Untersuchungen, in denen sich zeigt, dass Kinder nicht nur bereits im frühen Alter auf gesellschaftliche Differenzkategorien Bezug nehmen – auf das Geschlecht, das Alter und die ethnische Herkunft etc. –, sondern dass sie auch beginnen, eine entsprechende Hierarchiekompetenz auszubilden (vgl. Eggers 2012; Wagner 2013). Sie erlernen ein Wissen über die »Dominanzkultur« (Rommelspacher), die in ihrer Lebenswirklichkeit Gültigkeit hat und in die sie sich selbst und andere einordnen.

Die Vermittlung gesellschaftlichen Wissens erfolgt dabei zumeist beiläufig – z. B. durch Geschichten, in denen die Hauptpersonen Lena oder Bastian heißen, mit Eltern, Geschwistern und Hund in einem Einfamilienhaus mit Garten leben und weiß sind. Die Vielfalt an Familienformen hat nur zögerlich Einzug in die Kinderbücher gehalten, weiterhin heißen die Protagonist*innen selten Jamila, Vladimir oder Esme und ebenso sind kaum Kinder mit einem → BIPoC-Hintergrund vertreten (siehe auch ▶ Kap. 5 und ▶ Kap 6).

Die Erfahrungen, in Geschichten und Illustrationen repräsentiert zu werden, prägen nicht nur die Wahrnehmung und Bewertung der (kindlichen) Welt, sondern wirken ebenso auf das Selbstbild zurück. So verweist beispielsweise Maisha Auma darauf, dass Kinderliteratur mit rassifizierenden und stigmatisierenden Mustern den positiven Selbst- und Weltbezug von BIPoC-Leser*innen behindere, sie zudem zwinge, »sich an die Normalisierung ihrer Entwertung, an ihr Übersehen-werden und ihre Dehumanisierung zu gewöhnen« (Auma 2021). Es macht buchstäblich einen Unterschied, ob Kinder mit ihren Lebenswirklichkeiten in den Geschichten sichtbar werden oder nicht, ebenso wie die Frage ausschlaggebend ist, auf welche Weise und in welcher Rolle sie thematisiert werden. Sind sie Protagonist*innen oder Held*innen der Geschichte oder ist ihnen die Position einer Randfigur vorbehalten? Werden sie als handlungsmächtige Subjekte vorgestellt oder als hilfsbedürftige Wesen – diese verschiedenen Darstellungen entfalten bei Kindern ihre Wirkung, sind bedeutsam für die Entwicklung der kindlichen »Welt-, Selbst- und Anderenverhältnisse« (Burghardt & Klenk 2016, S. 62; siehe auch ▶ Kap. 9). Hinsichtlich der Wirkung von Kinderliteratur auf die kindliche Entwicklung, in der diverse Lebenswirklichkeiten gleichberechtigt gespiegelt sind und gesellschaftliche Normalitätskonstruktionen aufgebrochen werden, besteht allerdings vor allem im deutschsprachigen Raum noch immer ein erheblicher Forschungsbedarf.[1]

8.1 Zum Projekt und methodischen Vorgehen

Dennoch ist gerade in den letzten Jahren Bewegung in den Kinderbuchmarkt gekommen. Inzwischen können Interessierte auf eine gestiegene Zahl von Kinderbüchern zurückgreifen, die der Diversität und Vielheit gesellschaftlicher Realität Rechnung tragen, sie gleichberechtigt abbilden und dabei Stereotype vermeiden. Bücher, in denen sich »offensive Gegenentwürfe und subversive Durchquerungen« (Bannasch 2007) manifestieren, bilden jedoch noch nicht das Gros von Kinder- und Jugendliteratur. Vielmehr handelt es sich oftmals um einen eher widersprüchlichen und keinen kontinuierlichen Prozess der Perspektivenerweiterung. So konstatiert beispielsweise Kerstin Böhm in ihrer Studie zu Geschlechtskonstruktionen in der Kinder- und Jugendliteratur auch deutliche Tendenzen einer »Revitalisierung männlicher Heldenfiguren« (2017, S. 48) auf der einen Seite sowie eine Pinkifizierung der Mädchenliteratur auf der anderen Seite (ebd., S. 51).

Im explorativen Forschungsprojekt »Kinder.Bilder.Bücher – die Sicht der Kinder«[2] wurden ausgewählte Exemplare diversitätsbewusster Bücher aus der Perspektive der Kinder ausgewertet: Im Mittelpunkt standen die Fragen, wie sie auf diese Geschichten reagieren, wie sie sich mit ihnen auseinandersetzen und welche Gedanken sie hierzu äußern. Im Vordergrund stand weniger die Frage nach der Wirkung dieser Bücher, vielmehr war der Blick auf die Konstruktion der kindlichen Weltsicht vor dem Hintergrund diversitätssensibler und inklusionsgerechter Bücher gerichtet.

---

[1] Exemplarisch sei hier auf das Thema Geschlechterrollen verwiesen. Ein Überblick über den aktuellen Forschungsstand findet sich bei Burghard, Hemmerich & Mues (2020).

[2] Das Projekt wurde in Kooperation mit drei Kindertagessstätten in zwei Phasen zwischen 2018 und 2019 umgesetzt. Während in der ersten Phase allgemein diversitätsbewusste und diskriminierungssensible Bücher gewählt wurden, erfolgte in der zweiten Phase eine Fokussierung auf das Thema Geschlecht. Die Interviews wurden von Chris Kuhlpeter und Corinna Kovacs geführt.

Das methodische Setting war dem qualitativen Paradigma verpflichtet, das konkrete Vorgehen entwickelte sich entsprechend der grundlegenden Prinzipien von Offenheit und Flexibilität in einem reflexiven Prozess. Fanden die Gespräche beispielsweise zu Beginn noch in vorstrukturierten und separierten Settings statt, wurden die Buchbetrachtungen zunehmend in den Kita-Alltag eingebaut, indem offene Leserunden und Buchbetrachtungen angeboten wurden. Damit stellte sich eine größere Entspanntheit und Offenheit der Kinder ein, die so mehr Einblicke in ihre Gedankenwelt erlaubten.

In kleinen Gruppen mit vier- bis sechsjährigen Kindern wurden ausgewählte Bücher gelesen bzw. angeschaut und alltagsintegrierte Einzel- und Kleingruppengespräche geführt.[3] Methodisch war das Vorgehen an das »betrachtende Vorlesen« angelehnt (Kurwinkel 2017, S. 178), wie es in der frühkindlichen Bildung praktiziert wird. Mit diesem Vorgehen finden beide für das Medium Bilderbuch bedeutsamen Ebenen Berücksichtigung: Bild und Text, denn anders als zahlreiche andere literarische Gattungen zeichnet sich das Bilderbuch durch seine »bimediale Gestaltungsform« aus (Bannasch 2007, S. 115). Der Illustrationsebene kommt dabei gerade für jüngere Kinder eine besondere Bedeutung zu, weil sich der Sinngehalt von Bildern unmittelbarer erschließen lässt – und dies ohne Hilfe der Erwachsenen, die ein Buch vorlesen.

Darüber hinaus handelt es sich beim betrachtenden Vorlesen um einen dialogischen Ansatz, bei dem die Inhalte mit den Zuhörenden entdeckt, ergründet und besprochen werden. Auf diese Weise werden die Kinder von »Rezipierenden zu Akteuren, indem sie nicht nur in den Vermittlungsprozess eingebunden werden, sondern eine aktive Rolle in diesem übernehmen« (ebd., S. 179). Unterstützung leisten hierbei offene Fragen, mit denen Kinder zur Artikulation der eigenen Meinungen und Ideen motiviert werden. Auf diese Weise wurde zugleich der Herausforderung bei Interviews mit sehr jungen Kindern begegnet: Es muss eine Balance zwischen der altersspezifischen Notwendigkeit gefunden werden, eine recht strukturierende Rolle einzunehmen, ohne dabei Gefahr zu laufen, der kindlichen Eigensicht zu wenig Raum zu lassen (Vogl 2015, S. 101).

In den Gesprächen brachten sich die Kinder von Beginn an als aktive Akteur*innen ein. Sie bestimmten die Treffen und Gespräche mit, griffen in das Geschehen ein, forderten die Forschenden heraus und traten in die aktive Auseinandersetzung mit ihnen. Sie forderten auf umzublättern, einzelne Stellen oder ganze Bücher vorzulesen oder auch nicht, legten auch manchmal den Ort des Gesprächs fest – was bedeuten konnte, dem Kind auf ein Klettergerüst zu folgen oder sich mit einer Gruppe auf der Nestschaukel niederzulassen. Das Aufnahmegerät erweckte ihr Interesse, oft wollten sie die Aufnahme noch einmal anhören, gleichzeitig äußerten sie aber auch deutlich ihre Ablehnung, wenn sie nicht wollten, dass das Gespräch

---

3 Ergänzt wurden die Gespräche mit den Kindern durch teilnehmende Beobachtungen, aber auch Zeichnungen der Kinder – Letzteres geschah, um den verschiedenen kindlichen Ausdrucksmöglichkeiten entgegenzukommen, da das visuelle Ausdrucksvermögen der Kinder möglicherweise dem verbalen sogar überlegen ist. Die Arbeit mit Kinderzeichnungen wurde allerdings rasch wieder fallen gelassen, da es sich in der Praxis als zu geleitet erwies und die Kinder oftmals ihrer Meinung nach »erwünschte Inhalte« zeichneten.

aufgezeichnet wird. Und auch für die Forschenden selbst interessierten sich die Kinder, immer wieder drehten sie das Befragungsverhältnis um, begannen ihrerseits Fragen zu stellen und Antworten einzufordern. Als methodische Herausforderung wurde es deshalb im Forschungsprozess verstanden, auf die Bedürfnisse und Wünsche der Kinder einzugehen, um das Autoritätsgefälle zwischen erwachsenen Interviewenden und den Kindern abzubauen (Delfos 2004, S. 68; Vogl 2015, S. 99).

8.2 Vielfalt als Normalität (aushandeln)

Familie hat sich in den letzten Jahrzehnten tiefgreifend gewandelt, der Begriff steht zunehmend »für das in unterschiedlichen Konstellationen organisierte Zusammenleben von Erwachsenen und Kindern« (Richter et al. 2016, S. 51). Familienformen haben sich pluralisiert, für immer mehr Kinder ist ein Aufwachsen in Patchworkfamilien selbstverständlich, → Ein-Elter-Familien sind keine Seltenheit und viele Kinder leben auch in → queeren Familienkonstellationen. Familien können unterschiedlich groß und multilokal verortet sein, ebenso wird Familie immer häufiger transnational gelebt. Die Familienkonstellation ist für viele Kinder im Laufe des Aufwachsens auch keine Konstante, sondern vielfältigen Veränderungen unterworfen, denn Eltern trennen sich, neue Konstellationen und damit neue Familienmitglieder kommen hinzu, während enge Angehörige, beispielsweise im Zuge von Migrationsprozessen, verlassen werden müssen. Und nicht zuletzt hängt es vom individuellen Fühlen und Erleben ab, wer zur Familie gezählt wird. Da Verwandte häufiger weit entfernt leben, können auch Nachbar*innen und Freund*innen familiäre Rollen übernehmen.

Blickt man auf die Repräsentation dieser verschiedenen Familienformen im Kinderbuch, so zeigt sich ein ambivalentes Bild: Während einerseits zahlreiche Bücher weiterhin ein Normbild der → heteronormativen, mehrheitsgesellschaftlichen Kleinfamilie zeichnen, hat sich andererseits der Kinderbuchmarkt hinsichtlich der Unterschiedlichkeit von Familie am stärksten geöffnet. Die Vielheit von Familie spiegelt sich inzwischen in zahlreichen Büchern, in den erzählten Geschichten und deren Bebilderung.[4]

Eines dieser Bücher ist *Du gehörst dazu. Das große Buch der Familien* von Mary Hoffmann mit Illustrationen von Ros Asquith (2010). Das aus dem Englischen übersetzte Buch greift die Lebenswirklichkeit von Kindern und ihren Familien facettenreich auf, bebildert und bespricht Familie anhand unterschiedlicher Alltagssituationen und Themen. Die repräsentierten Familien und Personen bilden dabei die gesellschaftliche Diversität in ihren verschiedenen Dimensionen selbstver-

---

4 Empfehlungslisten, die einen guten Überblick – auch mit Blick auf weitere Vielfaltskriterien – ermöglichen, finden sich beispielsweise unter https://bilderimkopf.eu/home/kinder-und-jugendmedien/gute-beispiele/ oder https://situationsansatz.de/fachstelle-kinderwelten/kinderbuecher/kinderbuch-empfehlungen.

ständlich und gleichberechtigt ab. Meist wird ein spezifisches Thema über eine Doppelseite hinweg bebildert und besprochen. Exemplarisch sind dies typische Lebensbereiche wie Schule oder Beruf, Ferien, Familienfeste und Hobbys oder aber Haustiere, Essen und Kleidung. Mit dem Buch wird die Aussage unterstrichen, dass Vielfalt selbstverständlich ist und dass all die verschiedenen Wege, das Leben und die Familie zu gestalten, gleichermaßen richtig sind.

In den Gesprächen mit den Kindern erzeugt die Heterogenität der abgebildeten Familienkonstellationen und damit die Botschaft dieser selbstverständlich kommunizierten Unterschiedlichkeit einen direkten Widerhall. Zu verschiedenen Themen im Buch beginnen sich die Kinder spontan zu positionieren, indem sie ihre Lebenssituation in den Bildern suchen und wiederfinden, dann erzählen sie von ihren eigenen Familien. Exemplarisch zeigt sich dies in der folgenden Sequenz:

> Kind 1: Ich habe nur eine Mama und einen Papa.
> Kind 2: Ich habe mehrere Mütter.
> Kind 1: Und ich habe keine Oma, keinen Opa.
> Kind 3: Und ich habe sehr viele Cousins.
> Kind 1: Und nur noch meine Schwester und mein Baby.
> Interviewer*in: Also hast du auch Geschwister? Eine ältere Schwester?
> Kind 2: Und dein Bruder?
> Kind 1: Nicht eine ältere Schwester, eine kleine Schwester und ein bisschen große Schwester und noch einen Bruder, der richtig größer ist.
> Kind 3: Ich habe sehr viele Cousins. Meine andere Schwester ist zehn und die andere ist zwölf, dreizehn und die andere ist 20.

Der Wunsch nach Identifikation wird bei vielen gemeinsamen Lesesituationen – auch mit anderen Büchern – deutlich. Die Kinder knüpfen bei den Bildern unmittelbar und spontan an ihre eigenen Lebenswelten an, berichten von Erlebtem und aus ihrem Alltag. Sie erzählen von sich, suchen sich auf den Bildern. Medien, die Diversität gleichberechtigt abbilden, eröffnen damit einen Möglichkeitsraum für dieses Wiederfinden des Eigenen und ermuntern dazu, sich als Teil der Vielheit anstatt als Abweichung von einer Norm zu begreifen. Die Geschichten bestärken die Kinder, sich mit ihren eigenen Familien und ihren individuellen Konstellationen im Gespräch zu positionieren. Dabei gehen die Kinder durchaus kreativ mit den Bildern um, deuten sie situativ um oder passen sie an: »*Nee, also, wenn das eine zusammene Familie wäre, dann wäre das meine Familie.*« Darüber hinaus wird die Verschiedenheit von Familie konkret erlebbar, was auch von den Kindern wahrgenommen wird. »*Das Buch, dass jeder Mensch anders ist*«, so erinnert ein Junge den Buchinhalt bei einem Folgetreffen.

Deutlich wird aber ebenso, dass für die Kinder nicht alle Familienkonstellationen die gleiche Selbstverständlichkeit besitzen. So führen beispielsweise die dargestellten queeren Konstellationen zu vermehrten Nachfragen aufseiten der Kinder. Und auch das anschließende Beispiel einer Vorlesesituation verweist auf die Wirkmacht der heteronormativen Kleinfamilie als gesellschaftlicher Maßstab. Der Verweis eines

Kindes, bei seinem Vater zu leben, löst vermehrt Nachfragen bei einem zweiten Kind aus.

> Interviewer*in: Bei wem bist du?
> Kind 1: Bei Papa.
> Interviewer*in: Okay, nur bei Papa?
> Kind 2: Mhm [zustimmend]
> Interviewer*in: Ah, okay.
> Kind 1: Und Mama?
> Kind 2: Ach so.
> Interviewer*in: Deine Mama ist nicht da?
> Kind 2: Aber wie bist du dann geboren?
> Kind 1: Mit meiner Mama.
> Kind 2: Mama? Und wo ist deine Mutter?
> Kind 1: Die wohnt woanders, die wohnt nicht mit mir.

Am Nachhaken des zweiten Kindes zeigt sich der Wunsch, die Situation verstehen zu wollen, um sich ein »Bild der Welt zu machen« (Preissing 2009, S. 45). Zugleich wird in diesem Prozess die Vorstellung von ›Normalität‹ zwischen den Kindern ausgehandelt: in der Nachfrage des zweiten Kindes nach dem Verbleib der Mutter ebenso wie in der Antwort des ersten Kindes, das mit seinem Vater zusammenlebt. In einem – im Audiodokument hörbaren – selbstbewussten Tonfall fordert es die Selbstverständlichkeit der eigenen Familienkonstellation ein. Möglicherweise stärkt die vorangegangene Lektüre eines Buches das Mädchen in dieser Positionierung, da dort die Vielfalt familiären Lebens positiv dargestellt wird.

8.3 Gebrochene Kategorisierungen

Mit Kategorisierungen, die Kinder im Laufe des Aufwachsens schrittweise entwickeln und erwerben, lernen sie ihre zahlreichen alltäglichen Eindrücke und Informationen einzuordnen und zu verstehen. Sie sind also zunächst hilfreiche Instrumente, sich die (Um-)Welt zu erschließen. Dies geschieht in einem aktiven Prozess, in dem sie ihre Kategorien ständig auf Anwendbarkeit überprüfen, gegebenenfalls erweitern und mit Wissen anreichern. Dabei ist diese Wissensausstattung maßgeblich an die Vorstellungen geknüpft, die sie tagtäglich erfahren. Auf diese Weise ist sie niemals neutral, sondern stets mit Bedeutungen aufgeladen. Kinder lernen somit auch, dass unterschiedliche Differenzmerkmale über machtvolle oder weniger machtvolle gesellschaftliche Positionierungen entscheiden. »Das Lernen der Verfasstheit der sozialen Welt bedeutet unweigerlich auch ihre Teilungsprinzipien kennenzulernen« (Eggers 2012, S. 9). Forschungen von Ausdale und Feagin (2002) zeigen, dass (kindliche) Differenzmarkierungen über das Geschlecht, die Hautfarbe oder die Sprache bzw. das Herkunftsland insbesondere in Situationen auftreten, in denen über die Verteilung bzw. den Zugang zu Ressourcen – wie beispielsweise Spielmaterial oder Spielräume – entschieden wird (vgl. Ali-Tani 2017, S. 5). Kinder sind also macht- und hierarchiesensible Akteur*innen, die nicht nur gesellschaftliche (Be-)Wertungen wahrnehmen, sondern über diese aktiv Hierarchien herstellen und sich so innerhalb ihrer Gruppe verorten (Eggers 2015, S. 6).

Entsprechend der kindlichen Entwicklung zeigt sich in den Gesprächen mit den vier- bis sechsjährigen Kindern beim Betrachten der Bücher immer wieder die hohe Relevanz der Kategorie ›Geschlecht‹, die maßgeblich zu eigenen Identitätsbildung beiträgt (vgl. Keuneke 2000, S. 91; York 2003, S. 56). Beim Anschauen der Bücher nimmt die Frage der geschlechtlichen Identität eine ebenso große Rolle ein wie die Erörterung des geschlechtlich ›angemessenen‹ Aussehens und Verhaltens. Aus der Vielzahl von Illustrationen bleiben die Kinder oftmals an Darstellungen und Szenen buchstäblich mit den Augen hängen, an denen sie das Thema Geschlecht bearbeiten.

Sichtbar wird dabei eine starke Vehemenz, die abgebildeten Personen als Junge oder Mädchen zu klassifizieren oder festzuhalten, was ein Junge oder Mädchen ›darf‹ oder auch ›nicht darf‹, in anderen Fällen sogar ›muss‹. Dies zeigt sich beispielhaft in der folgenden Sequenz.

> Kind 1: Der ist ganz dick.
> Kind 2: Nee, die!
> Kind 3: Nein, das ist kein Er!
> Interviewer*in: Das ist kein Er, woran siehst du das?
> Kind 3: Wegen dem Kleid.
> Interviewer*in: Wegen dem Kleid, aha.
> Kind 5: Es gibt auch manche Leute, die haben lange Haare.
> Interviewer*in: Es gibt manche Leute, die haben lange Haare.
> Kind 2: Naja, genau.
> Kind 3: Ich habe ja auch lange Haare.
> Kind 4: Ja, Jungs haben auch lange Haare.
> Interviewer*in: Ja genau, es gibt auch Jungs mit langen Haaren.
> Kind 2: Genau.
> Kind 5: Ja, aber auch mit kurzen Haaren.
> Kind 2: Das da ist ein Mädchen.
> Kind 5: Hmm [Zustimmung].
> Kind 3: Nein, das da ist ein Junge, weil der hat 'ne Krawatte.
> Interviewer*in: Der hat eine Krawatte?
> Kind 3: Ja.
> Interviewer*in: Ahh und deswegen ist es ein Junge?
> Kind 3: Aber guck mal, ein Kleeeeeid.
> [Kind 5 reagiert mit einem lang gezogenem und hochtönigen »Ihhh«]

Es zeigen sich hier verschiedene kindliche Praktiken im Umgang mit der Kategorie Geschlecht, die Mai und Pötschke (2016) als »Praktiken des Unterscheidens«, »Praktiken des Zuordnens« und »Praktiken des Zuschreibens« kategorisieren. Die

Kinder differenzieren nicht nur entlang binärer Zuordnungen, sondern sie formulieren Normen hinsichtlich angemessener und unangemessener Verhaltensweisen.

Wenngleich dies Forschungsergebnissen entspricht, welche gerade für diese Altersgruppe eine hohe Rigidität hinsichtlich geschlechtlicher (Selbst-)Kategorisierungen konstatieren (vgl. Kasüschke 2008, S. 193; Keuneke 2000, S. 92), zeigen sich diese Kategorisierungen im Rahmen des Projektes selten bruchlos. Wie sich im letztgenannten Beispiel in Bezug auf die Haarlänge andeutet, werden die vermeintlichen Eindeutigkeiten unter den Kindern zugleich infrage gestellt und verhandelt.[5] Auch im folgenden Kinderbuchbeispiel *Der Junge im Rock* (2018) von Kerstin Brichzin mit Illustrationen von Igor Kuprin bietet sich dazu Anlass und Gesprächsbedarf.

Im Zentrum dieser Geschichte steht Felix, der aufgrund eines Umzugs die Kindertagesstätte wechselt. Felix trägt gerne Röcke, eine Vorliebe, die innerhalb der Familie wie auch in der bisher besuchten Kita fraglos akzeptiert wurde. In der neuen Kita erlebt Felix jedoch Spott und Ausschluss, weswegen er diese nicht mehr besuchen will. Nachdem Felix seinen Vater um Hilfe gebeten hat, kauft dieser ebenfalls einen Rock und gemeinsam tragen sie Röcke beim nächsten Kita-Besuch. Mit gestärktem Selbstvertrauen wird Felix letztlich auch in der neuen Kita akzeptiert. Die Kinder beurteilen die Frage nach einer ›angemessenen‹ Kleidung bei der Lektüre des Buches sehr unterschiedlich:

> Kind 1: Als Junge darf man nur Hose.
> Kind 2: Das ist…
> Interviewer*in: Jungen dürfen nur Hosen anziehen?
> Kind 1: Ja.
> Kind 2: Nein!
> Kind 1: Doch!
> Kind 2: Die dürfen nicht nur Hose anziehen.
> Kind 3: Doch.
> Kind 2: Nein.

Noch deutlicher werden Spiel- und Freiräume für geschlechtliche Vielfalt von einem sechsjährigen Mädchen an anderer Stelle eingefordert:

> »Das kann doch nicht wahr sein. Ich glaub, die Eltern spinnen oder was ist mit ihnen los? Jungs können auch Mädchensachen lieben, und … und, Jungs können auch Mädchensachen lieben und Mädchen können Jungssachen lieben. Muss das so sein, dass die Eltern sowas sagen, muss das so sein?«

Auslöser für diese Meinungsäußerung war das Lesen des Buches *Ich hasse Rosa* von Nathalie Hense mit Illustrationen von Ilya Green (2009) – eine Geschichte, in der

---

5 So verweisen auch Burghardt, Hemmerich und Mues (2020) vor dem Hintergrund ihrer Forschungen auf die Flexibilität kindlicher Vorstellungen von geschlechtsbezogenen Verhaltensweisen, die auch beim gemeinsamen Lesen ›untypischer Bilderbücher‹ zutage getreten sind.

Geschlechterstereotype in Verhaltensweisen, Interessen und Vorlieben hinterfragt werden. Die Protagonistin verabscheut die Farbe Rosa, während Schwarz ihre Lieblingsfarbe darstellt. Sie hat vielseitige technische und naturwissenschaftliche Interessen sowie eine Vorliebe für Insekten und trägt voller Stolz ihre »Haarspange mit Steinen, die schimmern und glitzern« (Hense 2009, S. 18). Das Buch thematisiert aus der Perspektive der Ich-Erzählerin die Auseinandersetzung mit ihren Eltern über geschlechtskonformes Verhalten, denn diese zeigen sich wenig verständnisvoll für ihr So-Sein. Vielmehr sprechen sie ihr die Weiblichkeit ab, indem sie ihr zuschreiben, an ihr sei »ein Junge verloren gegangen« (ebd., S. 10). Komplementär hierzu werden in der Geschichte Luis und Anton eingeführt, die gerne nähen, mit Puppen spielen oder ihre Autos mit Blumen bemalen.

Insgesamt zeichnet sich in den Buchbetrachtungen mit den Kindern die Tendenz ab, dass vor allem Uneindeutigkeiten in den Illustrationen sowie auch Geschichten, die klare Geschlechterstereotypen aufbrechen, bei Kindern zu Irritationen führen. Nicht selten sind es Kleinigkeiten in der Bebilderung oder Nebensätze in den Geschichten, die sie innehalten lassen, ihre Aufmerksamkeit erregen und sie zur Interaktion und zu Aushandlungen motivieren. An solchen Stellen bieten sich oftmals Spielräume für eigene Deutungen. Wenngleich dies (noch) nicht im Sinne eines direkten Wirkungszusammenhangs nachgewiesen ist, so liefert das Material doch deutliche Hinweise für diese Annahme. Dies hält auch Kelly (2012) in ihren Arbeiten fest: Kinder, die in der Kita nicht-heteronormative Kinderbücher kennenlernen, sind offener gegenüber nicht-traditionellen Familienkonstellationen.

8.4 Kindliche (Re-)Konstruktionen

Bei der Rezeption von Büchern, Bildern und Geschichten offenbarte sich im Projekt »Kinder.Bilder.Bücher« der kindliche Eigen-Sinn, denn zumeist folgte die Bilderbuchbetrachtung nicht linear entlang der Logik der Geschichte, wie sie sich aus Erwachsenenperspektive darstellt. Einzelne Aspekte der Geschichte, die aus erwachsenem Blickwinkel eher »Nebenschauplätze« sind, erweckten die kindliche Aufmerksamkeit, ausgewählte Elemente der Illustrationen ließen sie innehalten, nachdenken und in den Austausch treten. Bei der Betrachtung des bereits erwähnten Buches *Du gehörst dazu: Das große Buch der Familien* (Hoffmann 2010) mit drei Kindern entwickelte sich beispielsweise spontan das folgende Gespräch, als eine Illustration auf ihr Interesse stieß. Diese zeigt eine freundlich blickende Frau mit einem grauen Tuch auf dem Kopf, auf deren Schoß ein Kind sitzt.

> Junge 1: Da ist die Hexe. [...] Und da ist die Stiefmutter.
> Interviewer*in: Aber wie kommt ihr darauf, dass das die Hexe oder die Stiefmutter ist?
> Junge 2: Weil die so einen schwarzen Kopf hat.
> Junge 1: Das ist nur so ein Tuch.

Junge 2: Wieso brauchen die ein Kopftuch?
Mädchen: Meine Mama hat auch ein schwarzes Tuch, aber sie ist keine Hexe oder eine Stiefmutter.
Junge 2: Wieso haben die denn ein Kopftuch?
Mädchen: Weil die das einfach umhaben wollen.
Interviewer*in: Weil die das einfach umhaben wollen, genau, das wäre eine Möglichkeit.
Junge 2: Sehr komisch.
Junge 1: Dann würde ich als Mann ein Spiderman-Kopf haben und dann male ich mir den an und dann klebt das für immer und ewig daran.

Die Kinder verhandeln hier die angemessene Deutung des Bildes und damit die Identität der abgebildeten Person, die für sie erklärungsbedürftig ist. Dabei assoziieren zwei Kinder mit der Figur zunächst bedrohliche Märchenfiguren[6], bis ein drittes Kind unter Rückgriff auf seine eigenen Erfahrungen – die Mutter, die ein Kopftuch trägt – die Figur zu einer alltäglichen und zugleich positiv bewerteten umdeutet. Das Mädchen erläutert die Selbstverständlichkeit des Kleidungsstücks – eine Deutung, der sich die beiden Jungen nur zögerlich anschließen. Einer der beiden erschließt sich diese Deutungsebene nach einigen Überlegungen durch den Akt der Vergeschlechtlichung. Im Sinne einer eigensinnigen neuen Theoriebildung, mit der es ihm gelingt, die Welt zu verstehen (Richter et al. 2016), entwirft der Junge ein für ihn akzeptables Pendant zum Kopftuch als weiblichem Kleidungsstück: eine Spiderman-Maske. Die kindliche Buchrezeption zeigt sich hier im Sinne von Keuneke (2000) als eine »Errichtung von (Re-)Konstruktionen auf Basis der Inhalte« (S. 94).

8.5 Zur Bedeutung der Bildebene

Die vorangegangenen Beispiele belegen stets die zentrale Bedeutung der Illustrationen für die kindliche Rezeption, denn im Rahmen der gemeinsamen Buchbetrachtungen reagierten die Kinder oftmals vorrangig oder gar ausschließlich auf die Illustrationen. Dabei knüpften die Kinder in ihren Wirklichkeits(re-)konstruktionen an Bilder an, die ihr Interesse erweckten. Insbesondere bei Büchern für jüngere Kinder, die sich durch kürzere Texte und deutlich weniger komplexe Geschichten auszeichnen, rückt die Bildebene in den Vordergrund. Grundsätzlich korrespondieren Illustrationen in Kinderbüchern entweder mit dem Text und verstärken so die textliche Aussage oder aber sie entkräften diese bzw. stellen sie infrage. So zeigt Bettina Bannasch in ihren Forschungen, wie es mittels der Bildebene auch zu einer »stillschweigenden Korrektur des normativen Geschlechterverhältnisses« kommen

---

6 Dabei rekurriert der Junge auf den »schwarzen Kopf«, also die schwarzen Haare oder Kopfbedeckung der Figur entlang der Farbsymbolik in europäischen Märchen.

kann (2007, S. 110). Illustrationen können Bedeutungen des Textes freilegen und auch weitere Bedeutungsebenen oder Aussagen hinzufügen (vgl. Rendtorff 1999, S. 87). Vor diesem Hintergrund lohnt es sich, Bilder als eine eigenständige Interpretationsebene zu berücksichtigen. Die Wirkung dieser Ebene auf die kindliche Rezeption wird nun anhand von zwei Beispielen veranschaulicht.

Bücher ermöglichen Kindern den Blick in Lebenswelten jenseits ihres eigenen Erfahrungshorizonts und vermitteln auf diese Weise Weltwissen.[7] Dies kann auf völlig unterschiedliche Weise erfolgen, ist allerdings, wenn es das Leben außerhalb Deutschlands betrifft, oftmals noch von klischeehaften Darstellungen geprägt. Insbesondere das in Kinderbüchern vermittelte Afrikabild blickt auf eine lange, bis in die Gegenwart reichende Geschichte stereotypisierender Narrative zurück, die an koloniale Muster anknüpfen (kritisch hierzu bspw. Auma 2021; Mätschke 2017; Wollrad 2011; siehe auch ▶ Kap. 3).

Ein anderes Bild vermittelt das – leider bislang nicht auf Deutsch erschienene – Buch *Africa is not a country* (Melnicove & Burns Knight 2000), welches in das Projekt einbezogen wurde. Facettenreich wird das Leben von Menschen in verschiedenen Ländern des afrikanischen Kontinents im Buch geschildert, ebenso die Vielfalt der Menschen in Aussehen, Kleidung und Lebensstil. Sowohl urbane als auch ländliche und bäuerliche Lebensweisen sind abgebildet, ohne dass die Illustrationen gängige Afrikaklischees in Hinblick auf die Lebens- und Wohnsituation der Menschen oder auf ihr äußeres Erscheinungsbild bedienen. Neben Alltagssituationen liegt ein besonderer Fokus auf dem Leben von Kindern: Vorrangig sind Kinder in ihrem Alltag abgebildet, Kinder, die fernsehen, zur Schule gehen, sich am Strand aufhalten oder Fußball spielen.

Bei einem der Projekttreffen in der Kita wählten die Kinder dieses Buch aus[8] und agierten in der Situation vor allem, indem sie nach Gemeinsamkeiten mit und nach Anknüpfungspunkten an die ihnen vertrauten Welten suchten. Abwechselnd blätterten sie die Seiten um, deuteten auf einzelne Bilder, äußerten ihre Gedanken und spontanen Assoziationen dazu und diskutierten über das Abgebildete. An einigen der Illustrationen verweilten sie länger, schauten genauer hin oder stellten Fragen (wie z. B. »Gibt's das Buch nur auf Englisch?«). Sie reagierten auf die abgebildeten Alltagssituationen, auf das ihnen Bekannte und Vertraute und stellten Vergleiche zu ihren Lebenswelten her. Die Hautfarben der Protagonist*innen in den Büchern werden in dieser Buchbetrachtung nicht thematisiert.

Auch das Buch *Alle da! Unser kunterbuntes Leben* (2014) von Anja Tuckermann mit Illustrationen von Tine Schulz greift das kindliche Leben in verschiedenen Ländern auf. Die einzelnen Seiten setzen sich aus einer Vielzahl von kleineren Abbildungen zu verschiedenen Themen zusammen wie z. B. der Darstellung von unterschiedli-

---

7 Die Erziehungswissenschaftlerin und Kinderbuchautorin Rudine Sims Bishop spricht 1990 in ihrer berühmt gewordenen Aussage die kindlichen Bedürfnisse nach Fenstern und Spiegeln an, was Kinderliteratur in einer doppelten Funktion übernimmt: »Children need Windows and Mirrors. They need Mirrors in which they see themselves and Windows through which they can see the world« (Bishop 1990, zit. nach Eggers 2015, S. 10).
8 Die Auswahl der Bücher wurde häufig den Kindern überlassen.

chen Familienformen oder von religiösen Festen. Das Buch bildet die Vielfältigkeit der Lebensrealitäten ab und bietet damit viele mögliche Gesprächsanlässe.

In einer dieser Buchbetrachtungen entspannt sich ein kurzer Dialog bei einer Illustration auf einer Doppelseite zum Thema ›Feste‹. Ein Kind erklärt, dass es sich um Chinesen handele, begründet dies auf Nachfrage mit der Augenform und beginnt ein ›Fantasie-Chinesisch‹ zu imitieren. An dieser Stelle schaltet sich ein weiteres Kind in das Gespräch ein und rezitiert einen in Deutschland weitverbreiteten diskriminierenden Kinderreim, der Chinesen verspottet. Diese Gesprächssequenz entwickelt sich spontan als Reaktion auf die Illustration, noch bevor der Text vorgelesen wird. Dieser erläutert dann, dass es sich um eine Familie während des vietnamesischen Tet-Festes handelt und hebt die Perspektive des Kindes Thu-Nga hervor, die vor allem mag, »dass beim Tet-Fest alles geschmückt ist und die Eltern Zeit haben« (Tuckermann 2014, S. 20).

Die Reaktionen der Kinder in diesen beiden Beispielen unterscheiden sich sehr deutlich, wofür sicherlich auch andere Erfahrungen außerhalb der Lesesituation und individuelle Hintergründe verantwortlich sind, dennoch lässt sich aus meiner Sicht auch ein Zusammenhang zu den Illustrationen ziehen. Denn während die Illustrationen in *Africa is not a Country* in einem sehr realistischen Stil mit nahezu fotografisch-dokumentarischem Charakter gehalten sind, verbleiben diese in *Alle da* karikaturistisch und sind dadurch tendenziell stereotypisierend. So ruft die jeweilige Illustration eine bestimmte Assoziation in den Köpfen der Kinder hervor und reaktiviert damit vorhandenes rassifizierendes Wissen – auch wenn das Buch eine andere Intention hat. Demgegenüber eröffnen die realistischen Zeichnungen des Buches *Africa is not a Country* einen anderen Zugang zu Wissensbereichen jenseits rassifizierender Zuschreibungen, die auf die gewohnten, auf Afrika bezogenen Stereotypen verzichten. Die Bildebene ist demnach bei der kindlichen Rezeption nicht zu unterschätzen, denn

> »die Inhalte, die solchermaßen mit Hilfe der Bilder ›stillschweigend‹ transportiert werden, senken sich […] tiefer als spätere Text- und Bildlektüren in die noch weiche, unbeschriebene Tafel des kindlichen Erinnerungsträgers« (Bannasch 2007, S. 121).

8.6 Fazit

Geht man mit Kindern ins Gespräch und den Austausch über ihre Lektüre, hört ihnen zu, so zeigen sich aktive und facettenreiche Auseinandersetzungen der jungen Leser*innen mit den Bildern und Geschichten. Dabei ist die Aufmerksamkeit nicht unbedingt stringent auf die Geschichte gerichtet, sondern der Blick verweilt oftmals an einzelnen Aspekten, in dieser Altersgruppe vor allem auch an den Illustrationen. Insgesamt zeigt sich in den Gesprächen mit den Kindern, wie diese den Möglichkeits- und Ermunterungsraum aufgreifen, den diversitätsbewusste Literatur bietet. Insbesondere wenn sie sich in den Geschichten und Protagonist*innen wiederfinden können, beginnen sie sich in der Verschiedenheit ihrer je eigenen Lebenssituationen zu positionieren. Sichtbar werden aber ebenso die gesellschaftlichen Ordnungs- und Hierarchiemuster, die durch die Kinder manchmal reproduziert, aber auch infrage gestellt werden können. Die Geschichten und Szenen in den verwendeten Büchern bieten dabei Raum für Verhandlung und Diskussion, für Aushandlungsprozesse über gesellschaftliche Normalitäten und alternative (Lebens-)Entwürfe. Diese diskursive Chance bietet die Literatur insbesondere, wenn unterschiedliche Lebensweisen und verschiedene Herkünfte widergespiegelt werden. In der Interaktion treten dann die kindlichen Prozesse der Wirklichkeits- und Weltkonstruktion zutage, da sich die Kinder stets in ihrem Alltag aktiv mit dem Gesehenen und Gehörten auseinandersetzen.

Kinderbücher stellen nach wie vor ein wesentliches Medium im Leben von Kindern, insbesondere in der jüngeren Altersgruppe dar, denn laut miniKIM 2020 hat die tägliche Beschäftigung mit Büchern bei Kindern im Alter von zwei bis fünf Jahren sogar noch zugenommen (Medienpädagogischer Forschungsverbund Südwest 2020, S. 27). Ihr Einfluss ist auch aufgrund ihrer spezifischen Nutzung bedeutsam, denn Kinder schauen Bücher oftmals auch wiederholt an oder es werden ihnen dieselben Bücher mehrmals von Erwachsenen vorgelesen – sei es in der Familie, sei es in der Kita. Dadurch prägen sich Inhalte und Wissen besonders gut ein.

In den letzten Jahren ist Bewegung in den Buchmarkt gekommen, denn das Angebot an Kinderbüchern wächst, in denen die gesellschaftliche Diversität in ihren verschiedenen Facetten als Selbstverständlichkeit aufgegriffen, heterogene Charaktere, Lebens- und Familienformen gleichberechtigt abgebildet und Stereotype aufgebrochen werden. Allerdings sind diese noch überwiegend in Nischenbereichen und -verlagen und eher in Fachbuchhandlungen vorzufinden als in den großen Buchhandelsketten. Auch in den Kitas haben sie bislang nur begrenzt Einzug gefunden, was auch der fehlenden Pflege und Aktualisierung der Bücherkisten geschuldet ist.[9] Empfehlungslisten zu diversitätsbewussten Kinderbüchern könnten hier Abhilfe schaffen.

Literaturverzeichnis

Ali-Tani, C. (2017): Wie Kinder Vielfalt wahrnehmen. Vorurteile in der frühen Kindheit und die pädagogischen Konsequenzen. Online verfügbar unter: https://www.kita-fachtexte.de/fileadmin/Redaktion/Publikationen/KiTaFT_AliTani_2017_WIeKinderVielfalt-wahrnehmen.pdf, Zugriff am 30.12.2021.

---

9 Eigene stichprobenartige Recherchen in Buchläden deutscher Großstädte machen diese Tendenz sichtbar, ebenso die Kooperationen mit verschiedenen Kitas. Mangelnde finanzielle Mittel der Kindertagesstätten, aber auch personelle Engpässe führen oftmals dazu, dass der Bücherfundus in den Einrichtungen knapp und veraltet ist. Zu ähnlichen Ergebnissen kommt auch die Untersuchung von Burghardt und Klenk (2016) in Hinblick auf Bücher, die Geschlechterstereotypen aufbrechen.

Auma, M. M. (2021): Exkludiert werden. Ein Empathiegefälle in der Kinderliteratur? In: Goethe-Institut. LATITUDE Magazine, Machtverhältnisse umdenken – für eine entkolonialisierte und antirassistische Welt. Online verfügbar unter: https://www.goethe.de/prj/zei/de/pos/22085499.html, Zugriff am 30.12.2021.

Bamler, V., Werner, J. & Wustmann, C. (2010): Lehrbuch Kindheitsforschung. Grundlagen, Zugänge und Methoden. Weinheim, München: Juventa.

Bannasch, B. (2007): Offensive Gegenentwürfe und subversive Durchquerungen. In: J. Thiele (Hrsg.), Neue Impulse der Bilderbuchforschung (S. 107–128). Baltmannsweiler: Schneider Verlag.

Böhm, K. (2017): Archaisierung und Pinkifizierung. Mythen von Männlichkeit und Weiblichkeit in der Kinder- und Jugendliteratur. Bielefeld: transcript.

Brichzin, K. (2018): Der Junge im Rock (mit Illustrationen von Igor Kuprin). Zürich: minedition.

Burghardt, L. & Klenk, F. C. (2016): Geschlechterdarstellungen in Bilderbüchern – eine empirische Analyse. GENDER, 3, 61–80. Online verfügbar unter: https://doi.org/10.3224/gender.v8i3.07, Zugriff am 30.12.2021.

Burghardt, L., Hemmerich, F. & Mues, A. (2020): Frühkindliche Wahrnehmung von Geschlechterdarstellungen beim gemeinsamen Lesen eines Bilderbuchs. Diskurs Kindheits- und Jugendforschung, 3, 259–271. Online verfügbar unter: https://doi.org/10.3224/diskurs.v15i3.03, Zugriff am 30.12.2021.

Delfos, M. F. (2004): »Sag mir mal …« Gesprächsführung mit Kindern. Weinheim, Basel: Beltz Verlag.

Eggers, M. (2012): Gleichheit und Differenz in der frühkindlichen Bildung – Was kann Diversität leisten? In: J. Brilling & E. Gregull (Hrsg.), DOSSIER Diversität und Kindheit – Frühkindliche Bildung. Vielfalt und Inklusion (S. 8–16). Berlin: Heinrich-Böll-Stiftung.

Eggers, M. (2015): Diskriminierungskritische Perspektiven auf Kindheit. Vortrag zur Eröffnung der Fachstelle »KiDs – Kinder vor Diskriminierung schützen«. Online verfügbar unter: http://www.situationsansatz.de/files/texte%20ista/fachstelle%20kinderwelten/kiwe%20pdf/KiDs/Kick%20Off%20KiDs/Vortragsskript%20Diskriminierungskritische%20Perspektiven%20auf%20Kindheit%20MME%20Final.pdf, Zugriff am 15.08.2020.

Hense, N. (2009): Ich hasse Rosa! (mit Illustrationen von Ilya Green). Berlin: Verlagshaus Jacoby & Stuart.

Hoffman, M. (2010): Du gehörst dazu. Das große Buch der Familien (mit Illustrationen von Ros Asquith). Frankfurt/Main: S. Fischer.

Kasüschke, D. (2008): Geschlechtsbezogene Wissenskonzepte von Kindern unter sechs Jahren. Ein Problemaufriss. In: B. Rendtorff & A. Prengel (Hrsg.), Kinder und ihr Geschlecht (S. 191–202). Leverkusen: Verlag Barbara Budrich. doi 10.2307/j.ctvm201fx.15.

Kelly, J. (2012): Two daddy tigers and a baby tiger. Promoting understandings about same gender parented families using picture books. Early Years. An International Research Journal, 32(3), 288–300.

Keuneke, S. (2000): »Ich sehe was, was du nicht siehst«. Verbale Erfassung kindlicher Geschlechts(-re-)konstruktionen zu Bilderbuchangeboten. In: I. Paus-Haase & B. Schorb (Hrsg.), Qualitative Kinder- und Jugend-Medienforschung. Theorie und Methoden: Ein Arbeitsbuch (S. 91–100). München: KoPäd Verlag.

Kurwinkel, T. (2017): Bilderbuchanalyse. Narrativik – Ästhetik – Didaktik (utb Nr. 4826). Tübingen: Narr Francke Attempto.

Mai, M. & Pötschke, L. (2016): Geschlechtliche Unterscheidungspraktiken aus ethno-graphischer Perspektive: »Aber ich, wir sind alle gleich. Alle Mädchen.« In: U. Graff et al. (Hrsg.), Ethnographie – Pädagogik – Geschlecht. Kinder, Kindheiten und Kindheitsforschung (S. 187–199). Wiesbaden: Springer Fachmedien.

Mätschke, J. (2017): Rassismus in Kinderbüchern. Lerne welchen Wert deine soziale Positionierung hat! In: K. Fereidooni & M. El (Hrsg.), Rassismuskritik und Widerstandsformen (S. 249–268). Wiesbaden: Springer Fachmedien.

Medienpädagogischer Forschungsverbund Südwest (Hrsg.) (2020): miniKIM-Studie 2020. Kleinkinder und Medien. Basisuntersuchung zum Medienumgang von Kleinkindern in

Deutschland. Online verfügbar unter: https://www.mpfs.de/fileadmin/files/Studien/mini KIM/2020/lfk_miniKIM_ 2020_211020_WEB_barrierefrei.pdf, Zugriff am 30.12.2021.

Melnicove, M. & Burns Knight, M. (2000): Africa is not a Country (mit Illustrationen von Anne Sibley O'Brien). Minneapolis: Millbrook Press.

Preissing, C. (2009): Qualität und Evaluation im Situationsansatz. In: C. Preissing & S. Boldaz-Hahn (Hrsg.), Qualität von Anfang an. Offensive Bildung (S. 18–64). Berlin, Düsseldorf: Cornelsen.

Rendtorff, B. (1999): Geschlechtstypisierende Aspekte in Kinderbüchern. In: B. Rendtorff & V. Moser (Hrsg.), Geschlecht und Geschlechterverhältnisse in der Erziehungswissenschaft. Eine Einführung (S. 85–102). Opladen: Leske + Budrich.

Richter, S., Ansari, M., Höhme, E., Krause, A., Lindemann, U. & Wagner, P. (2016): Inklusion in der Kitapraxis. Band 2: Die Lernumgebung vorurteilsbewusst gestalten. Berlin: Verlag wamiki.

Tuckermann, A. (2014): Alle da! Unser kunterbuntes Leben (mit Illustrationen von Tine Schulz). Leipzig: Fischer.

Vogl, S. (2015): Interviews mit Kindern führen. Eine praxisorientierte Einführung. Weinheim, Basel: BeltzJuventa.

Wagner, P. (2013): Wie erleben junge Kinder Vielfalt. In: P. Wagner (Hrsg.), Handbuch Inklusion. Grundlagen vorurteilsbewusster Bildung und Erziehung (S. 87–92). Freiburg im Breisgau: Herder.

Wollrad, E. (2011): Kinderbücher. Koloniale Echos – Rassismus in Kinderbüchern. In: S. Arndt & N. Ofuatey-Alazarz (2011), Wie Rassismus aus Wörtern spricht. (K)Erben des Kolonialismus im Wissensarchiv deutscher Sprache. Ein kritisches Nachschlagewerk (S. 379–389). Münster: UNRAST-Verlag.

York, S. (2003): Welche Unterschiede Kinder wahrnehmen. Kinderwelten Infomappe 3, Januar 2006. Online verfügbar unter: https://situationsansatz.de/files/texte%20ista/fachstelle%20kinderwelten/kiwe%20pdf/York_Welche%20Unterschiede%20Kinder%20wahrnehmen.pdf, Zugriff am 15.08.2020.

9   Spiegel, Fenster und die Glasschiebetür. Diskriminierungskritische Diversität im Kinderbuch

Paula Humborg, Gabriele Koné

Einführung

Aufgeregt zeigt Awa auf das Cover eines Kinderbuchs[1], das gerade für die Kita gekauft wurde: »Meine Schwester trägt auch so ein Kopftuch, aber das ist gelb! Gelb ist ihre Lieblingsfarbe, ich mag lila lieber.« Die pädagogische Fachkraft ist erstaunt, Awa ist ein vergleichsweise zurückhaltendes Kind und spricht von sich aus eher wenig. Neugierig wendet sich Awa dem Buch zu, schaut sich jede Seite intensiv an und kommentiert die bunten Bilder in ihren eigenen Worten. Interessiert setzt sich die pädagogische Fachkraft dazu. Unterstützt durch ihre einfühlsamen Fragen entwickelt sich ein angeregtes Gespräch darüber, was Awa an ihrer älteren Schwester mag, was die beiden zusammen spielen und worüber sich Awa manchmal ärgert. Awa konnte sich und ihre Familie in dem Kinderbuch wiederfinden und dadurch eröffnete sich die Möglichkeit zum Dialog mit der pädagogischen Fachkraft.

Dieses Beispiel aus einer Berliner Kita legt nahe, dass die Repräsentanz von Vielfalt in Kinderbüchern bedeutsam für Kinder ist. Trotz zahlreicher anderslautender Behauptungen über ein mangelndes Interesse von Heranwachsenden am Lesen gehören Kinderbücher immer noch zum zentralen Medium, mit dem sich viele Kinder tagtäglich umfangreich beschäftigen. Bücher unterstützen die Sprach- und Leseentwicklung von Lernenden, denn sie sind ein wichtiges Werkzeug bei der Wissensvermittlung. Mit ihrer Hilfe erschließen sich Kinder die Welt, in der sie leben.

Obwohl in Deutschland im Vor-Coronajahr 2019 laut Angaben des Börsenvereins des Deutschen Buchhandels immerhin 8.253 Kinderbücher erschienen sind und sich dieser Trend auch in der Krise fortsetzte, fällt bei genauerem Hinsehen auf, dass mit der Quantität keine Repräsentation der gesellschaftlichen Vielfalt einhergeht. Vielmehr wird häufig ein eindimensionales gesellschaftliches Bild gezeichnet, das von der Lebensrealität vieler Kinder abweicht. Viel zu oft spiegeln Kinderbücher eine → *weiße* Mittelschichtswelt, die Protagonist*innen sind → able-bodied, heterosexuell, → cisgeschlechtlich usw. Wo sind Sara, deren kleine Schwester eine schwere Krankheit hat, Lena, die das jüngste Kind einer sechsköpfigen Familie ist oder Kim, die*der mithilfe eines Cochlea-Implantats[2] gut hören kann? Wo ist Mariam mit zwei

---

1   Muhammad, A. & Aly, H. (2020): The proudest blue. A story of hijab and family. London: Andersen Press.
2   Hörsystem für Menschen mit einer Hörminderung, das aus einem äußeren Sender und einem inneren Empfänger besteht, der operativ gesetzt wird.

Vätern, wo die erwerbslose Mutter? Warum gibt es nicht mehr spannende Geschichten auf Türkisch und in weiteren Sprachen? Wo sind Geschichten aus Josés oder Leylas Alltag, die keine Stereotype bedienen? Wo spielen Kinder mit und ohne Lese-Rechtschreibschwäche eine Hauptrolle, die in der Schule negativ etikettiert werden, weil sie den schulischen Anforderungen nicht genügen?

Welche Auswirkungen diese einseitige Darstellung auf Kinder hat und weshalb Kinder Bücher brauchen, in denen sie selbst und die tatsächliche Bandbreite an Lebenswelten abgebildet sind, damit beschäftigt sich dieser Artikel.

9.1 Der Ansatz der Vorurteilsbewussten Bildung und Erziehung©

Zur diskriminierungskritischen und diversitätssensiblen Analyse von Kinderbüchern und ihrer Verwendung in der pädagogischen Arbeit mit Kindern bedarf es zunächst einer theoretischen Grundlage. Wir beziehen uns hierfür auf den Ansatz der Vorurteilsbewussten Bildung und Erziehung©, der in den 1980er Jahren von Louise Derman-Sparks gemeinsam mit Kolleg*innen als Anti-Bias-Ansatz in den USA entwickelt wurde. Für das Projekt *Kinderwelten* wurde dieser an die gesellschaftlichen Verhältnisse in Deutschland am Institut für den Situationsansatz ab dem Jahr 2000 angepasst und seitdem kontinuierlich weiterentwickelt (vgl. Wagner 2014). Zentral ist dort die Annahme, dass wir in einer Gesellschaft sozialisiert werden, die Vielfaltsaspekte ungleich bewertet und Macht sowie gesellschaftliche Anerkennung aufgrund tatsächlicher oder zugeschriebener gruppenspezifischer Merkmale mittels Privilegierung und Deprivilegierung verteilt (Wagner 2017a). So werden in unserer Gesellschaft z. B. Merkmale wie *weiß*, männlich, heterosexuell, gesund, leistungsfähig und christlich sozialisiert etc. als höherwertig und erstrebenswert betrachtet und somit als Norm gesetzt. Menschen, die diese Kriterien nicht erfüllen, erfahren Ausgrenzung und Diskriminierung auf individueller, gesellschaftlicher, institutioneller Ebene und auch im Bereich der Pädagogik (vgl. Rommelspacher 1995, S. 22). Der Ansatz der Vorurteilsbewussten Bildung und Erziehung© versteht sich deshalb als Beitrag zur Bildungsgerechtigkeit und verfolgt den Anspruch der Inklusion. Dies bedeutet, Respekt für Verschiedenheit mit dem Nicht-Akzeptieren von Ausgrenzung und Diskriminierung zu verbinden. Der Ansatz bezieht alle Vielfaltsaspekte ein, die im Leben von Kindern und deren Bezugspersonen bedeutsam sind, und stützt sich auf Menschen- und Kinderrechte, so z. B. auf den Artikel 2 (2), das Diskriminierungsverbot der UN-Kinderrechtskonvention.[3]

Der Ansatz der Vorurteilsbewussten Bildung und Erziehung© gliedert sich in vier Ziele, die aufeinander aufbauen. Sie sind jeweils konzipiert für die Ebene der Kin-

---

[3] https://www.kinderrechte.de/kinderrechte/un-kinderrechtskonvention-im-wortlaut/#c3263, Zugriff am 14.01.2021

der, der pädagogischen Fachkräfte und der Einrichtungsleitung (vgl. ISTA/Fachstelle Kinderwelten 2004, S. 6f.). Da hier der Mehrwert von diversitätssensiblen Kinderbüchern erörtert wird, beschränken wir uns bei der Darstellung der Ziele auf die Ebene der Kinder als primäre Zielgruppe.

9.1.1 Alle Kinder in ihren Identitäten stärken (Ziel 1)

Jedes Kind findet sowohl als Individuum als auch als Mitglied seiner Bezugsgruppen Anerkennung und Wertschätzung. Gesellschaftliche Bewertungen nehmen sowohl Kinder als auch Erwachsene in ihr Selbstbild auf. Pädagogische Fachkräfte haben deshalb die Aufgabe, den Kindern sachlich korrektes und wertschätzendes Wissen zu Identitätsaspekten zu vermitteln. Dies unterstützt die Kinder darin, ein positives Selbstwertgefühl aufzubauen. Besonders Kinder mit einer marginalisierten Gruppenzugehörigkeit, die Zielscheibe von Diskriminierung sind, brauchen die stärkenden Erfahrungen, dass sie so, wie sie sind, »richtig« sind. Deshalb müssen sich Kinder mit ihren eigenen Identitätsaspekten in Kinderbüchern wiederfinden können. Um ihren Blick auf die Welt offen zu halten, brauchen sie also Bücher, in denen nicht nur Menschen mit verschiedenen Hauttönen, Haarfarben, Augenfarben und -formen abgebildet sind, sondern in denen auch verschiedene Familienformen und -kulturen gleichwertig nebeneinander gezeigt werden.

9.1.2 Allen Kindern Erfahrungen mit Vielfalt ermöglichen (Ziel 2)

In ihrem Bestreben, sich die Welt zu erschließen, nehmen Kinder von Beginn an Unterschiede wahr. Auf der Basis einer gestärkten Ich- und Bezugsgruppen-Identität ermöglichen pädagogische Fachkräfte Kindern aktive und bewusste Erfahrungen mit Menschen, die anders aussehen und sich anders verhalten als sie selbst, sodass sie mit ihnen mitfühlen und Empathie entwickeln können. Während sich Kinder mit marginalisierter Gruppenzugehörigkeit schon sehr früh mit der gesellschaftlichen Vielfalt auseinandersetzen (müssen), ist dies für viele dominant positionierte Kinder keine Selbstverständlichkeit. Kinderbücher können dazu beitragen, dass sich Kinder mit Vielfaltsaspekten beschäftigen, die in ihrer eigenen Lebenswelt nicht vorkommen. Sie erleben, wie unterschiedlich Menschen sind, aber erkennen gleichzeitig auch, wie viele Gemeinsamkeiten sie bei aller Verschiedenheit haben.

9.1.3 Kritisches Denken über Gerechtigkeit unterstützen (Ziel 3)

Im Alter von ungefähr vier Jahren beginnen Kinder, sich mit (Un-)Gerechtigkeiten im Großen wie im Kleinen auseinanderzusetzen. Das kritische Denken von Kindern über Vorurteile, Einseitigkeiten und Diskriminierungen anzuregen bedeutet auch, gemeinsam mit ihnen eine Sprache zu entwickeln, um sich darüber wertschätzend verständigen zu können. Kinder, die selbst Diskriminierung erfahren, brauchen die

Unterstützung pädagogischer Fachkräfte, um Worte für ihre Gefühle zu finden und für das, was ihnen widerfahren ist. Fachkräfte benötigen dazu Wissen über Diskriminierung in all ihren Erscheinungsformen. Dann können Pädagog*innen auch Kinder beim (Vor-)Lesen von Kinderbüchern dazu anregen, das zur Verfügung stehende Angebot nach folgenden Punkten kritisch zu hinterfragen: Weisen die Kinderbücher alle Vielfaltsaspekte auf, die die Kinder in der Einrichtung widerspiegeln? Welche weiteren Vielfaltsaspekte gibt es? Gibt es Vielfaltsaspekte, die nicht auftauchen? Sind alle Kinder mit ihren Identitätsaspekten wertschätzend repräsentiert?

9.1.4 Aktiv werden gegen Unrecht und Diskriminierung (Ziel 4)

Um sich gegen einseitige oder diskriminierende Verhaltensweisen zur Wehr zu setzen, die gegen sie selbst oder andere gerichtet sind, ermutigen pädagogische Fachkräfte Kinder, sich aktiv und gemeinsam mit anderen für Gerechtigkeit und Inklusion einzusetzen. Dadurch erhalten Kinder die Botschaft, dass die Kita ein sicherer Ort für alle ist, an dem Ungerechtigkeiten nicht hingenommen, sondern beseitigt werden. Die Kinder erfahren so Selbstwirksamkeit und ihre Problemlösungskompetenz wird angeregt. Dies bedeutet jedoch keineswegs, Kinder für die politischen Ziele Erwachsener zu instrumentalisieren, sondern gewährleistet vielmehr, Kinder in ihrer Wahrnehmung ernst zu nehmen und mit ihnen Ideen zur Intervention zu entwickeln.

Durch die Arbeit mit dem Ansatz der Vorurteilsbewussten Bildung und Erziehung© hat sich herausgestellt, dass Kinderbücher nicht wertneutral sind, sondern explizite und implizite Bewertungen transportieren. Kinder erhalten mit den Büchern Botschaften über sich, über andere Menschen und die Welt und nicht zuletzt darüber, was gesellschaftlich als ›normal‹ angesehen wird. Während der Lektüre von Texten und Illustrationen bilden sich Kinder ihre eigenen Urteile, die sich nicht nur aus dem zusammensetzen, was benannt und abgebildet ist, sondern auch aus dem, was fehlt. Ungenannte Aspekte erscheinen Kindern unbedeutend oder nicht richtig (vgl. Wagner et al. 2006, S. 18). Wenn beispielsweise in Kinderbüchern weder Frauen als Ingenieurinnen noch mit Kopftuch vorkommen, dann scheint es diese in ihrer Wirklichkeit auch nicht zu geben. Auf diese (und andere) Weise eignen sich Kinder Wissen über gesellschaftliche Machtverhältnisse an, wodurch Ausschluss und Diskriminierung selbstverständlich werden (vgl. Wagner 2017b).

9.2 Kinder nehmen Unterschiede wahr

Hartnäckig hält sich die Vorstellung in der Gesellschaft und auch in Teilen der Wissenschaft, dass für jüngere Kinder Vielfaltsaspekte wie z. B. Hauttöne nicht bedeutsam seien. Während viele Erwachsene Kinder immer noch als ›unschuldige Wesen‹ betrachten und so behandeln, belegt die Frühpädagogik mit Experimenten wie dem Doll-Test das Gegenteil: Kinder sind bereits in den ersten Lebensjahren in der Lage, Machtaspekte wahrzunehmen und ihr Verhalten danach auszurichten. Der Doll-Test wurde zum ersten Mal Ende der 1940er Jahre von Clark und Clark in den USA durchgeführt und in zahlreichen Versuchen wiederholt. Dort wurden → Schwarzen und *weißen* Kindern im Alter zwischen drei und sieben Jahren zwei Puppen gezeigt, die bis auf ihren Hautton identisch waren. Eine Puppe war *weiß*, die andere Schwarz. Auf die Frage, welche Puppe sie lieber mögen, wählte die Mehrheit der Kinder die *weiße* Puppe, der sie positive Attribute zuschrieben. Daran wird deutlich, dass Kinder Vorurteile früh verinnerlichen (vgl. MacNaughton 2005). Dazu erklärt Louise Derman-Sparks, die den Ansatz der Vorurteilsbewussten Bildung und Erziehung© gemeinsam mit Kolleg*innen entwickelte:

> »Wir wollten glauben, dass kleine Kinder farbenblind sind, dass sie Unterschiede nicht wahrnehmen. Was wir wirklich glaubten oder hofften: Wenn wir Kinder hindern könnten, Unterschiede wahrzunehmen, dann würden sie keine Vorurteile entwickeln. Aber das ist unmöglich in einer Gesellschaft, wo rassistische und andere Vorurteile allgegenwärtig sind im Alltag von Kindern.« (Wagner 2001, S. 1)

Problematisch am Bild des ›unschuldigen Kindes‹ ist, dass dies den Blick auf das verstellt, was im Ansatz der Vorurteilsbewussten Bildung und Erziehung© als Vor-Vorurteile bezeichnet wird. Damit sind diejenigen Urteile gemeint, die Kinder aus den zahlreichen Botschaften aus ihrer Umwelt aufnehmen und in ihrem Bestreben, sich die Welt zu erklären, eigensinnig konstruieren.

Die Internalisierung von Vor-Vorurteilen äußert sich je nach gesellschaftlicher Positionierung unterschiedlich: Bei → BIPoC bedeutet dies möglicherweise, dass sie sich gegenüber *weißen* Personen minderwertig fühlen. Bei *weißen* Menschen führt verinnerlichter Rassismus womöglich zu Überlegenheitsgefühlen, die sich in ausgrenzendem und diskriminierendem Verhalten äußern können (McIntosh 1989, S. 2). Vorhandene oder absente Merkmale und Vielfaltsaspekte in Kinderbüchern, mit denen sich die Kinder identifizieren können oder eben nicht, bestärken diese Verinnerlichung. Kinderbücher spielen demnach eine eminent wichtige Rolle in der Auseinandersetzung der Kinder mit der Lebenswirklichkeit, insbesondere in Bezug auf die Identitätsaspekte von Kindern und ihrer Repräsentanz in der Gesellschaft. Allerdings spiegelt sich diese Diversität in den derzeitig erhältlichen Kinderbüchern noch zu wenig wider.

9.3 Spiegel, Fenster und die Glasschiebetür

Damit alle Kinder Anerkennung für sich selbst und ihre Bezugsgruppen erhalten, müssen Bücher so gestaltet sein, dass sich jedes Kind darin wiederfindet. Diese Möglichkeit, sich mit der eigenen Lebenswirklichkeit wiederzuerkennen, wird als »Spiegelfunktion« bezeichnet (Bishop 1990, S. 1 f.). Dadurch wird ihnen als Botschaft vermittelt, dass sie mit allen Aspekten ihrer Identität »richtig« sind. Dies ist ein wichtiger Baustein für den Aufbau von Selbstakzeptanz und Selbstvertrauen. Dabei sollte Vielfalt keineswegs ausschließlich problematisiert werden, sondern beiläufig und nebenbei sichtbar sein. Es muss beispielsweise nicht per se konfliktbeladen sein, in einer Ein-Eltern- oder Patchwork-Familie aufzuwachsen.

Kinderbücher haben neben der »Spiegelfunktion« auch eine »Fensterfunktion«, die Lesenden Einblicke in Lebensrealitäten gewährt, die ihnen ansonsten nicht vertraut und/oder neu sind. Auf diese Weise ist eine Perspektiverweiterung möglich: Es gibt auf der Welt noch so viel mehr als die eigenen Erfahrungsräume! Diese Funktion der Perspektiverweiterung von Büchern beschreibt Bishop als »Glasschiebetür«:

> »These windows are also sliding glass doors and readers have only to walk through in imagination to become part of whatever world has been created or recreated by the author.« (Bishop 1990, S. 1)

Erforderlich ist eine solche Perspektiverweiterung besonders auch für Kinder aus marginalisierten Gruppen, die sich selbst häufig nicht in Büchern repräsentiert finden.

Die »Spiegel-«, »Fenster-« und »Glasschiebetürfunktion« von Kinderbüchern entspricht Ziel 1 und 2 der Vorurteilsbewussten Bildung und Erziehung, um Kinder in ihren Identitäten zu stärken und ihnen Erfahrungen mit Vielfalt zu ermöglichen. Benannt ist dieses Anrecht in der UN-Kinderrechtskonvention in Artikel 29: Zur kindlichen Bildung gehört demnach,

> »dem Kind Achtung vor seinen Eltern, seiner kulturellen Identität, seiner Sprache und seinen kulturellen Werten, den nationalen Werten des Landes, in dem es lebt, und gegebenenfalls des Landes, aus dem es stammt, sowie vor anderen Kulturen als der eigenen zu vermitteln«.[4]

In Artikel 31 ist das Recht des Kindes auf kulturelle Teilhabe und Partizipation am kulturellen Leben festgehalten.[5] Deshalb widerspricht die mangelnde Repräsentanz gesellschaftlicher Vielfalt in Medien der UN-Kinderrechtskonvention, wobei Re-

---

[4] https://www.kinderrechte.de/kinderrechte/un-kinderrechtskonvention-im-wortlaut/#c3263, Zugriff am 14.01.2021.

[5] (1) Die Vertragsstaaten erkennen das Recht des Kindes auf Ruhe und Freizeit an, auf Spiel und altersgemäße aktive Erholung sowie auf freie Teilnahme am kulturellen und künstlerischen Leben.(2) Die Vertragsstaaten achten und fördern das Recht des Kindes auf volle Beteiligung am kulturellen und künstlerischen Leben und fördern die Bereitstellung geeigneter und gleicher Möglichkeiten für die kulturelle und künstlerische Betätigung sowie für aktive Erholung und Freizeitbeschäftigung.Vgl. https://www.kinderrechte.de/kinderrechte/un-kinderrechtskonvention-im-wortlaut/#c3263, Zugriff am 14.01.2021.

präsentanz nicht mit → Kulturalisierung gleichzusetzen ist. Der Ansatz der Vorurteilsbewussten Bildung und Erziehung© arbeitet deshalb mit dem Begriff »Familienkultur(en)«[6]. Um im Sinne der Menschenrechte pädagogisch zu handeln und gegen jegliche Form von Ungerechtigkeit und Ausgrenzung aktiv zu werden, bedarf es einer Sensibilisierung von Pädagog*innen und erwachsenen Bezugspersonen dafür, wie Ausgrenzung und Diskriminierung bei Kindern funktioniert und wie dem begegnet werden kann.

9.4 Wirkung von diskriminierungskritischen Kinderbüchern

Auf der Suche nach Wirkungsstudien von Kinderbüchern, die für Kinder als Spiegel und Fenster der gesellschaftlichen Vielfalt dienen können, zeigte sich rasch die große Forschungslücke. Bei den meisten Studien zum Thema Diversität und Diskriminierung in Kinderbüchern stehen die Bücher und ihr Inhalt im Zentrum des Erkenntnisinteresses: Welche Kinder kommen in dem Buch vor und wie werden sie und ihre Lebensrealitäten dargestellt? Die Wirkung von vorurteilsbewussten Kinderbüchern wird bisher vor allem theoretisch und durch Erfahrungsberichte thematisiert, empirische Studien existieren bislang kaum. Vereinzelt wird in Studien die Wirkung von vorurteilsbewussten Kinderbüchern in einem kleinen Umfang analysiert.

In einer qualitativen Fallstudie erforschten So Jung Kim, Su-Jeong Wee und Young Mi Lee 2015 die Wirkung von vorurteilsbewussten Kinderbüchern in einer Kindergartengruppe mit zwölf Fünfjährigen in Korea. Die Studie fokussiert sich auf das Identitätsmerkmal → Race. Im Laufe eines Jahres las die Lehrerin den Kindern Bücher vor, in denen Racial Diversity, Gleichheit und Ungerechtigkeit thematisiert sind. Die Bücher handelten vor allem von Schwarzen Menschen auf dem afrikanischen Kontinent und in den USA. Nach dem Vorlesen half die Lehrerin den Kindern anhand ihres Hintergrundwissens und ihrer Erfahrungen, persönliche Verbindungen mit dem Text herzustellen. Gleichzeitig ermutigte sie die Kinder, sich während und nach dem Vorlesen durch Fragen zu Ausgrenzung und Ungerechtigkeit an einer Diskussion aktiv zu beteiligen. Es folgten verschiedene Arten von Anschlussaktivitäten, darunter das Schreiben eines Gedichts und das Zeichnen von Bildern. Der gesamte Prozess der Lese- und Folgeaktivitäten für jedes Buch dauerte ungefähr

---

6 Familienkulturen bezeichnet das jeweils einzigartige Mosaik aus Gewohnheiten, Perspektiven, Wertvorstellungen, Deutungsmustern, Gepflogenheiten und Traditionen einer Familie, in das ihre Erfahrungen mit geografischer Herkunft, Ortswechsel, Sprache, Geschlechtsidentität, sexueller Orientierung, Religion, körperlicher, geistiger und seelischer Verfasstheit, finanziellem Status, Diskriminierung, Privilegierung und vielem anderen einfließen. Vgl. https://situationsansatz.de/wp-content/uploads/2019/08/01_Glossar-Stand-2 019.pdf, Zugriff am 14.01.2021.

40 Minuten. Zu Beginn der Studie zeigten die Kinder Vorurteile gegenüber Schwarzen Menschen. Während der Studie änderte sich diese Einstellung der Kinder drastisch. Am Ende des Semesters zeigte keines der Kinder mehr eine voreingenommene Haltung gegenüber Schwarzen Menschen. Die Kinder malten am Ende der Studie nicht nur *weiße* Menschen wie noch zu Beginn, sondern auch Schwarze Personen und People of Color. Zudem hatte sich das Vokabular der Kinder erweitert und sie benutzten häufig Wörter wie Diskriminierung, Freiheit und Gerechtigkeit. Eine Mutter berichtete, wie ihr Kind der Schwester beibrachte, dass alle Menschen gleich sind, nur dass sie anders aussehen können. Die Kinder gaben ihr neu gewonnenes Wissen auch an Dritte weiter.

Eine weitere Studie von So Jung Kim untersuchte die Wirkung von Kinderbüchern unter dem Genderaspekt (2016). In einer Kindergruppe von Vierjährigen wurden sieben Bücher vorgelesen, die → Gender auf unterschiedliche Art und Weise thematisierten, um im Anschluss über die Handlung und das Thema Gender mit den Kindern zu sprechen. Zu Beginn der Studie offenbarten die Kinder häufig geschlechtsspezifische Vorurteile in Bezug auf männliche und weibliche Rollen. Es wurde u. a. gesagt, dass sich Mütter um die Kinder kümmern sollten und dass es nicht in Ordnung sei, wenn Männer kochen oder Kleider waschen. Beim Lesen eines Märchens meinten die Kinder, dass Mädchen nicht stark genug seien und dass deshalb der Prinz die Prinzessin retten müsse. Ihre geschlechterstereotypen Vorstellungen nahmen mit der Zeit ab, als sie mehr Bücher zum Thema Gender lasen und aktive Diskussionen über Geschlechterrollen führten. Die Kinder änderten ihre Meinung, denn sie glaubten nun, dass sowohl Prinzessinnen als auch Prinzen kochen, putzen und Kleider waschen können. Die Ergebnisse legen nahe, dass literarische Diskussionen über geschlechtsspezifische Bilderbücher das kritische Denken von Kindern bezüglich Gender fördern können, wenn der Blick der Kinder auf Ungerechtigkeit und Ausgrenzung geschult wird.

Die beiden Studien veranschaulichen trotz ihrer kleinen Probandengruppe, wie wichtig diskriminierungssensible Kinderbücher für Kinder sind. Weitere Studien zur Wirkung von vorurteilsbewussten Kinderbüchern und zu anderen Vielfaltsaspekten müssten zukünftig noch durchgeführt werden, um fundiertes Wissen über die Wirkzusammenhänge von Kinderbüchern und eine Auseinandersetzung mit Diskriminierung und Vorurteilen zu erhalten und Handlungsmöglichkeiten zu differenzieren.

9.5 Vielfalt auf dem Kinderbuchmarkt

Der Cooperative Children's Book Center analysiert jedes Jahr den prozentualen Anteil von BIPoCs in Kinderbüchern, die in den USA erscheinen. Im Jahr 2019 waren dies insgesamt 4.226 Bücher, wobei sich die Identitäten der Protagonist*innen wie folgt verteilen: In 1 % der Bücher ist die Hauptfigur indigen, in 11,9 % der Bücher Schwarz und in 23,25 % ist diese eine Person of Color. Tiere kommen als

Hauptfiguren in 29,2 % der Bücher vor und in 41,8 % der Bücher ist die Hauptfigur *weiß*. Eine Hauptfigur mit einer sichtbaren Behinderung findet sich in 3,4 % der Bücher und in 3,1 % ist die Hauptfigur → LGBTIQ* (CCBC 2019). Diese Zahlen verdeutlichen auf den ersten Blick, dass die gesellschaftliche Wirklichkeit und deren Repräsentanz in Kinderbüchern weit auseinanderklaffen. Für den deutschen Buchmarkt kennen wir keine derartige Analyse, aufgrund unserer jahrelangen Recherche lässt sich aber annehmen, dass dieses Ergebnis mit Sicherheit für den deutschen Kinderbuchmarkt noch einseitiger ausfällt.

Einige Autor*innen und Verlage haben immerhin den Trend zu mehr Vielfalt in Kinderbüchern erkannt. Bei genauerer Ansicht dieser Bücher erkennt man jedoch häufig Darstellungen, die nicht diskriminierungssensibel sind, sondern sogar problematisch. Trotz Vielfalt werden dort weiterhin Stereotype und Vorurteile (re-)produziert, vielfältige Lebensrealitäten von Menschen werden falsch dargestellt oder der Plot ist kritisch, denn stets muss das ausgegrenzte Kind etwas Besonderes leisten, um akzeptiert zu werden.

Das narrative Muster ist immer gleich: Zu Beginn der Geschichte wird ein Kind von anderen Kindern gemieden, weil es sich von der Mehrheit unterscheidet. Möglicherweise lispelt es oder trägt Kleidung, die von den übrigen Kindern als unangemessen gewertet wird, weil sie nicht genderkonform ist, oder das Kind benutzt ein Cochlea-Implantat. Im Laufe der Handlung kommt es zu einer gefährlichen Situation, in der das ausgegrenzte Kind sich als Held*in und Retter*in beweist. Daraufhin sehen alle, wie toll dieses Kind in Wahrheit ist, sodass es ab diesem Zeitpunkt als vollwertiges Mitglied der Kindergruppe oder gar Gesellschaft akzeptiert wird. Auch wenn dieser Effekt in gewisser Hinsicht tröstlich für das vorher ausgegrenzte Kind sein mag, stellt sich aus diskriminierungskritischer Perspektive doch die Frage: Welche Botschaft verbirgt sich in einem derartigen Plot? Offensichtlich erlangt das bislang ausgegrenzte Kind die Zugehörigkeit zur Kindergruppe erst – und ausschließlich – darüber, dass es etwas Herausragendes leistet. Anders als die übrigen Kinder wird es mit all seinen Stärken und Schwächen nicht für das anerkannt, was und wie es ist, sondern einzig über seine Leistung.

Das ausgegrenzte Kind muss sich also beweisen und selbst aktiv werden, es muss mehr »zu bieten haben« als andere Kinder. Und die Kinder, die vorher das Kind ausgeschlossen haben, müssen ihr Verhalten weder überdenken noch ändern. Was aber ist mit all den ausgegrenzten Kindern, die es nicht schaffen, so etwas Überragendes zu tun? Deren Selbstwertgefühl möglicherweise so beschädigt ist, dass sie sich Derartiges nicht zutrauen oder die einfach, so wie die meisten von uns, liebenswerte Menschen mit durchschnittlichen Talenten sind? In der Logik dieser Art von Geschichten bleiben sie permanent Außenseiter*innen und das ist »ihr Pech«. Dass Ausgrenzung ungerecht und schmerzhaft für die ausgegrenzte Person ist, wird ignoriert. Und was lernen die Kinder, die ausgegrenzt haben? – Dass es in Ordnung ist, sich so gegenüber anderen zu verhalten. Kindern wird auf dieses Weise keine Handlungsalternative gezeigt, ihre Problemlösungskompetenz in Bezug auf Gerechtigkeit wird genauso wenig angeregt wie ihre Fähigkeit zu Empathie.

Kritisch zu bewerten ist außerdem die Darstellung von Vielfalt in Bezug auf das → »Othering«, das »Besondern«. Kinder werden als »anders« markiert: Sie sind z. B. zugewandert, adoptiert, ökonomisch arm – und mit einer angeblich »ganz anderen

Kultur«. Gedacht sind diese Geschichten häufig als Beitrag zur Sensibilisierung gegen Diskriminierung. Indem sie die Unterschiede zur Dominanzgesellschaft betonen und das Gemeinsame vernachlässigen, bewirken sie jedoch entgegen ihrer eigentlichen Absicht das Gegenteil: Sie halten an der Ausgrenzung fest.

Nicht zuletzt erwähnenswert ist, dass auch auf dem deutschen Kinderbuchmarkt die dominante Perspektive vorherrscht – es fehlen Bücher, die aus marginalisierten Perspektiven, beispielsweise von BIPoC-Autor*innen und Illustrator*innen, Schriftsteller*innen der LGBTIQ*-Community und Autor*innen mit Behinderung geschrieben sind. Dies hängt sicherlich damit zusammen, dass Verlagsverantwortliche in Bezug auf ihre gesellschaftliche Positionierung ebenso wenig vielfältig sind wie in vielen anderen Bereichen unserer Gesellschaft. Eine einseitig dominante Sichtweise auf die Welt vermittelt jedoch allen Kindern ein unvollständiges und in seiner Beschränktheit sogar falsches Wissen. Diese Weisheit enthält auch das Sprichwort, das so oder in ähnlicher Weise in vielen Ländern des afrikanischen Kontinents kursiert: »*Solange die Löwen nicht ihre eigenen Historiker haben, werden Jagdgeschichten immer nur die Jäger verherrlichen.*«

9.6 Vorurteilsbewusste Kinderbücher

9.6.1 Wie lassen sich vorurteilsbewusste Kinderbücher finden?

Kinderbücher, die Vielfalt diskriminierungssensibel zeigen, sind ein Baustein einer Bildung und Erziehung, die auf Menschenrechten fußt. Sie unterstützen Kinder darin, sich selbst und andere zu akzeptieren, und können so einen Beitrag zur (früh-)kindlichen Stärkung von Empathie, Perspektivübernahme und sozialer Gerechtigkeit leisten.

Neben Fortbildungen zur Reflexion eigener Vorurteile wie z. B. zur Critical Whiteness könnten Fachkräfte auch Organisationen und Einzelpersonen in die Auswahl von Kinderbüchern einbeziehen, die sich gegen Diskriminierung engagieren. Die Fachstelle Kinderwelten z. B. erstellt seit vielen Jahren Empfehlungslisten für Kinderbücher mit der Zielgruppe von Kindern im Alter von null bis zehn Jahren, in denen diese Vielfalt wie selbstverständlich abgebildet ist. Eine Arbeitsgruppe mit Fachkräften, die vielfältig positioniert sind, recherchiert Neuerscheinungen, diskutiert diese und verfasst Rezensionen. Für die Einschätzung, ob die gefundenen Bücher diskriminierungssensibel sind, fließen neben den verschiedenen Perspektiven der Mitarbeiter*innen folgende Kriterien ein, die die Arbeitsgruppe entwickelt hat:

Kriterien für die Auswahl von Kinderbüchern, die eine vorurteilsbewusste und inklusive Bildung unterstützen[7]:

- Kinder mit unterschiedlichen Vorerfahrungen und Familienkulturen sollen sich identifizieren können.
- Kinder sollen angeregt werden, ihren Horizont zu erweitern und etwas über die Vielfalt von Lebensbedingungen zu erfahren.
- Bücher sollen Kindern helfen, ihren Gefühlswortschatz zu erweitern.
- Bücher sollen keine stereotypen und diskriminierenden Inhalte enthalten.
- Bücher sollen anregen, kritisch über Vorurteile und Diskriminierung nachzudenken.
- Bücher sollen Beispiele enthalten, die dazu ermutigen, sich gegen Diskriminierung und Ungerechtigkeit zu wehren.

> Auf unserer Website empfehlen wir Kinderbücher, die selbstverständliche Vielfalt abbilden:
> https://situationsansatz.de/fachstelle-kinderwelten/kinderbuecher/kinderbuch-empfehlungen/.
> **Weitere Listen finden sich im Netz wie** http://www.i-paed-berlin.de/de/Kinderbuecher/ **oder** https://www.epiz-berlin.de/publications/super-buecher/.

9.6.2 Kritisches Lesen

Selbstverständlich kann ein einzelnes Kinderbuch nicht alle Vielfaltsaspekte widerspiegeln, denn auch das ist zu konstruiert. Kinder brauchen vielmehr eine Auswahl an Büchern, in denen verschiedene Aspekte Teil der Geschichte sind. Was ist nun aber zu tun, wenn ein Buch Stereotype enthält? Hier bietet sich die Methode des »Kritischen Lesens« an, indem die vorlesende Person kritische Fragen stellt. Es ist beispielsweise so, dass es immer noch hauptsächlich weiblich gelesene Personen in Kinderbüchern sind, die Kinder in der Kita abholen oder bringen. Die vorlesende Person könnte sich an dieser Stelle einfach an die zuhörenden Kinder mit folgender Rückfrage wenden: »Es sieht so aus, als ob hier alle Mamas oder Tanten sind, die Kinder abholen. Meint ihr, Männer können das auch?« Und je nachdem, wie sich der weitere Gesprächsverlauf entwickelt, ließe sich dann noch anmerken: »Also, letztens wurde Kim von seinem Opa abgeholt, und Mira bringt morgens manchmal ihr großer Bruder.« Daraus können sich spannende Diskussionen ergeben: »Gibt es etwas, was nur Männer oder nur Frauen können?« Und wenn ja: »Woran, glaubst du, liegt das?«, »Stimmt das wirklich? Was meinen die anderen dazu?« bieten sich hier als Fragen zum Nachhaken an.

Denkbar ist auch, dass nach dem Vorlesen gemeinsam mit den Kindern ein alternatives Ende entwickelt wird: »Wie glaubt ihr, hat sich X gefühlt, als er/sie von

---

[7] https://situationsansatz.de/wp-content/uploads/2019/11/Kriterien_Kinderb%C3%BCcherauswahl.pdf, Zugriff am 14.01.2021.

den anderen ausgelacht wurde? Was, meint ihr, hätte ihm/ihr geholfen? Wer von euch hat so etwas schon einmal erlebt? Wie war das?«. Auf diese Weise werden Kinderbücher tatsächlich zu einem Bildungsbaustein, der Kindern hilft, sich die Welt zu erschließen. Sie üben sich im Perspektivwechsel und erproben Interventionen gegen Ungerechtigkeiten.

9.6.3 Was tun bei diskriminierenden Begriffen?

Die Methode des »Kritischen Lesens« setzt voraus, dass es eine erwachsene vorlesende Person gibt. Sie funktioniert selbstverständlich nicht bei älteren Kindern, die allein lesen. Nicht zu empfehlen ist die Anwendung der Methode bei diskriminierenden Begriffen. Ein Beispiel dafür ist die Diskussion um das N-Wort im Kinderbuchklassiker »Pippi Langstrumpf«. Das N-Wort ist ein *weißes* Konzept, wie Grada Kilomba[8] ausführt, denn es wurde erfunden, um die europäische Kolonialisierung und die damit verbundene Versklavung und Ausbeutung zu rechtfertigen. Der Begriff ist mit Traumata verbunden und transportiert eine rassistische Gesellschaftsordnung. Sprache ist nie wertfrei, sondern vermittelt stets gesellschaftliche Werte. Immer wieder taucht der Vorschlag auf, dieses Wort auszusprechen, damit die Kinder den Begriff kennenlernen, um dann anschließend darauf hinzuweisen, dass dieser verletzend ist. Diese Idee ist in mehrerlei Hinsicht untauglich: Schwarze Kinder erleben gemeinsam mit ihren Eltern den Rassismus, der unsere Gesellschaft durchzieht, und werden von ihren Eltern in der Regel sehr früh über Rassismus aufgeklärt, denn dies dient ihrem Schutz und stärkt ihre Handlungskompetenz. Für die meisten Schwarzen Kinder ist der Begriff nichts Neues, durch das Aussprechen des N-Wortes erleben sie vielmehr einmal mehr den Schmerz, den rassistische Handlungen auslösen. *Weiße* Kinder hingegen brauchen viel mehr als eine kurze Bemerkung darüber, dass dieses Wort rassistisch und verletzend ist. Es ist Aufgabe der Erwachsenen, dafür einen Raum zu schaffen, in dem *weiße* Kinder zunächst lernen können, ohne andere dabei zu verletzen. Keinesfalls dürfen Schwarze Kinder als Lernfolie für *weiße* Kinder benutzt werden, in dem sie herausgestellt werden und stellvertretend erklären sollen, weshalb dieses Wort rassistisch ist.

Werden Herrschaftsverhältnisse aus der dominanten Perspektive erzählt, wird Unterdrückung aufrechterhalten, bestätigt und verfestigt. Die Gelegenheit, Kinder für ein gerechtes Miteinander zu sensibilisieren, wird versäumt. Das Vermeiden rassistischer und allgemein diskriminierender Begriffe bedeutet keineswegs Zensur, wie oft als Einwand vorgebracht, sondern ein selbstverständliches Eintreten für Menschenrechte.

---

8 https://www.bpb.de/gesellschaft/migration/afrikanische-diaspora/59448/das-n-wort, Zugriff am 14.01.2021.

9.7 Fazit

Wenn die UN-Kinderrechtskonvention in Deutschland Gültigkeit besitzen soll, kommen wir nicht umhin festzustellen, dass das Recht auf Teilhabe am kulturellen Leben nicht für die Kinder gilt, die von einer als Norm gesetzten Mehrheitsgesellschaft abweichen. Es ist deshalb mehr als überfällig, dass diese Kinder zu ihrem Recht kommen: Eine demokratische Gesellschaft benötigt die Perspektiven aller Gruppen. Sichtbarkeit ist Macht, Repräsentanz schafft Zugänge und sichert Zugehörigkeiten. Erwachsene können ein Zeichen gegen Ausgrenzung und Diskriminierung setzen, indem sie z. B. in ihren Einrichtungen vorurteilsbewusste Kinderbücher anschaffen, die die reale Vielfalt unserer Gesellschaft abbilden.

Aktuell in Deutschland erhältliche Kinderbücher sind überwiegend stereotyp und einseitig, denn sie repräsentieren nur einen Teil der hier lebenden Bevölkerung. Damit werden Kindern Bilder von Vielfalt und Unterschiedlichkeit vorenthalten. Um sich ein Bild von der realen Welt machen zu können, brauchen Kinder die Lese-Erfahrung, dass Vielfalt ein selbstverständlicher Teil der Gesellschaft ist, weil alle Menschen dazugehören. Dazu muss Diversität in Kinderbüchern diskriminierungssensibel widergespiegelt werden. Gleichzeitig werden Kinder mit marginalisierter Gruppenzugehörigkeit in ihrer Identität durch diese Materialien gestärkt. Steht dominant positionierten Kindern dieses vielfältige Material im Rahmen einer diskriminierungssensiblen Pädagogik zur Verfügung, erleben sie, dass Vielfalt keine Bedrohung, sondern ein selbstverständlicher Teil menschlichen Lebens ist. Die empirischen Studien zur Wirkung von vorurteilsbewussten Kinderbüchern belegen den positiven Effekt dieser Bücher auf Kinder: Das Lesen und das aktive Diskutieren über Ausgrenzung und Diskriminierung über eine längere Zeit veränderte die voreingenommenen und einseitigen Haltungen der Kinder gegenüber *Race* und *Gender*. Es besteht Grund zur Annahme, dass diese Wirkung sich auf andere Diskriminierungsformen übertragen lässt, Studien dazu stehen allerdings noch aus.

Pädagog*innen haben die Aufgabe, diese Wirklichkeiten wahrzunehmen und im Sinne ihres pädagogischen Auftrags entsprechende Bedingungen zur Unterstützung der Kinder in ihrer Auseinandersetzung mit dieser Wirklichkeit zu schaffen. Eine diskriminierungssensible Pädagogik bedeutet, dass sich Fachkräfte mit den gesellschaftlichen Bedingungen, wie z. B. Ungleichheit, Benachteiligungen oder Einseitigkeiten, und ihren Auswirkungen auf das Leben von Kindern befassen. Dies erfordert eine intensive Selbstreflexion, in der die Pädagog*innen auch im Rahmen von Fortbildungen nicht nur ihr ›Arbeitshandeln‹ überprüfen und weiterentwickeln, sondern auch ihre eigene Identität mit den eigenen Bezugsgruppen und Erfahrungen von Benachteiligung oder Privilegierung reflektieren. Die Publikationen von ISTA/Fachstelle Kinderwelten sowie die Fortbildungsangebote unterstützen Fachkräfte in diesem Prozess und machen auch die jeweilige Einbettung mit den eigenen Erfahrungen sichtbar. Dies hilft nach den bisherigen Erfahrungen in vielfältigen Praxisprojekten dem pädagogischen Fachpersonal, sowohl den Kindern als auch ihren Familien in der Kita und im Sozialraum respektvoll und offen begegnen zu können. Neben diesen grundlegenden und auch langfristigen Zielen für die pädagogische Weiterentwicklung können Pädagog*innen schon mit kleinen Maßnahmen die Darstellung der Welt in Kinderbüchern breiter gestalten.

Kinderbücher haben sehr viel mit den herrschenden gesellschaftlichen Bedingungen zu tun, wie die Recherche des Arbeitsbereichs für vorurteilsbewusste Materialentwicklung zeigen konnte. Die wissenschaftlichen Befunde zu Diskriminierung und Rassismus und auch die Erfahrungsberichte von BIPoC zeigen eindringlich, wie essenziell eine kritische Herangehensweise an Kinderbücher für das Selbstbild und das Verständnis über Bedingungen, Normen und Werte in unserer Gesellschaft sind. Diskriminierungskritische Kinderbücher sind somit ein unerlässlicher Baustein für die Menschenrechts- und Demokratiebildung.

Literaturverzeichnis

Bishop, R. (1990): Mirrors, windows and sliding glass doors. Auernheimer, G.: Der sogenannte Kulturkonflikt. Orientierungsprobleme ausländischer Jugendlicher, Frankfurt/Main 1988, S. 9 zitiert nach Leiprecht, R. (2012): Sozialisation in der Migrationsgesellschaft und die Frage nach der Kultur. Online verfügbar unter: http://bpb.de/apuz/150614/sozialisation-und-kultur?p=all, Zugriff am 18.01.2021.

Cooperative Children Book Center (CCBC)/University of Wisconsin Madison (2019): CCBC Diversity Statistics. Online verfügbar unter: https://ccbc.education.wisc.edu/literature-resources/ccbc-diversity-statistics/, Zugriff am 21.2.2022.

ISTA/Fachstelle Kinderwelten (2004): Vorurteilsbewusste Bildung und Erziehung. Einführung in Ziele und Prinzipien. Online verfügbar unter: https://situationsansatz.de/wp-content/uploads/2004/08/2004_ZielePrinzipien.pdf, Zugriff am 21.2.2022.

Kilomba, G. (2009, 3. Juni): Das N-Wort. Online verfügbar unter: https://www.bpb.de/themen/migration-integration/afrikanische-diaspora/59448/das-n-wort/, Zugriff am 14.1.2021.

Kim, S. J., Wee, S. J. & Lee, Y. M. (2015): Teaching kindergartners racial diversity through multicultural literature. A case study in a kindergarten classroom in Korea. Early Education and Development, 27 (3), 402–420.

Kim, S. J. (2016): »Pink is a girl's color«. A case study of bilingual kindergarteners' discussions about gender roles. Crical Inquiry in Language Studies, 12(4), 237–260.

MacNaugthon, G. (2005): Doing Foucault in early childhood studies. New York: Routledge.

McIntosh, P. (1989): White privilege. Unpacking the invisible knapsack. Online verfügbar unter: https://psychology.umbc.edu/files/2016/10/White-Privilege_McIntosh-1989.pdf, Zugriff am 18.01.2021.

Muhammad, A. & Aly, H. (2020): The proudest blue. A story of hijab and family. London: Andersen Press.

Rommelspacher, B. (1995): Dominanzkultur. Texte zu Fremdheit und Macht. Berlin: Orlanda Frauenverlag.

Wagner, P. (2001): Kinder – keine Vorurteile? Vorurteilsbewusste Pädagogik in Kindertageseinrichtungen. Online verfügbar unter: https://situationsansatz.de/wp-content/uploads/2019/08/Wagner2001_Kl_Kinder_Vorurteile.pdf, Zugriff am 18.01.2021.

Wagner, P., Hahn, S. & Enßlin, U. (Hrsg.) (2006): Macker, Zicke, Trampeltier ... Vorurteilsbewusste Bildung und Erziehung in Kindertageseinrichtungen. Handbuch für die Fortbildung. Berlin: verlag das netz.

Wagner, P. (2014): Wie Kinderwelten entstanden ist. Online verfügbar unter: https://situationsansatz.de/wp-content/uploads/2019/07/Geschichte-Kiwe.pdf, Zugriff am 18.01.2021.

Wagner, P. (2017a): Vorurteilsbewusste Bildung und Erziehung mit jungen Kindern. Online verfügbar unter: https://situationsansatz.de/wp-content/uploads/2020/07/wagner_2017_polat.pdf, Zugriff am 21.2.2022.

Wagner, P. (Hrsg.) (2017b): Handbuch Inklusion (überarbeitete Neuausgabe). Freiburg: Herder.

10 Mehrsprachige Kinder- und Jugendliteratur. Neue Perspektiven für Kinder mit der Zweitsprache Deutsch

Yüksel Ekinci

10.1 Kinder mit Deutsch als Zweitsprache und ihre mehrkulturellen und -sprachigen Lebens- und Medienwelten in der Kinderliteratur

Kinder aus Zuwandererfamilien begegnen selten Textprodukten, die sich an ihrem Lebensalltag orientieren und ihre Mehrsprachigkeit und -kulturalität einbinden. Bislang spiegelt sich die Lebens- und Medienwelt dieser Kinder kaum in der deutschsprachigen aktuellen Kinder- und Jugendliteratur wider. Zwar kommen in der monolingualen Kinder- und Jugendliteratur Namen wie Ayşe, Mohammed oder Fatma vor, jedoch bleibt es häufig bei deren Nennung. Die Mehrsprachigkeit der Kinder aus Zuwandererfamilien spielt zumeist keine Rolle für das Narrative oder die Handlungsstruktur einer Erzählung. Es wird auch der Eindruck vermittelt, als ob die Gesellschaft eher einsprachig sei.

Dabei setzt sich die Bevölkerung in Deutschland aktuell aus 26 % an Menschen mit Migrationshintergrund im weiteren Sinne zusammen, von denen der Großteil (16,8 %) eine eigene Migrationserfahrung und nur 9 % keine solche aufweist. Bei den Null- bis Fünfjährigen (40,4 %) und Fünf- bis Zehnjährigen (39,6 %) hat mittlerweile fast jedes zweite bis dritte Kind einen Migrationshintergrund, obwohl diese mehrheitlich (36,9 und 29,5 %) keine eigene Migrationserfahrung haben (vgl. Destatis 2020, S. 37). Aufgrund ihrer Geburt in Deutschland besitzen sie von Anfang an die deutsche Staatsangehörigkeit (27,5 und 26,2 %) (vgl. Beauftragte der Bundesregierung für Migration, Flüchtlinge und Integration 2018).

In den letzten zehn Jahren ist der Anteil an Kindern mit Migrationshintergrund, unter ihnen auch solche mit vorrangig nichtdeutscher Familiensprache (vgl. Autorengruppe Bildungsberichterstattung 2020, S. 97; Gambaro 2017, S. 1208), nicht nur in der Gesellschaft, sondern auch in den Kindertageseinrichtungen, insbesondere in der U3-Betreuung stetig gestiegen. Der Anteil der Unter-Dreijährigen mit Migrationshintergrund ist von 11 auf 21 % gestiegen (vgl. Autorengruppe Bildungsberichterstattung 2020, S. 87f.). In den Bildungsinstitutionen dominiert der »monolinguale Habitus« (Gogolin 1994), denn in der Praxis wird eher auf eine strikte Trennung zwischen Mehrheits- und Minderheitensprachen im frühpädagogischen Alltag gesetzt (Panagiotopoulou 2016, S. 20). In Deutschland zählen zu den Migrationssprachen mit den meisten Sprecher*innen das Türkische, Russische und Polnische, gefolgt vom Bosnischen, Serbischen und Kroatischen. Darüber hinaus gewinnt das Arabische aufgrund der neuen Zuwanderung aus den Ländern des Mittleren Ostens zunehmend an Bedeutung (vgl. Kameyama & Özdil 2017, S. 74).

Da die Klassenzimmer und Kitagruppen immer heterogener werden, nehmen die Forderungen nach einer neuen Didaktik zu. Hoffmann (2011) postuliert eine Anpassung der Didaktik an die Lern(enden)voraussetzungen, indem der hohe Anteil der mehrsprachigen Kinder berücksichtigt und das Potenzial der Lernenden genutzt wird. Dabei verhilft eine systematische und strukturierte Einbindung der Mehrsprachigkeit der Kinder beispielsweise durch mehrsprachige Kinder- und Jugendliteratur im Lernprozess dazu, die Sprachenvielfalt von Kindern in der Primar- und Elementarstufe wertzuschätzen, um Mehrsprachigkeit in ihrer ganzen Vielfalt zu fördern und zu nutzen. Folgende didaktische Bereiche profitieren vom Einsatz mehrsprachiger Kinder- und Jugendbücher:

- Wahrnehmung von verschiedenen Lebens- und Medienwelten
- Erweiterung des grammatischen Wissens (Zugang zu komplexeren Konstruktionen)
- Wortschatz- und Bedeutungsentwicklung in der L1 und L2
- Aneignung von Weltwissen
- Wahrnehmung von anderen Kulturen und Werten

Die Verwendung von mehrsprachiger Kinder- und Jugendliteratur erscheint in sprachlich und kulturell heterogenen Lerngruppen sinnvoll, da die Kinder dadurch eine Wertschätzung ihrer Erstsprachen erfahren und zahlreiche weitere Vorteile bestehen: Die Kinder werden gezielt angesprochen und dadurch besonders am Lerngeschehen beteiligt und sie erweitern ihre Ausdrucksmöglichkeiten in allen gesprochenen Sprachen, wenn die Lernmittel richtig eingesetzt werden.

Das Angebot an mehrsprachiger Kinder- und Jugendliteratur ist inzwischen groß. Inhaltlich kreisen die Themen in der mehrsprachigen Kinder- und Jugendliteratur überwiegend um Diskriminierung, Rassismus, Migration, Fremdheit, Identität und Sprache. Insbesondere sind Kinderbücher gefragt, die rassismuskritisch und vorurteilsbewusst erziehen sollen. Die Fokussierung auf diese Sujets ist zwar sehr diversitätsbewusst, aber kritisch zu betrachten, denn zweisprachige Bücher sollten auch Themen aus dem Alltag der Kinder aufgreifen wie beispielsweise Einschulung, Geburtstage, Zoobesuch und die vielen Sprachen, die gesprochen werden, damit die neue Welt in Deutschland von diesen Kindern auch erschlossen werden kann. Durch die Thematisierung der sprachlichen und kulturellen Heterogenität werden diese Bücher für die Kinder aus Zuwandererfamilien bedeutsam und wirken sich förderlich für ihre Persönlichkeits- und Identitätsentwicklung aus.

Die Verlagsangebote zu mehrsprachiger Kinderliteratur werden in der letzten Zeit immer mehr. Die Gestaltung von mehrsprachigen Büchern ist dabei höchst unterschiedlich: Es gibt Bücher, die mehrere Sprachen ohne Übersetzung abbilden, oder es findet in manchen Texten auch eine Sprachmischung statt (Eder 2009, S. 22 ff.). Dieses Genre wird deshalb entweder als interlinguale Literatur (Rösch 1997, S. 190) oder als integriert mehrsprachige Kinder- und Jugendliteratur bezeichnet (Rösch 2013, S. 157 f.). Zudem existieren auch Bücher, in denen die Texte in mehreren Sprachen parallel abgedruckt sind (Eder 2009, S. 15 ff.). Diese additiv mehrsprachige Kinder- und Jugendliteratur, die auch zweisprachige Ausgaben in anderen Sprachen umfasst, entstand zu Beginn der 1980er Jahre (Rösch 2013, S. 151 ff.). Solche Übersetzungen werden als inter- und transkulturelle Interpretation bzw. als *cultural interpreting* im Sinne einer Sprach- und Integrationsvermittlung bzw. als interkulturelles Übersetzen eingestuft (Rösch 2013, S. 146 ff.).

10.2 Einsatz von mehrsprachiger Kinder- und Jugendliteratur in Bildungsinstitutionen

Laut Richtlinien und Lehrplänen für die Grundschule in NRW (2008, S. 73) müssen Lehrkräfte bei der Unterrichtsgestaltung unmittelbar von der Erfahrungswelt der Kinder ausgehen. Viele Kinder haben in den letzten Jahren durch die anhaltende Zuwanderung mehr Kontakt zu einer größeren Anzahl an Sprachen und in manchen Wohnvierteln werden diese in einer vielsprachigen Umgebung groß. Der Sprachkontakt dieser Kinder wird jedoch in der Kinder- und Jugendliteratur eher ausgeblendet und stattdessen wird die Monolingualität als Normalfall dargestellt, was nicht der Lebensrealität von vielen Kindern entspricht. Zumeist sprechen die Kinder in diesen Büchern ausschließlich Deutsch. Auch die multikulturellen Lebensrealitäten beispielsweise in der nahen Umgebung sind dort selten repräsentiert.

In einem Projekt der TU Dortmund stellten Hoffmann und Ekinci-Kocks (2012) bei Kindern fest, die in einer mehrsprachigen und -kulturellen Umgebung im Norden Dortmunds wohnen, dass diese vor ihrer Einschulung über andere Symbole, Zeichen oder Logos (wie z. B. in ihrer Wohnumgebung) verfügten als ihre monolingualen Freund*innen in der Kita. Die Kinder erkannten im Wohnumfeld spezifische Werbeplakate, z. B. die Knoblauchwurst der Firma Ege Türk oder Schafskäse von der Firma Gazi. Auf den Werbeplakaten fanden sich an Muslime gerichtete Logos, wie z. B. das Halal-Logo, welches markiert, dass das Fleisch nach muslimischen Regeln aufbereitet wurde (vgl. Hoffmann & Ekinci-Kocks 2012). Diese Symbole, Schriftzeichen oder Logos waren nicht-muslimischen Kindern gänzlich unbekannt, was aber nicht bedeutet, dass diese Kinder mit Defiziten in die Schule kommen. Ihnen sind lediglich andere Symbole, Schriftzeichen oder Logos vertraut, denen sie in ihrer Wohnumgebung begegnen. Diese andere Lebenswirklichkeit muss berücksichtigt werden, wenn im ersten Schuljahr an den Vorerfahrungen mit Schriftzeichen angeknüpft werden soll (Ekinci 2019, S. 273). Allzu oft übersehen Erzieher*innen, Pädagog*innen und Lehrkräfte die Ressourcen aus dem Umfeld der Kinder und ihrer Erstsprache, wodurch sie versäumen, sich diese auch positiv zunutze zu machen.

Anhand vertrauter Geschichten aus den Lebens- und Medienwelten der Kinder sollte gleichzeitig versucht werden, sowohl die Zweitsprache Deutsch zu vermitteln als auch die Erstsprache der Kinder zu fördern. Gleichzeitig könnten auch die Kindheitspädagog*innen, Erzieher*innen und Lehrkräfte dabei Einblicke in die verschiedenen Lebens- und Medienwelten der mehrsprachigen Kinder gewinnen. Grundsätzlich sollte mehr Wert auf die Anknüpfung an die mehrsprachige und -kulturelle Lebens- und Medienwelt der Kinder gelegt werden, wodurch ein stärkerer Bezug zu ihrem Alltagsleben hergestellt werden kann. Dies motiviert sie, mehr Bücher zu lesen, denn dadurch erhalten sie authentische Identifikationsangebote, weil die fiktiven Figuren ihrer Lebenswirklichkeit nahekommen. Zurzeit finden sich Zuwandererkinder kaum hinsichtlich ihrer alltäglichen Erfahrungen zu bestimmten Themen in den Kinderbüchern und Materialien gespiegelt.

Ziel des Einsatzes von mehrsprachiger Kinderliteratur in der Elementar- und Primarstufe sollte es auch sein, die Formulierungs- und Verstehensfähigkeit in der Erst- und Zweitsprache zu verbessern, um die kindliche Neugier auf Literatur durch Texte zu wecken, die ihren Lebens- und Medienwelten entsprechen. Rehbein misst dem Einbezug der Erstsprache eine zentrale Bedeutung für den Unterricht in verschiedenen Fächern an einer deutschen Schule bei. In einem von ihm beobachteten Schulalltag verarbeiten die Schüler*innen die Begriffsinhalte in bewertenden Kommentaren in Fragesequenzen zum Teil auf Deutsch und zum Teil auf Türkisch (Rehbein 2010, S. 29). Die Denksprache kann nach Rehbein die jeweilige Erstsprache oder Deutsch sein. In Dirims Studie (1998) verwendeten die Kinder als Arbeitssprache auch sprachlich gemischte Äußerungen. Somit können sowohl die Arbeits- als auch die Denksprache durchaus mehrsprachig sein, sodass beide Sprachformen in bilingualer Kinder- und Jugendliteratur in vorschulischen Lern(enden)gruppen oder in der Schule genutzt werden können.

Der schulische Erfolg hängt oft auch vom Gelingen des Schriftspracherwerbs ab, der durch Bücher gefördert wird. Die Kinder bekommen schon früh ein Gespür für Laut-Buchstaben-Verbindungen und eignen sich durch die Geschichte eine große Anzahl an neuen Wörtern an, die sie von der Schriftlichkeit in die Mündlichkeit übertragen können. Aus diesem Grund ist der Umgang mit Büchern ein wesentlicher Faktor für den späteren Bildungserfolg der Kinder und muss als Bestandteil in die Sprach- und Leseförderung integriert werden (Lamparter-Posselt & Jeuk 2008, S. 152).

Mit einer mehrsprachigen Kinder- und Jugendliteratur, die sowohl die Kultur dieser Kinder einbezieht als auch ihre emotionale Ebene berücksichtigt, gelingt nicht nur die Ansprache dieser Zielgruppe, sondern auch die Inklusion der Kinder in die hiesige Gesellschaft. Dazu sollte institutionell Wert auf die Anknüpfung an die mehrkulturelle Lebens- und Medienwelt der Kinder gelegt werden. Die Kinder sollten in ihrem (vor-)schulischen Alltag nicht nur ihre Erst- und Zweitsprache entdecken, sondern darüber hinaus diese auch einsetzen können. Mehrsprachige Kinder- und Jugendliteratur regt Kinder zur Auseinandersetzung mit Fragen der Mehrsprachigkeit und Mehrkulturalität und damit zum Sprachvergleich an, was gleichzeitig *language awareness* begünstigt.

10.3 Eigene und fremde Lebens- und Medienwelten entdecken: Neue Perspektiven

In der mehrsprachigen Kinder- und Jugendliteratur finden Kinder auch Sprachmischungen vor, was mit dem Sprachgebrauch ihrer unmittelbaren Umwelt korrespondiert. Dies verdeutlicht ihnen, dass das Wechseln von einer Sprache in die andere im alltäglichen Gebrauch eher den sprachlichen »Normalfall« als eine Ausnahme oder gar ein »Defizit« darstellt. Mehrsprachige Kinder- und Jugendliteratur verhilft unter Berücksichtigung der jeweiligen Kultur auf der emotionalen Ebene der Kinder dazu, ihre Kompetenzen in der Erst- und Zweitsprache auszubauen. Dies wirft nun die Frage auf, wie diese auch emotionale Bezugnahme auf die jeweilige Kultur im Kinderbuch gelingen kann.

So können beispielsweise bekannte Figuren aus dem Herkunftsland der Kinder und Eltern in den sprachlich und kulturellen heterogenen Lern(enden)gruppen zum Gegenstand gemacht werden, um die Herkunftsliteratur und deren bekannte literarische Figuren in der Elementar- und Primarstufe für den Spracherwerb zu nutzen. So gehören beispielsweise Geschichten von Nasreddin Hodscha in Griechenland, auf dem Balkan, in der Türkei, im Iran, im Irak und in Syrien zum allgemeinem Volks- und Kulturgut. Sie wurden bisher jahrhundertelang vor allem mündlich überliefert, wobei die Bücher mittlerweile in viele Sprachen übersetzt wurden. Nasreddin Hodschas Geschichten eignen sich, da sie viele Kinder mit Zweitsprache Deutsch emotional ansprechen können. Die Erzieher*innen, Kindheitspädagog*innen und Lehrkräfte zeigen dadurch Interesse an den kulturellen Erfahrungen und Hintergründen, denen sie mit Wertschätzung begegnen können. Gleichzeitig werden die Kompetenzen in den Herkunftssprachen erweitert, aber auch die Motivation gesteigert, sich auf Deutsch über die vertrauten Inhalte zu unterhalten.

Ziel ist es, die Formulierungs- und Verstehensfähigkeit durch die mehrsprachigen Geschichten von Nasreddin Hodscha zu erhöhen, indem die Texte, die den Lebenswelten der Kinder entsprechen, Weltwissen vermitteln. Nasreddin Hodscha begleitet die Kindheit als eine vertraute Figur auf Kinderfesten, auf Hochzeitsfeiern und anderen gesellschaftlichen Veranstaltungen im Leben dieser Zuwandererfamilien in Deutschland. Nasreddin Hodscha ist in den Medienwelten dieser Kinder präsent, sei es durch Fernsehsendungen aus ihren Herkunftsländern oder mehrsprachige Werbungen. Als eine Ergänzung in der Arbeit in der Lern(enden)gruppe können zweisprachige Sets als Podcasts, Kinder- und Jugendbücher und Filme angeboten werden. Mit einer individuellen Textproduktion sollte versucht werden, einen Bezug zwischen den Geschichten und den Erfahrungsfeldern der Kinder herzustellen. Ausgehend vom eigenen Repertoire bekannter Nasreddin-Hodscha-Abenteuer können Kinder als adäquate Aufgabe dazu aufgefordert werden, eigene Texte mit neu erdachten Abenteuern hier in ihrer neuen Heimat in Deutschland zu entwickeln. Zum Beispiel, dass Nasreddin Hodscha nach Bielefeld kommt, um ein Arminia-Fußballspiel anzuschauen.

10.3 Eigene und fremde Lebens- und Medienwelten entdecken: Neue Perspektiven

Die Sprache ist zwar ein Schlüssel, damit die Kinder am Bildungssystem erfolgreich teilnehmen können. Aber genauso bedeutsam ist es, die Gefühlswelt der Schüler*innen anzusprechen. Dazu sollten sie mit Themen konfrontiert werden, die sie aus ihrer Lebens- und Medienwelt kennen, was ihnen eine Auseinandersetzung mit ihrer Identität ermöglicht. Insbesondere Kinder, die erst kürzlich nach Deutschland zugewandert sind, benötigen mehr Material, um die noch frischen Erfahrungen verarbeiten zu können. So müssen beispielsweise geflüchtete Kinder vielleicht Krieg, Flucht oder auch den Tod ihrer Familienangehörigen in der zurückgelassenen Heimat noch aufarbeiten. Sie erleben die Migration als eine Krise, denn sie werden aus dem gewohnten Leben und ihrem Umfeld gerissen und verlassen Menschen, die ihnen nahestehen. Dennoch wird von ihnen in der hiesigen Gesellschaft verlangt, dass sie in der deutschen Kita oder Schule sofort die deutsche Sprache erlernen und sich hier möglichst schnell anpassen. Dabei wird die Gefühlsebene dieser Kinder in den Bildungsinstitutionen völlig ausgeklammert. Ihre Sehnsucht, ihre Trauer und ihr schmerzhafter Heimatverlust bleiben überwiegend im Schulalltag allzu häufig außen vor.

Hilfreich wäre es deshalb, wenn sie sich mit diesen Themen über den Weg der Kinder- und Jugendliteratur auseinandersetzen könnten, um die schmerzhaften Erfahrungen verarbeiten zu können. Der Blick auf andere Minderheiten mit Fluchterfahrung bietet sich zum Vergleich mit den eigenen Lebenserfahrungen an und verhilft dazu, eine Distanz einzunehmen, die zu neuen Verstehensprozessen führen könnte. Eigene Lebenserfahrungen lassen sich mit Distanz betrachten und neue Perspektiven auf das eigene Leben entwickeln, wenn die Kinder Diskriminierungen in der Kinder- und Jugendliteratur in verschiedenen Kontexten kennenlernen. Insbesondere andere Werte werden mittels mehrsprachiger Kinder- und Jugendliteratur erfahrbar, die ihnen noch unbekannt sind.

Kinder begegnen tagtäglich Menschen aus verschiedenen Kulturen an unterschiedlichen Orten und Räumen. Dies erfordert eine Sensibilisierung für kulturelle Aspekte in der Eigen- und Fremdwahrnehmung sowie einen permanenten Reflexionsprozess. Insbesondere bedarf es Offenheit für Diversität und andere Handlungsräume. So unterscheiden sich z. B. kulturelle Praktiken einer zum Teil tribal strukturierten Gesellschaft (Afghanistan) erheblich von denen einer christlichen Minderheit in einer vornehmlich andersgläubigen Umgebung (Irak). Die Entwicklung von Unabhängigkeit wird beim Kind nicht überall oder auch nur einseitig und übermäßig stark gefördert (bei der Erziehung der Jungen). Respekt vor Eltern und Erwachsenen wird als wichtige Tugend betrachtet und innere und äußere Ehre stellt einen zentralen Wert dar. Deshalb ist didaktisch hier ein zunächst vermittelnder Weg einzuschlagen, um die Werte kennenzulernen, wie sie im Grundgesetz verankert sind (Menschenrecht, Gleichheit).

Zur inter- und transkulturellen Kompetenz der Kinder gehört Wissen über kulturelle und religiöse Unterschiede zwischen den Herkunftsländern und Deutschland, damit keine Konflikte innerhalb der Lern(enden)gruppen entstehen, wenn die Lernenden unterschiedlichen Ethnien oder Religionen angehören, zwischen denen in den Herkunftsländern Spannungen herrschen. Werte sind nicht von einem Land auf das nächste übertragbar, auch wenn sie in der Herkunftskultur gelten. Dazu ist eine kritische Reflexion der eigenen Tradition und Kultur notwendig. Es sollte klar sein, dass in dem Einwanderungsland Gesetze gelten, die auch mit den Werten des Herkunftslands in Konflikt stehen können (wie z. B. Heirat von Minderjährigen ist gesetzlich ungültig, sog. Ehemündigkeit beginnt mit der Vollendung des 18. Lebensjahres). Die Kinder müssen in die Lage versetzt werden, dass sie auch erkennen können, welche Tradition es wert ist, weiterhin beibehalten zu werden, und von welchen Bräuchen sich verabschiedet werden muss, weil sie nicht im Einklang mit dem Grundgesetz stehen. Dazu gehört beispielsweise die Ungleichbehandlung von Jungen und Mädchen oder die Entscheidungsfreiheit von Mädchen, sich selbst ihren zukünftigen Ehemann aussuchen zu dürfen. Dabei gilt es im Zusammenleben von verschiedenen Ethnien und Religionen in Deutschland auch zu betonen, dass nicht nur Unterschiede, sondern auch Gemeinsamkeiten bestehen.

Manche Kindheitspädagog*innen, Erzieher*innen und Lehrkräfte vergessen bei der didaktischen Konzeption, dass muslimischen Kindern mit der Zweitsprache Deutsch die christlich geprägte Kultur weniger bekannt ist und entsprechend der Wortschatz fehlt. An Weihnachten werden besonders viele Projekte an den Schulen und Kitas durchgeführt: Der Advent wird gefeiert, das Klassenzimmer wird geschmückt, Plätzchen werden gebacken, die Eltern zu Kaffee und Kuchen eingeladen. Die Kinder erlernen viele Lieder mit religiösen Inhalten und besuchen den Weihnachtsmarkt. Häufig gehen Kindheitspädagog*innen, Erzieher*innen, und Lehrkräfte davon aus, dass muslimische, hinduistische oder buddhistische Kinder auch Weihnachten feiern, anstatt andere religiöse Feste im Jahreskreis aufzugreifen. Es werden Weihnachtsgeschichten vorgelesen, Texte dazu erarbeitet oder Krippenspiele vorgeführt. Die Wortfelder rund um die christliche Kultur sind vielen Kindern mit Deutsch als Zweitsprache aber nicht vertraut, denn sie besuchen keine Kirchen, sondern Moscheen oder andere Gebetsräume. Diese anderen Räume wie beispielsweise die Moschee kommen in der hiesigen Kinderliteratur jedoch eher selten vor bzw. solche Kinderbücher finden sich eher im Programm kleinerer Verlage. Dass Moscheen in Deutschland nicht nur eine religiöse Funktion erfüllen, sondern auch eine Begegnungsstätte für Zuwandererfamilien sind, in denen Kinder Hausaufgabenhilfe, Sprachförderung oder Freizeitangebote wahrnehmen, wissen auch einige Erzieher*innen, Lehrkräfte und Pädagog*innen nicht. Es ist wichtig, dass Kindheitspädag*innen, Lehrkräfte und Erzieher*innen ihr berufliches Handeln in Bezug auf Diversität intensiver beobachten, die Verabsolutierung dominanzkultureller Sichtweisen und Bedeutungszuweisungen überwinden und die Individualität ihres Gegenübers ohne die Überbewertung bestimmter Differenzmerkmale wahrnehmen und einbeziehen (vgl. Dirim & Mecheril 2018, Fereidooni & Simon 2020).

Pädagogische Versuche, auf die Kinder mit Zuwanderungsgeschichte einzugehen, gibt es zwar, indem die Kinder beispielsweise nach ihren religiösen Festen und ihren Bräuchen befragt werden. Allerdings fallen die Antworten der Kinder bisweilen eher lückenhaft aus, weil ihnen der deutsche Sprachwortschatz fehlt. In der Praxis ist zu beobachten, dass es diesen Kindern schwerfällt, davon zu berichten, wenn die Lehrerin sie z. B. auffordert: »Fatma, erzähl mal, welche Feste feiert ihr?« Da die Kinder ihren Wortschatz in diesem Bereich noch nicht ausgebaut haben, wissen sie nicht, wie sie »Ramazan Bayramı« (Ramadan) oder »Şeker Bayramı« (Zuckerfest), »Kurban Bayramı« (Opferfest) ins Deutsche übersetzen können. Da sie diese Ausdrücke nur in ihrer Erstsprache kennen, finden sie keine Antworten auf Fragen wie »Warum fastet ihr und dürft ihr wirklich nichts essen?«.

Beim Aufbau eines interkulturellen Wortschatzes sollte deshalb darauf geachtet werden, die Lebensumwelt der Kinder gezielt anzusprechen. Damit schon Kinder in der Vorschule ihren Wortschatz in deutscher Sprache diesbezüglich erweitern können, ist die Verwendung von solchen Bildern im Elementar- und Primarbereich hilfreich, in denen die Lebensbereiche dieser Kinder wiedergegeben sind. Wissen wird über die Wirklichkeit in sprachlichen Ausdrücken vermittelt. Für das Verstehen und Aneignen der Bedeutung von Ausdrücken ist die Partizipation an gesellschaftlich-kommunikativer Verwendungspraxis essenziell. Wortschatzausbau in der Erst- und Zweitsprache anhand mehrsprachiger Literatur erweitert die Handlungsmöglichkeiten von Kindern und ermöglicht Teilhabe. Mehrsprachige Kinder nutzen ihre Familien- bzw. Herkunftssprache(n) dabei als Arbeits- und Denksprache(n) (vgl. Grießhaber, Özel & Rehbein 1996).

10.4 Der Mehrwert von mehrsprachiger Kinder- und Jugendliteratur für die Eltern

Der elterliche Sprachgebrauch ist für den Wortschatzaufbau der Kinder äußerst relevant, denn das Vokabular eines Kindes hängt größtenteils von der Anzahl und Art der Wörter ab, die seine Eltern gebrauchen, wie Apeltauer (2008, S. 240) in seinen Studien bereits festgestellt hat. Gerade im Kontext migrationsbedingter Mehrsprachigkeit stellt sich für viele Eltern u. a. die Frage, wie sie die Sprachen ihrer Kinder fördern können. Ekinci (2017) listet häufig gestellte Fragen von Eltern mit Zuwanderungsgeschichte zur Sprachentwicklung auf und zeigt, dass die Eltern auch viele Ängste haben (vgl. Ekinci 2017, S. 494). Sie sind besorgt, ob ihre Kinder unter → Semilingualismus leiden, und auch verunsichert, wenn ihre Kinder die Sprachen mischen. Sie wissen nicht, welche Sprache sie verwenden sollten, wenn das Kind ihnen ausschließlich in deutscher Sprache antwortet. Hier kommt mehrsprachigen Bilderbüchern eine wichtige Rolle im Spracherwerb zu, denn aus sprachdidaktischer Perspektive sind Bilderbücher vielseitig komplexe Medien, die sowohl mit als auch ohne Text wichtige Ressourcen zur institutionellen Förderung von Erzähl- und Lesefähigkeiten in der Elementar- und Primarstufe darstellen, weil die Bild-Text-Relation dies begünstigt (Krichel 2018). Deshalb wäre es wünschenswert, dass mehrsprachige Bilderbücher immer mehr zum Einsatz kommen – und zwar sowohl im institutionellen als auch im privaten familiären Kontext im Alltag.

Das Nebeneinanderstellen von Wörtern aus beiden Sprachen, wozu sich Bilderbücher aufgrund ihres Layouts besonders eignen, erlaubt dem Kind, selbst Vergleiche zwischen beiden Sprachen anzustellen. Bilderbücher haben meist eine sehr regelhafte Textstruktur und sind klar und überschaubar gegliedert. Durch Wiederholungen im Text können Kinder sowohl ihre Erstsprache als auch Deutsch als

Zweitsprache verbessern. Zudem wird das Aneignen von komplexen Satzstrukturen durch Bilderbücher erleichtert, was den Kindern bei der Vorbereitung auf die schulischen Anforderungen hilft. Dazu können sich die Kinder beispielsweise gemeinsam mit ihren Eltern mehrsprachige Bilderbücher sowohl in ihrer Erstsprache als auch in der Zweitsprache genauer betrachten. Durch das Identifizieren von neuen Begriffen und Satzmustern in der Gegenüberstellung beider Sprachen besteht die Möglichkeit, dass auch Eltern, deren Muttersprache nicht Deutsch ist, ihre Kinder beim Erwerb der deutschen Sprache unterstützen können, in der sie sich in der Schule und später im Beruf zu behaupten lernen müssen (Bartnitzky 2000, S. 267). Eine sorgfältige Orientierung am Text durch Übersetzung liegt nicht nur im Interesse der Literaturvermittlung, sondern dient auch dem Erlernen einer Sprache.

Für Eltern mit Zuwanderungsgeschichte bieten mehrsprachige Bücher die Möglichkeit, ihrem Kind in ihrer Erstsprache vorzulesen. Das Erzählen und gemeinsame Betrachten von Kinderbüchern in der Familie als erste und wichtigste Sozialisationsinstanz zählt zum zentralen Schritt in der sprachlichen (Früh-)Entwicklung von Kindern, was unter dem Begriff *Family Literacy* in den 1980er Jahren in den USA geprägt wurde. Auch finden es Kinder schön, eine Geschichte vorgelesen zu bekommen. Das Kind lernt beim Zuhören nicht nur viele Wörter, sondern stärkt auch seine phonologische Bewusstheit; gleichzeitig lässt sich dadurch das Erleben von Situationen und Ereignissen verarbeiten.

Das Vorlesen eines Bilderbuchs wird als besonders hilfreiche Form der Sprachvermittlung und Grundlage für das Textverstehen betrachtet. Das Potenzial von Bilderbüchern liegt nicht nur in der sprachlichen Förderung, sondern auch in der effektiven Nutzung und im partizipativen Umgang dieser durch Techniken des Vorlesens (Heller 2018). In zwei- und mehrsprachigen Vorlese- und Erzählkontexten können Bilderbücher mit Text einerseits sprachliche Strukturen »vorgeben«, andererseits aber auch das zwei- und mehrsprachige Sprechen evozieren, um diskursiv-narrative Strukturen auch in den Herkunftssprachen auszubauen (Kalkavan-Aydın 2016).

Das gemeinsame Anschauen von Kinder- und Bilderbüchern regt Eltern und Kinder gleichermaßen zum Erzählen an. Eltern, die ihre Kinder in schulischen Belangen oftmals nicht unterstützen können, sind dann in der Lage, in ihrer Erstsprache vorzulesen. Die Erziehungsberechtigten könnten von den Erzieher*innen, Pädagog*innen oder Lehrkräften angeleitet werden, über die Bilder und den Text mit ihren Kindern zu sprechen. Dabei sollte betont werden, wie wichtig das Erzählen und gemeinsamen Betrachten von Kinderbüchern für die sprachliche Entwicklung von Kindern ist, wovon letztendlich auch der schulische Erfolg und damit der Erwerb der Schriftsprache, das Lesen und das (korrekte) Schreiben abhängt. Das Kind lernt beim Zuhören nicht nur Wörter und Äußerungsformen, sondern hat die Möglichkeit, das Erleben von Situationen und Ereignissen zu thematisieren und anschließend beim Erzählen, Bewerten, Weitererzählen und Weiterfantasieren etc. kognitiv zu verarbeiten. Hilfreich sind für die Kinder mit Zweitsprache Deutsch sowohl Bilderbücher als auch generell mehrsprachige Kinder- und Jugendliteratur. In den letzten Jahren lässt sich in der Praxis vermehrt beobachten, dass Erzieher*innen, Kindheitspädagog*innen und Lehrkräfte mehrsprachige Kinder- und Jugendliteratur zur Förderung der Erzähl- und Schreibkompetenzen empfehlen. Sie bestellen Bücherkisten bei der Stadtbibliothek, damit den Familien die mehrsprachige Kinder- und Jugendliteratur für die Lektüre nach Hause mitgegeben werden kann.

10.5 Ausblick

Der besondere Mehrwert mehrsprachiger Kinder- und Jugendliteratur liegt in einer Erhöhung der Partizipationsmöglichkeiten von zugewanderten Kindern. Sie erhalten dadurch die Möglichkeit, ihr inter- und transkulturelles Wissen zu erweitern. Sie begegnen Texten, die unmittelbar an ihren Lebens- und Medienwelten anknüpfen, ihre Gefühlswelt ansprechen, und sind auch mit neuen Themen konfrontiert, die für ihre persönliche Weiterentwicklung von Bedeutung ist. Durch das Verknüpfen von Bekanntem und Unbekanntem werden zugewanderte Kinder und Jugendliche befähigt, die sie in Deutschland umgebende Vielfalt positiv zu erleben und die Konfliktfelder der postmigrantischen Gesellschaft (vgl. Foroutan 2018) nicht nur zu identifizieren, sondern auch zu analysieren und für das eigene Fortkommen produktiv zu nutzen. Durch die mehrsprachigen Bücher ist es möglich, Kinder und Jugendliche für das mehrkulturelle Zusammenleben zu sensibilisieren, sodass sich Diversität auch aus ihrer Wahrnehmung als Bereicherung darstellt. Auch ist es denkbar, dass eine Verschiebung der bisherigen Werte stattfinden kann.

Mehrsprachige Kinder- und Jugendliteratur eignen sich besonders zur Förderung der Zweisprachigkeit dieser bi- bzw. multilingualen Kinder, da sie hier keine Diskriminierung ihrer Herkunftssprachen erfahren und ihre Lebens- und Medienwelten repräsentiert sehen. Dies stärkt das Selbstbewusstsein der Kinder und stellt eine Bereicherung für alle dar. Wo immer es der didaktische (Lehr-)Plan erlaubt, sollte auf die Herkunftssprache(n) eingegangen werden, um Vermittlungshilfen zu schaffen und um vorhandene Sprachfähigkeiten auch als Basis für das Deutschlernen zu aktivieren. Dies trägt zur Ausbildung einer sprachbewussten Zwei- bzw. Mehrsprachigkeit bei. Die Kindheitspädagog*innen, Erzieher*innen und Lehrkräfte können die Kinder besser motivieren, wenn sie die Themen aufgreifen, die vor allem die Kinder mit der Zweitsprache Deutsch bewegen. Kurzfristig bedeutet es möglicherweise einen Mehraufwand, aber langfristig lohnt es sich, in mehrsprachige Kinder- und Jugendliteratur für einen erfolgreichen Schulstart und eine gute Schullaufbahn von zugewanderten Kindern zu investieren.

Literaturverzeichnis

Apeltauer, E. (2008): Wortschatzentwicklung und Wortschatzarbeit. In: B. Ahrenholz (Hrsg.), Deutsch als Zweitsprache (S. 259–252). Baltmannsweiler: Schneider Verlag.

Autorengruppe Bildungsberichterstattung (2020): Bildung in Deutschland 2020. Ein indikatorengestützter Bericht mit einer Analyse zu Bildung in einer digitalisierten Welt. Online verfügbar unter: https://www.bildungsbericht.de/de/bildungsberichte-seit-2006/bildungsbericht-2020/pdf-dateien-2020/bildungsbericht-2020-barrierefrei.pdf, Zugriff am 06.06.2021.

Bartnitzky, H. (2000): Sprachunterricht heute. Sprachdidaktik, Unterrichtsbeispiele, Planungsmodelle. Berlin: Cornelsen Verlag.

Beauftragte der Bundesregierung für Migration, Flüchtlinge und Integration (2018): Die deutsche Staatsbürgerschaft. Alles was Sie darüber wissen sollten. Online verfügbar unter: https://www.bundesregierung.de/resource/blob/975292/1543188/88d72e6ce4af2bbac9b565afb054fa5f/die-deutsche-staatsbuergerschaft-07-11-18-download-neu-ba-ib-data.pdf?download=1, Zugriff am 06.06.2021.

Destatis/Statistisches Bundesamt (2020): Bevölkerung und Erwerbstätigkeit. Bevölkerung mit Migrationshintergrund. Ergebnisse des Mikrozensus 2019. Online verfügbar unter: https://www.destatis.de/DE/Themen/Gesellschaft-Umwelt/Bevoelkerung/Migration-Integration/Publikationen/_publikationen-innen-migrationshintergrund.html, Zugriff am 25.05.2021.

Dirim, I. (1998): »Var mı lan Marmelade?« Türkisch-deutscher Sprachkontakt in einer Grundschulklasse. Münster: Waxmann.

Dirim, I. & Mecheril, P. (2018): Heterogenität, Sprache(n), Bildung. Bad Heilbrunn: Julius Klinkhardt.

Eder, U. (2009): Mehrsprachige Kinder- und Jugendliteratur für mehrsprachige Lernkontexte. Wien: Praesens.

Ekinci, Y. (2017): Mehrsprachigkeit und transkulturelle Elternarbeit in der Primar- und Sekundarstufe. In: L. Hoffmann, S. Kamayama, M. Riedel & P. Sahiner (Hrsg.), Deutsch als Zweitsprache. Grundlagen für die Lehrerausbildung (S. 493–505). Berlin: Erich Schmid.

Ekinci, Y. (2019): Spracherwerb in mehrsprachlicher Umgebung. In: F. J. Meissner & C. Fäcke (Hrsg.), Handbuch der Mehrsprachigkeits- und Mehrkulturalitätsdidaktik (S. 271–276). Tübingen: Narr.

Fereidooni, K. & Simon, N. (Hrsg.) (2020): Rassismuskritische Fachdidaktiken. Theoretische Reflexionen und fachdidaktische Entwürfe rassismuskritischer Unterrichtsplanung. Wiesbaden: Springer.

Foroutan, N. (2018): Die postmigrantische Perspektive. Aushandlungsprozesse in pluralen Gesellschaften. In: M. Hill & E. Yildiz (Hrsg.), Postmigrantische Visionen. Erfahrungen – Ideen – Reflexionen (S. 15–27). Bielefeld: transcript.

Gambaro, L. F. (2017): Kinder mit Migrationshintergrund: Mit wem gehen sie in die Kita? In: DIW Wochenbericht, 51+52, 1206–1213.

Gogolin, I. (1994): Der monolinguale Habitus der multilingualen Schule. Münster: Waxmann.

Grießhaber, W., Özel, B. & Rehbein, J. (1996): Aspekte von Arbeits- und Denksprache türkischer Schüler, Unterrichtswissenschaft, 24(1), 3–20.

Heller, V. (2018): Jenseits des Hier und Jetzt. Multimodale Praktiken der Versetzung in Erzählinteraktionen kleiner Kinder. Gesprächsforschung – Online-Zeitschrift zur verbalen Interaktion, 19, 242–274. Online verfügbar unter: http://www.gespraechsforschung-online.de/fileadmin/dateien/heft2018/erzaehlen-multimodal.pdf, Zugriff am 28.07.2021.

Hoffmann, L. (2011): Mehrsprachigkeit im funktionalen Sprachunterricht. In: L. Hoffmann & Y. Ekinci-Kocks (Hrsg.), Sprachdidaktik in mehrsprachigen Lerngruppen (S. 10–28). Baltmannsweiler: Schneider Verlag.

Hoffmann L. & Ekinci-Kocks, Y. (2012): Wortschatzarbeit mit Blick auf den Schrifterwerb. In: W. Grießhaber & Z. Kalkavan (Hrsg.), Orthographie- und Schriftspracherwerb bei mehrsprachigen Kindern (S. 213–232). Freiburg im Breisgau: Fillibach.

Kalkavan-Aydın, Z. (2016): Mehrsprachige Ressourcennutzung in interaktiven Bilderbuchrezeptionen. In: P. Rosenberg & C. Schroeder (Hrsg.), Mehrsprachigkeit als Ressource (S. 25–54). Berlin, Boston: De Gruyter.

Kameyama, S. & Özdil, E. (2017): Mehrsprachigkeit. In: L. Hoffmann, S. Kameyama, M. Riedel, P. Şahiner & N. Wulff (Hrsg.), Deutsch als Zweitsprache. Ein Handbuch für die Lehrerausbildung (S. 71–90). Berlin: Erich Schmidt.

Krichel, A. (2018): Transmedialität im (fast) textlosen Bilderbuch. Das Potenzial visueller Narration für einen literarästhetischen Deutschunterricht in der Grundschule am Beispiel von David Wiesners Herr Schnuffels. In: P. Anders & P. Wieler (Hrsg.), Literalität und Partizipation. Reden, Schreiben, Gestalten in und zu Medien (S. 167–189). Tübingen: Stauffenburg.

Lamparter-Posselt, M. & Jeuk, S. (2008): Deutsch als Zweitsprache im Kindergarten. In: B. Ahrenholz & I. Oomen-Welke (Hrsg.), Deutsch als Zweitsprache (S. 149–161). Baltmannsweiler: Schneider.

Ministerium für Schule, Jugend und Kinder des Landes NRW (2008): Richtlinien und Lehrpläne für die Grundschule in NRW. Ritterbach: Frechen.

Panagiotopoulou, A. (2016): Mehrsprachigkeit in der Kindheit. Perspektiven für die frühpädagogische Praxis. Online verfügbar unter: https://www.weiterbildungsinitiative.de/filead min/Redaktion/Publikationen/old_uploads/media/Exp_Panagiotopoulou_web.pdf, Zugriff am 10.06.2021.

Rehbein, J. (2010): Die Sprachblockade. Ein Plädoyer für Türkisch als Arbeitssprache an der deutschen Schule. In: Grundschule, 2, 28–30.

Rösch, H. (1997): Bilderbücher zum interkulturellen Lernen. Baltmannsweiler: Schneider.

Rösch, H. (2013): Mehrsprachige Kinderliteratur im Literaturunterricht. In: I. Gawlitzek & B. Kümmerling-Meibauer (Hrsg.), Mehrsprachigkeit und Kinderliteratur (S. 143–168). Stuttgart: Fillibach bei Klett.

11 Kinderspielzeug aus diversitätsbewusster Perspektive. Spielmaterialien rassismuskritisch reflektiert

Yasmina Gandouz-Touati

Einleitung

Vielfältiges Spielzeug, Bastelmaterialien und Kinderbücher tragen wesentlich zur Entwicklung von Kindern bei. Wenn die Hauptbeschäftigung eines Kindes das Spiel ist und durch das Spielen Lernprozesse angeregt werden, kommt sowohl dem Spiel als auch dem Spielmaterial besondere Bedeutung für die Identitätsausbildung von Kindern zu. Durch das Spielen erwerben Kinder verschiedenste Fähigkeiten (soziale und kognitive Fähigkeiten). Kinder erforschen durch das Spiel ihre Lebenswelt, aber es veranlasst sie auch zur Bewältigung verschiedener Herausforderungen in ebendieser. Spielen ist nicht nur die häufigste, sondern auch die wichtigste Tätigkeit im Leben von Kindern (Koné & Macha 2020, S. 177), weil sie damit am meisten Zeit außerhalb der Schule verbringen. Spielen stellt also die Hauptbeschäftigung von Kindern dar.

Gopnik benennt dabei wesentliche Merkmale des Spiels: Spaß, Freiwilligkeit, Schutz und Sicherheit und eine spezielle Spielstruktur – ein Muster von Wiederholungen und Variationen. Damit gleicht das kindliche Spiel keineswegs der Arbeit von Erwachsenen (»play is not work«, Gopnik 2016, zit. nach Koné & Macha 2020, S. 150). »Spiel« und »Arbeit« unterscheiden sich grundlegend in ihrem Wesen: Wenngleich beides auch alltägliche Tätigkeiten sind, so unterliegen sie dennoch verschiedenen Zwecken und bedienen unterschiedliche Sinnhaftigkeiten. Aus der Perspektive der Kinder ist Spielen eben genau das: ein Spiel. Kinder spielen vorrangig um des Spielens willen und dennoch werden – zumeist völlig unbeabsichtigt – vielfältige Fähigkeiten erworben und gefördert, was es aus pädagogischer Perspektive auch zu nutzen gilt, weil dadurch vielfältige Fähigkeiten erworben und gefördert werden (Stenger 2014, S. 267).

Heimlich (2015, S. 63 ff.) betont, dass im Spiel Person- und Sozialwerdung des Kindes angeregt werden. »Personwerdung« bedeutet eine Annäherung an die Umwelt und gleichsam eine Distanzierung von dieser als eigenständige Person (vgl. ebd.). »Sozialwerdung« bezieht sich auf die Fähigkeit zur Perspektivübernahme und das Potenzial eines Perspektivenwechsels. Dabei zeigt Heimlich (2015) die doppelte Funktionalität von Spielen auf, denn einerseits werden gemeinsame Perspektiven mit anderen Menschen entwickelt und andererseits werden die eigenen Perspektiven von denen der anderen abgegrenzt. Spielen und Lernen wirkt sich hier zentral aus, weil im und durch das Spiel kognitive, kommunikative und soziale Fähigkeiten ausgebildet sowie motorische Fertigkeiten wie Geschicklichkeit und Körperkraft geschult werden.

Im Spiel betreten Kinder einen (symbolischen) »Freiraum« (Hüther & Quarch 2016, S. 119), in dem sie sich selbst inszenieren, wobei sie dort zwischen (auch ambivalenten) Identitätsentwürfen wechseln können. Sie gestalten dabei Bilder von sich und der Welt, was ihnen nicht zuletzt bei der Strategieentwicklung und Problembewältigung hilft, sich in der Welt zurechtzufinden und sich mit dieser auseinanderzusetzen (Stenger 2014). Kinder reproduzieren dabei nicht einfach ihre Lebenswirklichkeit, sondern entwickeln ihren eigenen Umgang damit (Heimlich 2015, S. 81 ff.). »Das kindliche Spiel ist bezogen auf den lebensweltlichen Kontext, genauer gesagt abhängig von leiblichen, sozialen, räumlichen, zeitlichen und materiellen Aspekten« (Heimlich 2015, S. 77 ff.).

Zu den materiellen Aspekten zählen vor allem Spielmittel, wobei ich mich in diesem Beitrag ausschließlich auf industriell hergestelltes Spielzeug beziehe. Spielzeug kann im kindlichen Spiel- und Lernprozess zwei wesentliche Funktionen übernehmen: Zum einen stellt es einen Spielanlass dar; zum anderen kann es das Zusammenspiel von Kindern unter einem bestimmten Spielthema initiieren (Trawick-Smith et al. 2015, S. 250).[1] In Anlehnung an Heimlichs Konzept von Person- und Sozialwerdung leistet Spielzeug demnach einen Beitrag, um eigene Identitätsentwürfe zu entwickeln und/oder sich mit anderen Perspektiven auf die Welt zu beschäftigen.

Dieser Beitrag beruht deshalb auf der zentralen These, dass es für die kindliche Entwicklung der eigenen Identität essenziell ist, dass sich Kinder in Spielzeug (in Form von angebotenen Figuren) wiederfinden und entdramatisierte Abbildungen von heterogenen, realen Lebenswelten Teil ihrer »Normalität« sind. Ich beschränke mich dabei auf Normalitätsvorstellungen in bestehenden rassistischen Verhältnissen (Balibar 1988), ohne die Relevanz von Intersektionen zu anderen Differenzkategorien gänzlich auszublenden oder zu schmälern. Meine Überlegungen beruhen vorrangig auf einer Reflexion von Spielzeug aus einer rassismuskritischen Perspektive, wobei der hier verwendete Begriff der Rassismuskritik sich auf Astrid Messerschmidt bezieht (auch Hall 1989; Miles 1991; Terkessidis 1998 sowie Mecheril & Melter 2011). Sie postuliert, dass nachhaltige Kritik stets die Beteiligten zur Reflexion darüber veranlasst, dass die »eigenen Theorien und Praxen verstrickt sind in die Dynamiken, die sie kritisieren« (Messerschmidt 2016, S. 63). Deshalb ist eine rassismuskritische Bildung stets als selbstkritischer Anspruch an pädagogisch Handelnde (Fachkräfte) zu verstehen (vgl. ebd.).

»Dabei wird der Rassismusbegriff als ein analytischer Begriff für die Untersuchung abstammungs- und herkunftsthematisierender Ungleichwertigkeitsvorstellungen verstanden. Es handelt sich hier nicht um ein individuelles Vorurteil, sondern um eine Denkweise und Praxis, die systematisch Zugehörigkeitsordnungen strukturiert und die Art und Weise

---

1 Vor diesem Hintergrund ist es interessant, dass sich seit den 1990er Jahren nur wenige pädagogische Forschungsarbeiten mit dem Thema Spielen und Spielzeug beschäftigen (Waburg 2018, S. 50). Aktuelle Veröffentlichungen der Universität Augsburg (Mehringer und Waburg: Spielzeugbewertung und -auswahl durch Kinder, Eltern und Fachkräfte = SAKEF) greifen diese Lücke auf, indem sie sich der Erforschung von Prozessen der Bewertung und der Auswahl sowie der Gestaltung von Spielzeug widmen (Mehringer & Waburg 2020: Spielzeug, Spiele und Spielen. Aktuelle Studien und Konzepte).

steuert, wie Nichtzugehörigkeiten in der Migrationsgesellschaft wahrgenommen und angeordnet werden.« (ebd.)

Im kritischen Verhältnis zu Diversität und Vielfalt[2] verstehe ich einen rassismuskritischen Standpunkt als eine (zentrale) Teilperspektive im Kontext von sozialen Ungleichheiten, die sich auf bestimmte Merkmale einer vermeintlich nicht-deutschen und nicht-christlichen Herkunft bezieht und sich in natio-ethno-kulturellen Zugehörigkeitsordnungen von »Wir« und »Nicht-Wir« sowohl individuell als auch strukturell äußert. Rassismus muss dabei weder intendiert noch bewusst sein, sondern offenbart sich vielmehr in den »selbstverständlich plausiblen Bildern und Imaginationen, Begründungs- und Deutungsmuster[n]« (Mecheril & Melter 2011, S. 11). Rassismus betrifft nicht nur rassifizierte Personen, sondern alle Menschen gleichermaßen, wenn auch in unterschiedlichen Perspektiven:

»Weiße Menschen, die als deutsche und christliche Personen mit deutscher Staatsangehörigkeit angesehen werden, sind im postkolonialen und postnationalsozialistischen Deutschland durch Privilegierung vom System formaler und sozialer nationalstaatlicher Hierarchisierung und vom Rassismus betroffen« (Melter 2015, S. 8).

Dieser Vorschlag für eine Perspektivschärfung beruht auf der Annahme, dass es für → BIPoC positionierte Kinder, aber auch für → *weiße* Kinder einen Unterschied macht, ob sie aktive, empowerte und diverse Identitäten kennenlernen oder nicht. Vielfältige Identitätsangebote dienen dazu, sich selbst in jenen unterschiedlichen Rollen denken und ausprobieren zu können. Kinder brauchen für eine positive Identitätsentwicklung eine Umgebung, in der sie sich selbst und ihre Familie wiederfinden können (Waburg 2018, S. 49). Dabei müssen Lebenswelten verschiedener Kinder of Color Teil der Narrative sein, ohne diese zu »verbesondern«. Zu einer der pädagogischen Aufgaben gehört es deshalb, einseitige, *weiße* Normalitätsvorstellungen zu dekonstruieren.

11.1 Kindliche Identitätsbildung als pädagogischer Bildungsauftrag

In den ersten Lebensjahren nehmen Kinder bereits Unterschiede zwischen Menschen wahr. Im Alter zwischen zwei bis drei Jahren lernen Kinder darüber hinaus, Hautfarben, Haarfarben und Sprachen mit sozialen (konstruierten) Bedeutungen zu verknüpfen (Mätschke 2017; MacNaughton 2006; Ali-Tani 2017). Dabei entwickeln sie häufiger negative Vorstellungen von BiPoC positionierten Menschen als von *weißen* (vgl. MacNaughton 2006). Dafür reicht das Wissen um gesellschaftlich relevante Einstellungen, weshalb es keinen direkten Kontakt zu Kindern of Color zur

---

2 Zur kritischen Reflexion der Begriffe »Diversität« und »Vielfalt« im Kontext von Kindheit siehe Eggers (2012).

Ausbildung von Differenz-Bewertungen braucht (Waburg 2018, S. 59), da soziale Ungleichheit vielmehr ein Lernprodukt darstellt (Eggers 2012).

> »Kinder bringen bereits mit ca. vier Jahren in ihren eigenen Spielkonstruktionen, narrativen Inhalten und in ihrem interaktiven Verhalten Differenz, evaluative Urteile und komplementäre hierarchische Positionierungen hervor. Sie verarbeiten darin die Konflikte, die mit der erzwungenen Unterscheidungsarbeit zusammenhängen« (Eggers 2012, S. 9).

Gewachsene Bewertungskonstruktionen von Menschen werden von Kindern (teilweise) in ihre eigenen Bewertungslogiken übernommen und reproduziert, was zur Abwertung und zum Ausschluss bestimmter Kinder führen kann. Eine »Sozialisation zur Differenzierung« ist der kindlichen Entwicklung immanent, denn kindliche Begegnungen sind bereits maßgeblich durch Differenzierungsrealitäten geprägt. »Die vermittelten Differenzkonstruktionen sind mit Bedeutungen und – viel gravierender – mit Bewertungen aufgeladen« (Eggers 2012, S. 11).

Kinder nehmen demnach früh wahr, dass Menschen mit verschiedenen Positionierungen unterschiedlich wahrgenommen und mit Macht und Prestige ausgestattet sind. Auma (ehemals Eggers) argumentiert, dass Differenzbotschaften, d. h. die (Über-)Betonung von Unterschiedlichkeit, als Machtbotschaften wirken (ebd.). Das Lernen über Gesellschaft und Welt greift somit unmittelbar auf Teilungsprinzipien zurück, denn kindliches Lernen geht unweigerlich mit Differenzbotschaften einher (ebd.). Laut Krause (2008) erleben Kinder of Color ethnische und soziale Zuschreibungen schon von frühester Kindheit an. Aufgrund von äußeren Merkmalen wie der Hautfarbe, der Haarstruktur oder der Augenform werden sie sofort mit der Frage konfrontiert, woher sie kommen. Während jüngere Kinder auf diese Frage arglos antworten und sagen, dass sie aus dem Kindergarten oder vom Einkaufen kommen, verstehen ältere Kinder, dass die Frage auf die Herkunft der Familie abzielt.

Durch die Vorstellung, dass »Deutsche« eine helle Hautfarbe haben und akzentfrei Deutsch sprechen, wird bei Kindern of Color häufiger die Frage nach der »Heimat« gestellt. Dies suggeriert Kindern, dass sie nicht dazugehören. Nach Krause (2008) sind sich Kinder of Color sehr wohl der sozialen Bewertung und den ethischen Unterscheidungen in Bezug auf sich selbst bewusst, während sich *weiße* Kinder erst später mit den Themen »Heimat« und »Nationalität« beschäftigen. Deren Identität in Bezug auf Zugehörigkeit bleibt entproblematisiert und -thematisiert, weil sie Teil der Dominanzkultur sind. Unter Dominanzkultur versteht Rommelspacher, »dass unsere ganze Lebensweise, unsere Selbstinterpretation sowie die Bilder, die wir von uns und anderen entwerfen, in Kategorien der Über- und Unterordnung gefasst sind« (1995, S. 22), wobei die sog. übergeordnete Gruppe die (unhinterfragte) Norm darstellt.

Bei Kindern of Color bedeutet spätestens der Eintritt in die Kita eine Konfrontation damit, dass sie eventuell eine *andere* Sprache als Deutsch zu Hause sprechen oder eine schwarze oder braune Hautfarbe haben und dass sie vielleicht auch andere Feste feiern und Gebräuche haben. Krause (2008) erläutert, dass ethnisch-nationale Herkunft mit Vorstellungen von »Wir« und »den Anderen« behaftet sind, weshalb Vielfalt häufig nicht wertfrei und neutral betrachtet werden kann. In Bezug auf die Kategorie »ethnische-kulturelle Herkunft« braucht es die Analyse, welche Aspekte in der Kita als »normal« gezeigt und durch Strukturen, Rahmenbedingungen und Interaktionen reproduziert werden. Kita ist dabei keineswegs ein Schonraum, sondern vielmehr ein politischer Raum, in dem sich Hierarchien und gesellschaftliche Anerkennung der Hautfarbe und anderer rassifizierter Merkmale widerspiegeln (Boldaz-Hahn 2008, S. 105).

Im (oftmals unhinterfragten) Selbstverständnis von Kitas zeigt sich dabei die Dominanzkultur. Wenn Dominanzkultur, die mit der Hierarchisierung bestimmter Differenzmerkmale einhergeht, im Kitaalltag unhinterfragt und reproduziert bleibt, prägen sich Kinder ein, ob ihre Identitäten mit Vor- oder Nachteilen verbunden sind (vgl. Wagner 2017, S. 25 f.).

11.2 Spielzeug zur Dekonstruktion von rassifizierenden Dominanzverhältnissen

Die Entwicklung und Verfestigung ausschließender Vorstellungen können durch die Lektüre von Kinderliteratur, aber auch durch Spielzeug verstärkt oder aufgebrochen werden. Spielzeug stellt einen bedeutenden Teil kindlicher Lebenswelten dar, was zumeist sowohl für die Kita als auch für den Alltag gilt, der überwiegend zu Hause erlebt wird. Spielzeug hat einen Einfluss auf die kindliche Entwicklung, zumindest dort, wo industriell hergestelltes Spielzeug vorhanden ist, da sich in Spielzeug normative Muster widerspiegeln. Spielzeug enthält explizite und implizite Wert- und Normorientierungen von Gesellschaft und Botschaften darüber, was als anerkannt und zugehörig gilt und was die (konstruierte) Abweichung von der Norm ist. »Kinder erhalten mit den Spielmaterialien Botschaften über sich, über andere Menschen und die Welt und darüber, was gesellschaftlich als ›normal‹ gesehen wird« (Konè & Macha 2020, S. 182).

»Normal« ist eine gesellschaftliche Konstruktion, die über Zugehörigkeitsverhältnisse und -ordnungen bestimmt und entsprechende gesellschaftliche Konsequenzen nach sich zieht. Vielfaltsaspekte, die sich in Spielmaterialien widerspiegeln, werden von Kindern als bedeutungsvoll und erwünscht betrachtet. Wenn Aspekte und Identitäten fehlen und unsichtbar bleiben, erscheinen ihnen diese als unwichtig, unerwünscht oder gar illegitim (vgl. MacNaughton 2006). Für Bildungsprozesse ist diese Erkenntnis aber nicht unerheblich, denn über Spielmaterialien »eignen sich Kinder Wissen über gesellschaftliche Machtverhältnisse und die Selbstverständlichkeit von Ausschluss und Diskriminierung an« (Wagner 2017, S. 39). Daraus ergibt sich die Notwendigkeit, Zugehörigkeit und Anerkennung bereits als notwendiges (frühkindliches) Bildungsziel zu definieren. Wenn das Bedürfnis nach Zugehörigkeit und Anerkennung als weiteres menschliches Grundbedürfnis neben Nahrung, Schlaf und Sicherheit betrachtet wird, stellt sich zwangsläufig die Frage danach, wie Kinder, deren Identität dethematisiert oder problematisiert wird, sich als zugehörig und anerkannt sehen können.

11.3 Recht auf Diskriminierungsschutz im Spielzeug-Kontext

In Artikel 2 der UN-Kinderrechtskonvention steht unmissverständlich, dass die Kinderrechte »ohne jede Diskriminierung« für alle Kinder gelten (Artikel 2 UN-Kinderrechtskonvention). Die Vertragsstaaten müssen

»alle geeigneten Maßnahmen [ergreifen], um sicherzustellen, dass das Kind vor allen Formen der Diskriminierung oder Bestrafung wegen des Status, der Tätigkeiten, der Meinungsäußerungen oder der Weltanschauung seiner Eltern, seines Vormunds oder seiner Familienangehörigen geschützt wird« (ebd.).

Für die Kita ergibt sich demnach nicht nur ein Bildungsauftrag im Kontext von Vielfalt und Diskriminierung, sondern gleichsam eine Konsequenz für den Umgang mit vulnerablen bzw. von Rassismus und Diskriminierung (tatsächlich sowie tendenziell) betroffenen Kindern. Sie ist zu einer aktiven Verantwortungsübernahme für den Schutz vor Diskriminierung verpflichtet. Dies hat, so banal es anmuten mag, auch mit der (pädagogisch reflektierten) Auswahl von Spielzeug zu tun, sodass die Kinder dadurch weder direkte Diskriminierung noch sekundären Rassismus erleben (Melter 2006, S. 311). Im Umkehrschluss bedeutet dies, dass auch ein Nichtzeigen, Nicht-mitgemeint-Sein oder eine fehlende Wertschätzung im Kontext von Rassismuserleben gesehen werden kann, weshalb dies eine Reflexions- und Umsetzungskategorie bei der Auswahl von Spielzeug im professionellen Alltag sein muss. Kindern ist es häufig weder aus kognitiven Gründen noch aufgrund der fehlenden Mitsprache möglich, die Auswahl an Spielmaterialien infrage zu stellen, die Erwachsene ihnen zur Verfügung stellen.

Derzeit sind in Deutschland primär *weiße* Kinder und Familien in industriell hergestelltem Spielzeug, Büchern und Fernsehserien repräsentiert: »Fast alle ab- und nachgebildeten Protagonist_innen sind weiß, schlank und gehen einem attraktiven Beruf nach, beispielsweise Ärztin/Arzt, Computerspieleentwickler_in« (Waburg 2018, S. 49). Damit reproduziert sich eine Norm des *Weißseins*. *Weißsein* bezieht sich dabei auf keine phänotypische Erscheinung, sondern vielmehr auf soziale Konstruktionen und Kategorien. Mit dem *Weißsein* wird eine Kategorie bereitgestellt, womit die Konstruktion des »*Weißen*« als des *Einen und Eigentlichen* ermöglicht wird, d. h. als bestimmende Norm im Verhältnis zum *Abweichenden, Minderen, Anderen* wahrzunehmen (vgl. Arndt 2006, S. 24). Ruth Frankenberg etwa beschreibt *Weißsein* als »unmarkierten Marker« (vgl. Frankenberg 1997, S. 198), wobei dieses Konzept sich im Kontext von Spielzeug (d. h. industriell hergestelltem Spielmaterial) dann besonders verdeutlicht, wenn beispielsweise Spielfiguren nur dann (in Bezug auf Haarfarben, Hautfarben, religiöser Merkmale) heterogen sind, wenn Spielszenen jenseits des kindlichen Alltags gezeigt werden. Hier findet neben einer Entlokalisierung von Heterogenität (Heterogenität wird woandershin platziert, gehört nicht genuin zu Deutschland) auch eine Verbesonderung dieser statt, womit sich die *weiße* Norm weitestgehend reproduziert. So sind beispielsweise Spielfigurensets mit Figuren bestückt, die sog. indigene Native Americans darstellen sollen. Damit sind auch *weiße* Siedler*innen Teil dieser stereotypen Spielszenen aus dem »Wilden

Westen« – im Wissen, dass auch diese Bezeichnung höchst problematisch ist. Figuren (stellvertretend für nachgebildete Identitäten of Color) sind damit zum einen in einem (unreflektierten) asymmetrischen, zudem ausbeuterischen Machtgefälle dargestellt (Native Americans vs. *weiße* Siedler*innen) und werden zum anderen »outside the nation« (Kilomba 2008, S. 63 f.) positioniert, sodass ihnen ein Platz außerhalb der hiesigen *unmarkierten, normalen* Gesellschaft zugewiesen wird.[3]

Am Beispiel der sog. »Ethno«-Puppe zeigt sich diese Logik ebenfalls, denn Puppen mit brauner oder schwarzer Hautfarbe oder *Asian*-Identität werden als sog. »Ethnic« oder »ethnische« Puppen in Spielzeugkatalogen oder bei der Internetrecherche etikettiert, während *weiße* Puppen mit Eigennamen oder ohne Spezifizierung in Bezug auf die Hautfarbe aufgelistet sind. Der unmarkierte Marker ist demnach die weiße Puppe, während die »Besonderheit« von schwarzen Puppen/of Color explizit benannt wird. Das quantitative Angebot an sog. »Ethnopuppen« ist außerdem deutlich geringer, wie Mehringer und Waburg in ihrer quantitativen Auswertung von Spielzeugkatalogen 2018 nachweisen: In der Analysekategorie »Hautfarbe« war die überwiegende Mehrheit der abgebildeten Figuren *weiß* (75,1 %). Bei den anderen Hautfarben (9,9 %) überwiegt die Anzahl der hellbraunen (1,6 %) und der dunkelbraunen (1,4 %) Figuren, was allerdings auf nicht-menschliche Kreaturen wie Monster etc. zurückzuführen ist (vgl. Mehringer & Waburg 2018, S. 54).

Vergleichbare Relationen bestehen auch bei anderen Diversitätsmerkmalen wie Alter, Ver-Behinderung, Familienkonstellationen oder Körperformen. So werden neben dem Geschlecht auch andere Diversity-Dimensionen in geringem bis sehr geringem Ausmaß berücksichtigt, womit sich die bereits genannten Beobachtungen bestätigen: Aktuelle Spielzeugangebote eröffnen demnach wenig Identifikationsmöglichkeiten für Kinder of Color (und anderer Differenzmerkmale) und bieten kaum Chancen für eine Sensibilisierung oder Auseinandersetzung mit gesellschaftlicher Realität für *weiße* Kinder (vgl. Waburg 2018, S. 55). Einseitige Normalitätsvorstellungen werden dadurch nicht dekonstruiert. Problematisch ist vor allem die eingeschränkte und singuläre Darstellung von Personen of Color, die sich (lange) alternativlos darstellt. Hautfarbe kann dabei nur ein mögliches Differenzierungsmerkmal von vielen sein. Sie mutet zudem als Limitation an, wenn die Analyse ausschließlich bei der Auswertung von (brauner und schwarzer) Hautfarbe verbleibt. Wenn auch Rassifizierungen und Symbolisierung von Körpern, respektive Hautfarbe im Kontext von rassismuskritischer Auseinandersetzung als zentral eingestuft wird, dann gilt es, auch andere Merkmale zu betrachten, wie Augenformen, Haarstrukturen oder (nichtchristliche) religiöse Charakteristika. So können Spielfiguren eines bekannten Spielzeugherstellers in einer (Hochzeits-)Kirche heiraten, während eine Synagoge, ein Hinduistischer Tempel oder eine Moschee dort nicht Teil des Spielzeugangebotes sind. Im 500. Jahr der Reformation wird die »Martin Luther«-Figur mit Bibel und Schreibfeder von einem bekannten Spielzeughersteller 2017 eingeführt, während nur noch (Bettel-)Mönche und eine Nonne länger er-

---

3 Ein weiterer Aspekt in diesem Beispiel ist zudem → »cultural appropriation« und die kulturalistische bis folklorisierende Darstellung von Native Americans bzw. Indigenen.

hältlich sind. Es fehlen andere religiöse Figuren oder Kleidungsstücke wie Kippa, Hijab oder Turban (dieser taucht nur in sog. »indischen« Spielszenen auf).

Für mediale Aufruhr sorgte die Markteinführung der ersten hijabtragenden Barbie[4] von Mattel 2018. Die Miniaturausgabe der Säbelfechterin Ibtihaj Muhammed ist eine Figur der »Sheroes«- Kollektion, in der vor allem berühmte Frauenfiguren gezeigt werden. Kritische Stimmen befürchteten eine »Islamisierung des Kinderzimmers«[5], wobei diese Debatte auch eine Problematisierung von muslimischen Lebenswelten offenbart, zu denen auch, aber nicht nur der Hijab zählt. So wird die kommerzielle Einführung einer Barbie mit Hijab zum Politikum und betont, dass muslimische Lebenswelten und Bekleidungen nicht nur nicht Teil der Normalität seien, sondern dass auch Gefahr von ihnen ausgehe. Der Hijab ist Teil einer heterogenen, kindlichen Lebenswelt, weshalb eine hijabtragende Barbie zur Thematisierung von unterschiedlichen Motivationen für das (Nicht-)Tragen eines Hijabs fungieren könnte. Damit ließe sich die Sichtbarkeit von Diversität an einem Spielthema initiieren. Zudem ließe sich eine Lernatmosphäre schaffen, in der Ungleichheits- und Rassismuserfahrungen benannt werden könnten. Dazu zählen Fragen nach Gerechtigkeit, Menschenwürde und Erfahrungen mit der Konstruktion des Nicht-Dazugehörens, mit denen sich Kinder und Menschen of Color konfrontiert sehen.

Die u. a. in Deutschland angebotenen Spielmaterialien repräsentieren nur einen eingeschränkten Teil kindlicher Lebenswelt; teilweise sind die Angebote stereotyp, einseitig oder werden diskursiv problematisiert. Einseitigkeit und Dethematisierung geben Kindern falsche Informationen über die Welt und bieten nur bedingt Identifikationsmöglichkeiten an. Vielfältiges Spielzeug, das auch in Bezug auf Rassismus (und andere Diskriminierungsverhältnisse) zu reflektieren vermag, ermöglicht es Kindern hingegen, Vielfalt als »Normalität« wahrzunehmen, sich darin auszuprobieren und diese reale Welt zu erkunden und sich in ihr zurechtzufinden. Spielzeug, was die verschiedenen Facetten einer Gesellschaft aufgreift, thematisiert und entdramatisiert zeigt, lässt Kinder of Color Zugehörigkeit und Anerkennung erfahren. Entdramatisiert bedeutet, dass in dieser Perspektive Vielfalt als Normalität begreifbar wird, ohne dass dies mit Verbesonderungen, einer Überbetonung von Differenz und Einseitigkeiten geschieht.

Über Spielzeug wird Vielfalt nicht erst zum Thema, allerdings trägt rassismuskritisch reflektiert ausgewähltes Spielzeug dazu bei, reale, heterogene, kindliche Lebenswelten erfahrbar zu machen, insbesondere da, wo diese nicht offensichtlich vorgefunden werden. *Weiße* Kinder brauchen nicht nur die optionale und temporäre Möglichkeit, sich mit heterogenen Lebenswelten auseinanderzusetzen, sondern die aktive, pädagogische Einladung, sich mit gesellschaftlicher Realität zu beschäftigen. Dies ist eingebettet in einen pädagogischen Auftrag, der es versteht, die Zugehörigkeit zur Dominanzkultur in Bezug auf Rassismus kritisch zu begleiten, sodass sich

---

4 Die allererste Spielpuppe mit Hijab war allerdings »Fulla« (2005) der Produktionsfirma New Boy Toys, die jedoch in Deutschland relativ unbekannt blieb (vgl. https://www.smh.com.au/world/fulla-has-the-mid-east-doll-market-covered-20051223-gdmoex.html).

5 Vgl. hierzu: https://www.faz.net/aktuell/feuilleton/debatten/barbie-traegt-jetzt-kopftuch-islamisierung-durch-puppen-15299052.html.

diese nicht in Überlegenheitsgefühlen und diskriminierendem Verhalten äußert. Auch Kinder of Color haben durch vielfältiges Spielzeug jenseits ihrer eigenen Differenzmarkierung die Gelegenheit, die Heterogenität in der Heterogenität (kennen-)zulernen. Da auch für Kinder of Color als eine solidarische, übergeordnete Selbstbezeichnung kein automatisch reflektierter Umgang mit allen rassifizierten Differenzmarkierungen besteht, braucht es auch hier eine aktive, pädagogische Einladung, sich mit anderen rassifizierten Differenzkategorien auseinanderzusetzen und Lernorte zu nutzen. Außerdem kann Spielzeug den Möglichkeitsraum eröffnen, über eigene Rassismus- und/oder Differenzerfahrungen zu sprechen und Handlungsstrategien zu entwickeln.

Im Kontext von Diversity (Vielfalt) und Spielzeug differenziert Waburg drei Dimensionen: diversity-berücksichtigendes Spielzeug, diversity-gerechtes Spielzeug und inklusives Spielzeug. Unter diversity-berücksichtigendem Spielzeug versteht sie Spielzeug, welches Diversity bildlich und figürlich aufgreift und dabei nicht wertet. Diversity-gerechtes Spielzeug nimmt eine wertschätzende, nicht stereotypisierende Perspektive ein. Inklusives Spielzeug ist für alle Kinder unterschiedlichster Differenzmerkmale zugänglich und bespielbar (Waburg 2018, S. 53).

Ein Blick in aktuelle Spielzeugkataloge zeigt bereits, dass bekannte Spielfigurenhersteller*innen nachbessern. In alltäglichen (Spiel-)Szenen (Kita, Schule, Familie, Spielplatz, Krankenhaus etc.) sind zunehmend Menschen unterschiedlicher Vielfaltsmerkmale wiederzufinden. Allerdings muss hier auch der eingangs erwähnte Aspekt der Entdramatisierung zum Tragen kommen, d. h. Personen/Kinder of Color sind dann auch autochthoner Teil der Szenerie, ohne dass dabei ihre (imaginierte) Herkunft oder Hautfarbe besonders überbetont oder problematisiert wird.

11.4 Impulse für die Praxis

Eine Liste mit Kriterien und Aspekten, die es grundsätzlich im Sinne der Diversität zu bedenken gilt, findet sich in diesem Band im Beitrag von Koné und Humborg (siehe ▶ Kap. 9.6.1). Die beiden Autor*innen beziehen sich zwar auf die Auswahl von Kinderbüchern, was sich jedoch auch auf die Selektion bzw. Reflexion von Spielzeug anwenden lässt. Abschließend möchte ich Impulse für die Umsetzung eines diversitätsbewussten, inklusiven Umgangs mit Spielzeug in der kindheitspädagogischen Praxis formulieren, der sich an die Vorschläge von kinderwelten e. V. und den Beitrag von Koné und Humborg anlehnt:

Impuls 1: Reflexion und thematische Auseinandersetzung der Pädagog*innen

Ausschlaggebend für einen diversitätsbewussten, ungleichheitskritischen Umgang mit Spielzeug ist die differenzierte Auseinandersetzung mit Rassismus (und anderen Diskriminierungsformen). Dies kann im Sinne eines Fortbildungsauftrags als dauerhafter Lernprozess verstanden werden und spiegelt sich, im besten Fall, strukturell und institutionell in anderen Strukturstandards wider (Teamentwicklung, Entscheidungs- und Mitgestaltungsprozesse o. Ä.). Eine Reflexion und fachliche Auseinandersetzung mit Rassismus und Ungleichheit bedeutet auch, die eigene Positionierung der Pädagog*innen und Verstrickung in Reproduktion von Rassismus im gesellschaftlichen und institutionellen Kontext zu bearbeiten.

Impuls 2: Neuanschaffungen

Daran knüpft im Sinne einer Perspektivschärfung die Frage nach der praktischen Umsetzung an. Was ist bei Neuanschaffungen von Spielzeug zu beachten? Die mühsame Suche im Internet entgeht häufig nicht dem »Differenzdilemma«, welches durch die Benennung von Menschen, die Rassismuserfahrungen am eigenen Leib machen, gleichzeitig die Markierung als Andere reproduziert (vgl. Arapi & Lück 2005, S. 10).

> Eine Checkliste zu Neuanschaffungen sowie Internetlinks und Produktbeispiele finden sich beispielsweise unter: https://situationsansatz.de/fachstelle-kinderwelten/spielmaterialien/.
> Eine Positivliste veröffentlicht der Verband binationale Familien und Partnerschaften: https://www.verband-binationaler.de/fileadmin/user_upload/_imported/fileadmin/Dokumente/newsletter_pdfs/spielzeugliste_ff_je_Version_4.pdf

Impuls 3: Spielzeug gestalten und modifizieren

Eine Möglichkeit, das Spielzeugangebot zu erweitern und rassismuskritisch(er) zu gestalten, liegt in der Bearbeitung von bereits entsprechend vorhandenem Material. Dabei können fehlende Aspekte, Charaktere, Kinderfiguren oder Themen ergänzt oder verändert werden. So können Spielfiguren mit entsprechenden Kleidern ausgestattet werden, die sonst nicht erhältlich sind. Zahlreiche Internettutorials zeigen, wie vorhandene Spielpuppen »abgeschminkt« und neu gestaltet (beispielsweise andere Haare, Körperformen durch Kleidung verändern etc.) und an Personen aus dem Umfeld der Kinder angepasst werden können.

Das Grundmuster von Brettspielen kann genutzt werden, um Themen oder diverse physiologische Merkmale abzubilden und aufzugreifen, um einen Spielanlass bzw. ein Spiel- und Auseinandersetzungsthema anzuregen. »Von der Gemeinsamkeit zu den Unterschieden« lässt sich nach Kinderwelten e. V. gelangen, wenn beispielsweise Memorys oder Puzzles mit eigenen Bildern oder Fotos versehen werden.

»Eine Kita hat beispielsweise ein Memory mit Fotos der Ohren der Kinder hergestellt. Während die Kinder schnell wussten, zu wem welches Ohr gehört, war das für die Erwachsenen nicht so einfach!« (Ayten 2021).

Impuls 4: Diverse Spielanlässe schaffen und begleiten

Dabei können zahlreiche Spielideen der Kinder aufgegriffen und im gemeinsamen Spiel erweitert werden. Unterstützend können verschiedene Alltagsgegenstände eingesetzt werden, die dann weder als außergewöhnlich bezeichnet noch mit kulturalistischen Benennungen versehen werden müssen. Vielfaltsaspekte müssen so nicht unbedingt Thema der Spielhandlung sein, können aber als selbstverständlicher Teil ins Spiel einbezogen werden.

Kritisches Spielen heißt nach Auffassung von kinderwelten e. V.:

> »Kindern zu ihren Lieblingsspielzeugen (die eventuell auch Stereotype bedienen) alternative Spielzeuge anzubieten. Eine Herausforderung ist es, im gemeinsamen Spiel Stereotype, Ausgrenzung und Unsichtbarmachung altersgerecht zum Thema zu machen« (Fachstelle Kinderwelten 2017, S. 4).

Dazu braucht es zweierlei: Neben einem diversen, entdramatisierten Angebot an diversen Gegenständen, Materialien oder auch Kleidungsstücken ist es ebenso wichtig, die Spielthemen der Kinder zu hören und diese aufzugreifen. Dann gelingt es, sie situativ zu begleiten.

Das Aufgreifen und Bedenken von rassistischen Gesellschaftsstrukturen bei der Auswahl und Gestaltung von Spielzeug stellt keine pädagogische Zusatzaufgabe dar, auf die sich verzichten lässt. Vielmehr gehört das Aufdecken der intersektionalen Verwobenheit und der dahinterstehenden Macht- und Herrschaftsverhältnissen zur relevanten Querschnittsaufgabe in der pädagogischen Arbeit mit Kindern.

Literaturverzeichnis

Ali-Tani, C. (2017): Wie Kinder Vielfalt wahrnehmen: Vorurteile in der frühen Kindheit und die pädagogischen Konsequenzen. Online verfügbar unter: https://www.kita-fachtexte.de/fileadmin/Redaktion/Publikationen/KiTaFT_AliTani_2017_ WIeKinderVielfaltwahrnehmen.pdf, Zugriff am 26.02.2022.

UN-Kinderrechtskonvention (1992): UN-Kinderrechtskonvention. Regelwerk zum Schutz der Kinder weltweit. Online verfügbar unter: https://www.unicef.de/informieren/ueber-uns/fuer-kinderrechte/un-kinderrechtskonvention, Zugriff am 28.02.2022.

Arapi, G. & Lück, M. S. (2005): Mädchenarbeit in der Migrationsgesellschaft. Eine Betrachtung aus antirassistischer Perspektive. Bielefeld: Eigenverlag.

Arndt, S. (2006): Weißsein. Die verkannte Strukturkategorie Europas und Deutschlands. In: S. Arndt, M. Eggers, G. Kilomba & P. Piesche (Hrsg.), Mythen, Masken und Subjekte. Kritische Weißseinsforschung in Deutschland (S. 24–28). Münster: Unrast Verlag.

Ayten, N. (2021): Vorurteilsbewusste Bildung und Erziehung als inklusives Praxiskonzept in Kitas. Unveröff. Vortrag vom 23. Januar 2021.

Literaturverzeichnis

Boldaz-Hahn, S. (2008): Weil ich dunkle Haut habe… – Rassismuserfahrungen im Kindergarten. In: P. Wagner (Hrsg.), Handbuch Kinderwelten. Vielfalt als Chance. Grundlagen einer vorurteilsbewussten Bildung und Erziehung (S. 102–112). Freiburg: Herder.

Eggers, M. (2012): Gleichheit und Differenz in der frühkindlichen Bildung. Was kann Diversität leisten? Heinrich Böll Stiftung. Online verfügbar unter: https://heimatkunde.boell.de/de/2012/08/01/gleichheit-und-differenz-der-fruehkindlichen-bildung-was-kann-diversitaet-leisten, Zugriff am 24.05.2021.

Fachstelle Kinderwelten/KiDs Kinder vor Diskriminierung schützen (Hrsg.) (2017): KiDs aktuell – Fair play! Vielfalt in Spielmaterialien. Online verfügbar unter: https://situationsansatz.de/publikationen/kids-aktuell-fair-play-vielfalt-in-spielmaterialien/, Zugriff am 5.8.2021.

Frankenberg, R. (Hrsg.) (1997): Displacing whiteness. Essays in social and cultural criticism. London: Durham.

Hall, Stuart (1989): Rassismus als ideologischer Diskurs. Das Argument 178, 913–921.

Heimlich, U. (2015): Einführung in die Spielpädagogik. Bad Heilsbrunn: Klinkhardt.

Hüther, G. & Quarch, C. (2016): Rettet das Spiel. Weil Leben mehr als Funktionieren ist. München: Hander.

Kilomba, G. (2008): Plantation memories. Episodes of everyday racism. Münster: Unrast Verlag.

Koné, G. & Macha, K. (2020): »Die Puppe sieht aus wie ich«. (Fehlende) Vielfältige Spielmaterialien. Anregungen für eine diskriminierungssensible Praxis. In: V. Mehringer & W. Waburg (Hrsg.), Spielzeug, Spiele und Spielen. Aktuelle Studien und Konzepte (S. 177–192). Wiesbaden: Springer.

Krause, A. (2008): Woher kommst du? Wie junge Kinder Herkunftsfragen begreifen. In: P. Wagner (Hrsg.), Handbuch Kinderwelten. Vielfalt als Chance. Grundlagen einer vorurteilsbewussten Bildung und Erziehung (S. 92–101). Freiburg, Breisgau: Herder.

MacNaughton, G. (2006): Doing Foucault in early childhood studies. Applying post-structural ideas. London: Routledge.

Mätschke, J. (2017): Rassismus in Kinderbüchern: Lerne, welchen Wert deine soziale Positionierung hat!. In: Fereidooni, K. & El, M. (Hrsg.). Rassismuskritik und Widerstandsformen (S. 249–268). Wiesbaden: Springer VS.

Martin Luther Figur. Online verfügbar unter: https://www.glaubenssachen.de/lutherfigur-playmobil.html, Zugriff am 1.5.2021.

Mecheril, P. & Melter, C. (Hrsg.) (2011): Rassismuskritik. Band 1: Rassismustheorie und -forschung. Schwalbach/Ts: Wochenschau Verlag.

Mehringer, V. & Waburg, W. (2020): Spielzeug, Spiele und Spielen. Aktuelle Studien und Konzepte. Wiesbaden: Springer.

Melter, C. (2006): Rassismuserfahrungen in der Jugendhilfe. Eine empirische Studie zu Kommunikationspraxen in der sozialen Arbeit (Internationale Hochschulschriften, 470; zugl. Dissertation, Oldenburg). Münster: Waxmann. Online verfügbar unter: http://www.socialnet.de/rezensionen/isbn.php?isbn=978-3-8309-1694-9, Zugriff am 27.11.2021.

Melter, C. (Hrsg.) (2015): Diskriminierungs- und rassismuskritische Soziale Arbeit und Bildung. Weinheim: Beltz.

Messerschmidt, A. (2016): Involviert in Machtverhältnisse. Rassismuskritische Professionalisierungen für die Pädagogik in der Migrationsgesellschaft. In: A. Doğmuş, Y. Karakaşoğlu & P. Mecheril (Hrsg.), Pädagogisches Können in der Migrationsgesellschaft (S. 59–70). Wiesbaden: Springer.

Miles, R. (1991): Rassismus. Einführung in die Geschichte und Theorie eines Begriffs. Hamburg: Argument-Verlag.

New Boy Toys. Online verfügbar unter: https://www.smh.com.au/world/fulla-has-the-mid-east-doll-market-covered-20051223-gdmoex.html, Zugriff am 1.02.2021.

Stenger, U. (2014): Spiel. In: C. Wulf & J. Zirfass (Hrsg.), Handbuch Pädagogische Anthrophologie (S. 267–274). Wiesbaden: Springer VS.

Terkessidis, M. (1998): Psychologie des Rassismus. Wiesbaden: Westdt. Verlag.

Trawick-Smith, J., Wolff, J., Koschel, M. & Vallarelli, J. (2015): Effects of toys on play quality of preschool children. Influence of gender, ethnicity, and socioeconomic status. Early Childhood Education, 43(4), 249–256.

Waburg, W. (2018): Diversity im Spielzeug – wo ist sie und warum fehlt sie? Theoretische, empirische und pädagogische Annäherungen. Zeitschrift für Diversitätsforschung und -management, 1, 49–62.

Wagner, P. (2014): Was Kita-Kinder stark macht. Gemeinsam Vielfalt und Fairness erleben. Berlin: Cornelsen.

Wagner, P. (2017): Handbuch Inklusion. Freiburg: Herder.

12 Diversität im Kinderfernsehen

Maya Götz

Einleitung

Kinderfernsehen prägt das Weltbild, lädt zur Identifikation bzw. Abgrenzung ein und wird damit zum Baustein der Wertebildung (Götz 2013). Entsprechend wichtig ist es, wenn dezidiert für Kinder entwickelte Produktionen auch die Diversität der Gesellschaft prosozial widerspiegeln würden und nicht in realitätsfremden Bildern der Mehrheitsgesellschaft und klischeehafter Stereotypisierung verhaftet blieben. Kindern stehen heute wöchentlich rund 470 Stunden frei empfangbares Kinderfernsehen zur Verfügung. Hinzu kommen weitere mindestens 3.000 Stunden auf Streamingplattformen (Netflix, Amazon Prime, Disney+ etc.) und im Bezahlfernsehen (Sky etc.). Man möchte meinen, dass diese Masse an Programminhalten Raum für Diversität bietet.

Welche Bilder und Geschichten im Kinderfernsehen aber tatsächlich hinsichtlich der Diversitätskategorien → Gender und der Körperrepräsentation natio-ethnokultureller Hintergrund einer Figur sowie der Darstellung von Menschen mit Behinderung gezeigt werden, belegt der Forschungsstand, der hier insbesondere anhand einer internationalen Studie zum Kinderfernsehen in zehn Ländern vorgestellt wird. In der Studie »Children's TV Worldwide II« (CTV WW2) wurden 2017 in zehn Ländern 12.177 Kindersendungen und ihre Haupt- bzw. wichtigsten Nebenfiguren nach 24 Variablen ausgewertet. Die deutsche Stichprobe bildeten n=512 Sendungen und ihre n=1.517 zentralen Figuren, die auf den vier Kindersendern (KiKA, Super-RTL, Disney-Channel und Nickelodeon) ausgestrahlt wurden (u. a. Götz et al. 2018a).

12.1 Wie sieht das Kinderfernsehen in Deutschland aus?

Der Großteil des deutschen Kinderfernsehens ist fiktional (85 %), wobei dieses fiktionale Programm vor allem aus Animation, d. h. Zeichentrickangeboten (83 %) besteht. Die kommerziellen Anbieter senden zu über 90 % fiktionale Inhalte, der öffentlich-rechtliche Sender KiKA bietet neben 64 % fiktionalen Sendungen auch 19 % non-fiktionale bzw. 17 % gemischte Formate an.

Aufgeschlüsselt nach dem Herstellungsland der Kinderproduktionen, zeichnet sich ein klares Bild ab: Kinderfernsehen in Deutschland ist vor allem eingekauftes Programm. Von den gesendeten Kindersendungen wurden insgesamt nur 7 % ausschließlich in Deutschland produziert. Den größten Anteil machen Kaufproduktionen (80 %) sowie internationale Koproduktionen (14 %) aus, an denen Deutschland beteiligt ist. Der Anteil an Kaufproduktionen liegt bei Nickelodeon und Super RTL bei über 94 %, der KiKA sendet zu 48 % eingekaufte Sendungen, hat aber auch 17 % in Deutschland produzierte Sendungen sowie 35 % internationale Koproduktionen.

Vereinfacht zusammengefasst: Kinderfernsehen in Deutschland besteht größtenteils aus Zeichentrickgeschichten, die im Ausland, vor allem den USA und Großbritannien, produziert werden. Es gibt aber auch einen Anteil an fiktionalen und non-fiktionalen Produktionen aus Deutschland, deren Gesamtverantwortung bei hiesigen Redaktionen liegt. Dies sind nahezu ausschließlich öffentlich-rechtliche Angebote.

12.2 Diversitätskategorie »Geschlecht«

12.2.1 Repräsentation im Kinderfernsehen

Die Menschheit setzt sich zu ca. 51 % aus Mädchen und Frauen und zu ca. 49 % aus Jungen und Männern zusammen. Im Kinderfernsehen sieht das Verhältnis anders aus: Die Hauptfiguren und zentralen Nebenfiguren sind insgesamt doppelt so häufig männlich wie weiblich. Im internationalen Vergleich liegt Deutschland damit auf dem vorletzten Platz. Im hiesigen Kinderfernsehen sind 65 % der Hauptfiguren bzw. wichtigsten Nebenfiguren männlich, 33 % weiblich sowie 2 % geschlechterneutral bzw. nicht zu identifizieren (z. B. Kikaninchen oder die Maus) (Götz et al. 2018a). Werden nur die Hauptfiguren gezählt, die sich meist auch in den Sendungstiteln widerspiegeln, ergibt sich ein Verhältnis von eins zu vier (Prommer & Linke 2017). Mia *(Mia and me)* steht dann z. B. Peter Pan, Angelo, Phineas und Ferb und SpongeBob gegenüber.

Diese tendenzielle Dominanz von männlichen Figuren zeigt sich schon von Beginn des Kinderfernsehens an. Viele der klassischen Kinderstoffe, die für das Kinderfernsehen inszeniert wurden, kreisen um Jungenfiguren. So sind bei *Winnie Puuh*, *Bugs Bunny* oder *Donald Duck* fast alle handlungstragenden Figuren wie selbstverständlich männlich. Jim Knopf hat seinen Lokomotivführer Lukas und auch Urmel hat fast nur männliche Freunde. In den Ausnahmefällen klassischer Serien wie die *Biene Maja*, *Pippi Langstrumpf* und *Heidi* steht gezielt eine Mädchenfigur im Mittelpunkt der Handlung. Faktisch machen sie jedoch eine deutlich kleinere Anzahl aus. Noch unausgewogener ist das Geschlechterverhältnis bei nichtmenschlichen Wesen. Bei Objekten (z. B. *Bernd das Brot*) und magischen Wesen (z. B. *Die Schlümpfe*) kommen auf eine »weibliche« Figur fast neun »männliche« (Prommer, Linke & Stüwe 2017).

Beim Blick auf die non-fiktionalen Angebote, die meistens hierzulande produziert und redaktionell verantwortet sind, sieht das Verhältnis mit eins zu zwei (33 % zu 65 %) auch kaum besser aus (Götz et al. 2018). Ob sie Armin, Christoph, Ralph oder Johannes (*Die Sendung mit der Maus*), Eric (*Pur+*), Fritz Fuchs (*Löwenzahn*) oder *Checker Tobi* heißen: Es sind Männer, die Kindern im deutschen Kinderfernsehen die Welt erklären. Auch hier lassen sich Ausnahmen wie die Co-Moderatorinnen Shary bzw. Clari zu Ralph (*Wissen macht Ah!*) benennen. Aber auch wenn das Moderator*innenteam von *Die Sendung mit der Maus* mittlerweile auch Moderatorinnen hat und zukünftig nach drei Männern nun für den Checker eine Frau als Erklärerin nach Antworten suchen wird, überwiegt im Hauptcast die Anzahl der Männer.

Eine der wenigen erfreulichen Ausnahmen ist die Wissenssendung *Triff* (KiKA), bei der Clarissa Corrêa da Silva historischen Persönlichkeiten begegnet, jeweils abwechselnd einem Mann (z. B. Leonardo da Vinci, Friedrich Schiller, Ludwig van Beethoven) und einer Frau (z. B. Kleopatra, Marie Curie, Harriet Tubman). Mit einer sensibilisierten Redaktion gelingt es durchaus, geschlechtersensible Sendungen zu produzieren.

12.2.2 Stereotype Eigenschaften bei weiblichen und männlichen Figuren?

Kommen Mädchen- und Frauenfiguren im Kinderfernsehen vor, werden sie in der Geschichte häufig mit bestimmten Charaktereigenschaften verbunden (Götz 2011)

Weibliche Figuren sind im Vergleich zu männlichen nachweislich weniger aktiv, weniger laut, weniger in verantwortungsvollen Positionen anzutreffen und verhalten sich eher kindisch. Sie zeigen mehr Emotionen, werden häufiger im Kontext von Beziehungen gezeigt, sind hilfsbereiter und fragen häufiger nach Hilfe und danach, beschützt zu werden (u. a. Aubrey & Harrison 2004; Baker & Raney 2007). Mädchen- und Frauenfiguren zeigen durchaus auch Aggression, was sich jedoch nicht wie bei den Jungen- und Männerfiguren in Form von körperlicher Aggression äußert, sondern meist durch soziale Aggression wie Lästern oder Ausgrenzung (Luther & Legg 2010). Verfügen die Hauptfiguren über besondere Kräfte, dann liegen sie bei den Mädchen- und Frauenfiguren vor allem im magischen Bereich, sind also körpergebunden, und »weibliche« Figuren nutzen so gut wie nie Technik. Dafür konsumieren sie mehr und kaufen sechsmal mehr Kleidung ein als die männlichen Figuren (Chan 2012, S. 174).

Es gibt zwar auch Mädchen- und Frauenfiguren, die im Mittelpunkt stehen, kraftvoll aktiv sind, eine Mission erfüllen, ihre Ziele mit Durchsetzungskraft verfolgen und hierfür spezielle Kräfte haben. Es sind Superheldinnen in Zeichentricksendungen wie *Kim Possible*, *Miraculous* oder die clevere Sally Bollywood, die Kriminalfälle an ihrer Highschool löst. Im Vergleich zu Superhelden stellen sie aber eher Fragen, anstatt andere zu bedrohen, und reagieren deutlich häufiger überemotional, besonders in Krisensituationen. Zudem brauchen sie doppelt so häufig einen Mentor, der fast immer ein Mann ist (Baker & Raney 2007).

Im Vergleich zu den Mädchen- und Frauenfiguren im Kinderfernsehen sind Jungen nicht nur mehr, sondern auch vielfältiger vertreten. In kritischen Situationen sind sie stets in der Lage, mit ihren besonderen Kräften umzugehen und in größerem Stil die Welt zu retten (Baker & Raney 2007, S. 38ff.). Im Markt des Kinderfernsehens sind zwei Figurentypen vorherrschend (Götz et al. 2012): Erstens der »Obendrüberheld«, der wie Batman oder Luke Skywalker allen Herausforderungen gewachsen ist. Meist entspricht der Superheld traditioneller hegemonialer Männlichkeit, d. h. er ist mit Härte und Status ausgestattet, selbstverständlich heterosexuell, körperlich fähig und ausgesprochen kompetitiv angelegt. Als Jungenfigur sind sie – wie etwa Robin Hood, Peter Pan oder Nils Holgersson – clever, setzen sich gegen ihre bösen Feinde mit Intelligenz und Pfiffigkeit durch und sind dabei stets und selbstverständlich – nach ein bis zwei Rückschlägen – immer erfolgreich. Der zweite Typus ist der »lustige Loser«, der sozusagen unter den Herausforderungen des Lebens »untendurchschlüpft«. Bei Bart und Homer Simpson oder SpongeBob wird das Unterlaufen von Anforderungen kultiviert, sodass durch Umdefinieren aus der Abwertung ein Statusgewinn wird, weil der »Underdog« letztlich doch ein cooler Sympathieträger ist.

12.2.3 Diversität in der Körperrepräsentation?

Menschliche Körper können völlig unterschiedliche Formen annehmen. Sie können klein oder groß sein und an unterschiedlichsten Stellen Rundungen aufweisen. In Deutschland sind knapp zwei Drittel der Männer (62 %) und etwas weniger als die Hälfte der Frauen (43 %) übergewichtig (Statistisches Bundesamt 2018a). Damit ist die Realität durch eine Vielfalt von Körperformen geprägt, was sich im Kinderfernsehen nicht wiederfindet, denn wie im Fernsehen insgesamt kommen fast ausschließlich sehr schlanke Mädchen und Frauen vor.

Insbesondere im Zeichentrickfilm kommt es zu einer Hypersexualisierung, die sich sogar nachmessen lässt. In der Attraktivitätsforschung gibt es einen gut eingeführten Wert, den Waist-to-Hip-Ratio (WHR), der das Verhältnis der Taille zur Hüfte misst. Eine gesunde, normalgewichtige Frau hat einen WHR von etwa 0,8; die als »Idealmaße« verkauften 90–60–90 liegen bei einem Verhältnis von 0,7. Ausgesprochen schlanke und taillierte Frauenkörper können in Ausnahmefällen einen Wert von 0,68 erreichen.

In einer weltweiten Stichprobe untersuchte das Internationale Zentralinstitut für das Jugend- und Bildungsfernsehen (IZI) 102 Zeichentrickfiguren hinsichtlich ihrer Körpermaße, die Mädchen und junge Frauen darstellen. Dabei zeigte sich: Zwei von drei Zeichentrickmädchen haben eine Wespentaille, die auf natürlichem Weg nicht zu erreichen ist. Jedes zweite Zeichentrickmädchen unterschreitet sogar den Wert von Barbie (0,6), ein Maß, welches sich nur durch das Herausoperieren der unteren Rippe erreichen ließe (Götz & Herche 2012).

Die Forschungsgruppe um Elizabeth Prommer untersuchte 2016 noch einmal mit dieser Methode das deutsche Kinderfernsehen dahingehend und konnte nachweisen, dass jede zweite Mädchen- bzw. Frauenfigur eine hypersexualisierte Figur mit unrealistisch schmaler Taille hat. Eine entsprechende Hypersexualisierung der Männerfiguren (z. B. breite Schultern und schmale Hüften) findet sich bei den Zeichentrickjungen und -männern nur in absoluten Ausnahmefällen, wobei ihnen eine viel größere Bandbreite an Körperformen zugestanden wird (Linke, Stüwe & Eisenbeis 2017). Es wird also nicht nur die reale Vielfalt von Mädchen und Frauenkörpern nicht abgebildet, sondern sie wird stattdessen auf einen Perfektionsgrad nivelliert und damit ins Unerreichbare verzerrt.

12.3 Diversitätskategorie »natio-ethno-kultureller Hintergrund«

12.3.1 Vorkommen im Kinderfernsehen

Kaum etwas ist so schwer zu messen wie natio-ethno-kulturelle Diversität. Allein der Ausdruck → »race« (»Rasse«), wie es im Englischen oftmals genannt wird, ist gerade aus einer deutschen Perspektive ausgesprochen problematisch. Dennoch ist es sinnvoll, sich das Aussehen der Figuren im Kinderfernsehen genau anzusehen. Jede Figur wurde schließlich gezielt gemalt bzw. gecastet, um einen bestimmten Typus Mensch darzustellen – und dieser hat eben auch eine Hautfarbe und Gesichtszüge. Nicht zuletzt auf den offiziellen Webseiten vieler Sendungen wird über die Konstruktion der Figuren informiert, z. B. als Asiatin oder Mensch mit türkischen Wurzeln. Trotzdem ist die Identifizierung eines natio-ethno-kulturellen Hintergrundes einer Figur ausgesprochen schwierig. Vor diesem methodenkritischen Hintergrund lassen sich trotzdem für das in Deutschland ausgestrahlte Kinderfernsehen Tendenzen aufzeigen: Der Großteil der menschlichen Figuren im fiktionalen Programmangebot – 86,3 % der »männlichen« Figuren und 78,1 % der »weiblichen« Figuren – sind demnach als das identifizierbar, was international als »kaukasisch-weiß« oder *white* bezeichnet wird. → BIPoC (schwarz, indigen, asiatisch, lateinamerikanisch, nahöstlich, südasiatisch etc.) kommen in zentralen Rollen sehr selten vor. Insgesamt sind lediglich 17 % der Hauptfiguren »nicht weiß«, womit Deutschland im Vergleich von zehn Ländern das »weißeste« Kinderfernsehen hat. Ergänzt werden sie durch Figuren, die zu 8 % schwarz, 2 % lateinamerikanisch, 2 % asiatisch und südasiatisch sind. Tendenziell sind dabei weibliche Charaktere häufiger »nicht weiß«, d. h. sie haben eine schwarze Hautfarbe (11 %) oder lateinamerikanische Wurzeln (3,8 %) (Götz et al., 2018b, S. 23 ff.; ▶ Abb. 1).

In der Realität haben 25,5 % aller Menschen in Deutschland einen Migrationshintergrund und sogar 40,6 % aller Kinder unter fünf Jahren (bpb 2018). Den höchsten Anteil haben dabei Menschen mit Zuwanderungsgeschichten in der Türkei, was oftmals mit körperlichen Ausprägungen einhergeht, die als »nahöstlich/arabisch« in der Auswertung bezeichnet werden (vgl. Abb. 1). Ähnliches gilt für

Menschen mit syrischem Migrationshintergrund (2018: 3,9 % der Personen mit Migrationshintergrund; bpb 2018). Gerade diese körperlichen Merkmale finden sich aber kaum in den Haupt- und wichtigsten Nebenrollen im deutschen Kinderfernsehen wieder. Vereinzelt gibt es Sendungen wie *Die Pfefferkörper* (NDR), bei der seit Langem mindestens ein Kind, zum Teil zwei Kinder mit Zuwanderungsgeschichte zu den Hauptfiguren gehören.

Ähnliches zeigt sich bei den in Deutschland produzierten Wissenssendungen, denn auch hier dominiert ein natio-ethno-kultureller Hintergrund: → *weiße* Männer ab Mitte 30, meist blond bis dunkelblond. Einzige Ausnahme ist Checker Can, der als Hauptfigur der Sendung türkische Wurzeln hat. Bei den Frauen, ohnehin in der Minderzahl, ist ein sichtbarer Migrationshintergrund wie bei Shary oder Clari (beide: *Wissen macht Ah!*) deutlich häufiger. Insgesamt bleibt die zahlenmäßige Repräsentation weit hinter der Bevölkerungsrealität in Deutschland zurück.

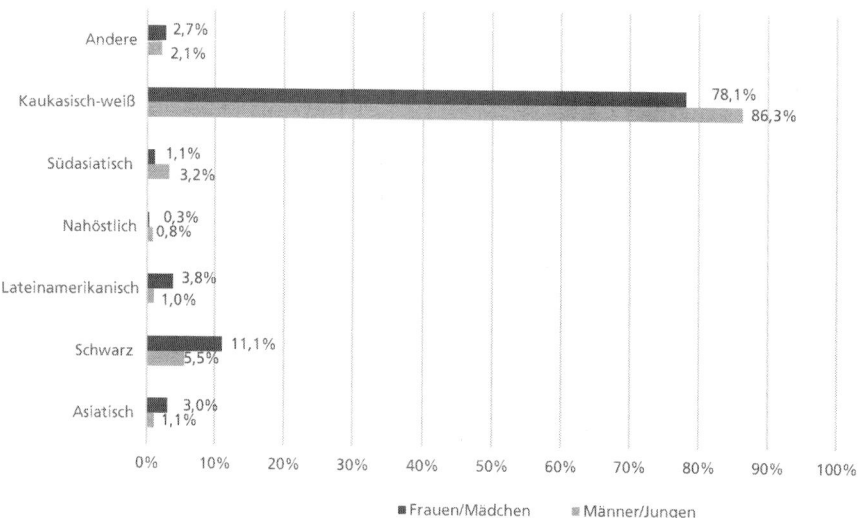

Abb. 1: Natio-ethno-kultureller Hintergrund der zentralen Figuren im Kinderfernsehen in Deutschland (Götz et al., 2018b, S. 25, eigene Darstellung)

12.3.2 Stereotype Eigenschaften bei Figuren mit diversem natio-ethno-kulturellem Hintergrund?

Während für Film und Fernsehen diverse Studien zur Repräsentation von Erwachsenen aus marginalisierten Bevölkerungsgruppen vorliegen (zusammenfassend Eckhardt Rodriguez 2018), ist dies beim Kinderfernsehen eher die Ausnahme. Im US-amerikanischen Diskurs besteht eine ausdifferenzierte Debatte über die Darstellung von »nicht-weißen« Figuren in Produktionen des Disney-Konzerns (z. B. Cheu 2013; Turner 2013; Johnson 2019; Turner & Nilsen 2019), die auch im deutschen Kinderfernsehen auf dem Disney Channel zu sehen sind. Medienanalytisch wird beispielsweise in »Disney Classics« wie *Peter Pan* nachgewiesen, dass Native

Americans/First Nation als sog. »Indianer« und in typischen Klischees des »roten Mannes« erzählt werden (Parasher 2013). Bei genauerer Analyse sind die siamesischen Katzen in *Susi und Strolch* eine Symbolisierung bekannter Stereotype vom verschlagenen, hinterhältigen Asiaten (Akita & Kenney 2013). Bei genauerer Betrachtung der »exotischen Disney-Prinzessinnen« wird deutlich, wie diese Figuren »weißer« gemacht wurden, d. h. die Hautfarbe aufgehellt und der Körperbau einer (idealisierten) anglo-amerikanischen Körperausprägung angepasst wurde (u. a. Hains 2013).

Weitere kritische Auseinandersetzungen fanden u. a. hinsichtlich der Darstellung von Latinas bei Disney-Formaten statt. Waren diese zunächst wie Gabriella in *High School Musical* oder Miranda in *Lizzie McGuire* kaum als Latina ausgewiesen, entdeckte der Disney-Konzern zunehmend die hispanische Bevölkerung als attraktive Zielgruppe. Mit Sofia die Erste und Elena von Avalor sind explizit Latinas weibliche Hauptfiguren in einer Serie (Valdivia 2016). Die Darstellung insbesondere erwachsener Latinas bleibt dabei jedoch immer mit bekannten Stereotypen der leicht bekleideten, erotisch attraktiven und hoch emotionalen Latina verbunden (Báez 2015). Auch der internationale Markt, bei dem häufig Held*innengruppen mit unterschiedlichen natio-ethno-kulturellen Hintergründen dominieren, erweist sich bei genauerer Betrachtung als weitaus weniger divers als erhofft. Die Analyse von Mädchenteams in international vermarkteten Zeichentrickserien wie *Totally Spies* oder *W.I.T.C.H.* zeigt, dass diese sich nur scheinbar aus heterogenen Figuren zusammensetzen, auch wenn je eine Figur die Merkmale *weiß*, asiatisch, afro-amerikanisch und lateinamerikanisch zugewiesen werden. Es werden immer wieder dieselben Eigenschaften mit einem bestimmten, stereotypen Aussehen kombiniert. Die hellhäutige, blonde Protagonistin ist vor allem an Shopping und ihrem Aussehen interessiert, die Figur mit dunkler oder schwarzer Hautfarbe ist sportlich (Schlote & Otremba 2010).

Für Kinderfernsehproduktionen aus Deutschland stehen so gut wie keine Analysen zur Verfügung. Eine der wenigen Ausnahmen ist die Studie von Elke Schlote und Katrin Otremba, die 112 natio-ethno-kulturell diverse Figuren des in Deutschland produzierten Kinderfernsehens genauer untersuchten. Ganz offensichtliche Stereotype, so ihr Ergebnis, werden im deutschen Kinderfernsehen zwar oftmals vermieden, doch kommt es häufig zu einer gegenstereotypen Darstellung, z. B. bei muslimischen Elternfiguren: Sieben der neun analysierten Familien mit Migrationshintergrund haben alleinerziehende Mütter oder Väter. Das würde 78 % entsprechen, wohingegen in der Realität zu diesem Zeitpunkt nur 13 % aller Eltern mit Migrationshintergrund in Deutschland alleinerziehend waren. In der einzigen muslimischen Familie mit zwei Eltern in der Stichprobe sollte die Tochter dann zwangsverheiratet werden (Schlote & Otremba 2010, S. 12). Auch hier zeigt sich gewissermaßen wieder eine Dualität der »guten modernen« Einelternfamilie mit Migrationshintergrund und der traditionellen Zweielternehe, in der Mädchen und Frauen unterdrückt werden.

Einige Figuren sind durch bestimmte Einstellungen gekennzeichnet, die in Verbindung zu ihrem natio-ethno-kulturellen Hintergrund gebracht werden. In der Handlung werden diese dann meist mit einer unterschiedlichen Denkweise innerhalb derselben natio-ethno-kulturellen Gruppe kontrastiert. In der 6. Staffel von *Die*

Pfefferkörner beispielsweise planen die Eltern in den Ferien, eine Zwangsheirat zwischen der 14-jährigen Zarina und ihrem Cousin in Islamabad zu arrangieren. Eingeführt wird eine Figur mit sichtbar pakistanischer Herkunft und mit hörbarem Akzent. Dies werten die Autorinnen als positiv, da es der Homogenisierung der ethno-kulturellen Gruppe entgegenwirkt. Gleichzeitig findet sich hier die typische Einteilung in Positiv und Negativ, die schon in Analysen zum Erwachsenenfernsehen herausgearbeitet wurde. Durch Gegensstereotype wird ein Stereotyp zwar erweitert, gleichzeitig verfestigt es aber immer auch die Annahmen zum ursprünglichen Stereotyp.

Als Chance arbeiten die Autorinnen Figurenanlagen heraus, die Diversität nicht nur auf der Oberfläche verkörpern und bei denen sich Vielfalt nicht nur in Gesichtszügen und Haut- und Haarfarbe zeigt. Als pädagogisch wertvoll sehen sie, wenn Gemeinsamkeiten und Unterschiede als »normal« dargestellt werden. Bei *Die Pfefferkörner* beispielsweise besucht in der 2. Staffel Cem, der einzige Muslim der Detektivgruppe, eine Koranschule, was aber eher beiläufig gezeigt wird. Weiteres Potenzial sehen die Autorinnen, wenn nicht nur eine hybride Anlage von Figuren in »deutsch« oder »türkisch« erfolgt. Dies beginnt bei Namen, die nicht nur natio-ethnisch eindeutig sind (wie z. B. Miguel Hernandez aus *Paulas Sommer* oder Lena Eklund aus *Unser Charly*), sondern auf eine binationale Familienkonstellation hinweisen (wie z. B. Xiaomeng Weidtmann aus *Die Pfefferkörner*) oder auf ein Wohnviertel anspielen wie bei »Opa Nippes«, einem türkischstämmigen Großvater, der nach dem Kölner Stadtteil benannt wird, in dem er seit Jahrzehnten lebt (*Rennschwein Rudi Rüssel*). Namen können so auf die Entstehung von etwas Drittem hinweisen. Oftmals werden im Kinderfernsehen die Figuren auch als bilingual gekennzeichnet. Als besonders positiv bewerten die Autorinnen, dass alle in Deutschland lebenden Kinderfiguren im Sample akzentfrei Deutsch sprechen. Die Beherrschung der Familiensprache wird oftmals wie z. B. auch bei *KRIMI.DE Erfurt* als Ressource inszeniert. Dort entdeckt die Figur Julia mit rumänischer Zuwanderungsgeschichte, dass die rumänischen Kinder zum Stehlen gezwungen werden, weil sie sich mit ihnen in ihrer Muttersprache verständigen kann.

Eine weitere Chance des Kinderfernsehens liegt nach den Autorinnen auch darin, wenn typische Problembereiche explizit zum Thema gemacht und kreative Umgangsformen damit gefunden werden. So erzählt die Serie *Rennschwein Rudi Rüssel* z. B., wie die türkischstämmige Ayla am ersten Tag auf die Frage ihrer Klassenkameradin »Wo kommt der Name denn her?« mit »Von meinen Eltern« antwortet und die Frage »Kommst du irgendwo anders her?« mit »Ich komme aus Köln« erwidert (Schlote & Otremba 2010, S. 13).

Einer der wenigen Momente, in denen die Darstellung von natio-ethno-kulturellen Minderheiten im Kinderfernsehen medienanalytisch explizit kritisiert wurde, war die Darstellung von Sinti und Roma im Kinderfilm *Nellys Abenteuer*. So warf der Zentralrat Deutscher Sinti und Roma 2017 dem Film vor, er »produziert und reproduziert [...] klassische antiziganistische Stereotype« (Rose 2017, S. 1). In dem entsprechenden wissenschaftlichen Gutachten stehen acht Hauptansatzpunkte des Vorwurfs, die medienanalytisch herausgearbeitet wurden: 1. die Differenzkonstruktion, in der Roma als »fremd« im Gegensatz zur eigenen deutschen Kultur dargestellt werden, 2. Bedienung des Stereotyps des »nicht-arbeitenden Roma«, 3.

Darstellung von Roma als Diebe und kriminelle Charaktere und als 4. unzivilisiertes und rückständig erscheinendes Kollektiv. Fünftens suggeriert der Film, Roma hätten keine nationale Zugehörigkeit und wären per se »heimatlos«. Als sechster Hauptkritikpunkt wird das Motiv des Roma als Kindesräuber genannt, womit an die lange tradierte Zuschreibung angeknüpft werde, dass sog. »Zigeuner« Kinder aus den Familien der Mehrheitsgesellschaft entführen würden. Hinzu komme 7. das Motiv der Kindes- und Zwangsheirat, das impliziere, (rumänische) Roma würden Frauen- und Kinderrechte nicht beachten und außerhalb von Norm und Gesetz leben. Stereotyp erzählt würden als Kritikpunkt 8 aber auch Formen des sog. positiven Antiziganismus, wonach Roma als besonders musikalisch und stets in Partylaune dargestellt werden (Brunßen 2017, S. 5–12).

Einige der Punkte zeigten sich im Realitätsabgleich als für die im Film erzählte Volksgruppe der Roma in Rumänien als relevantes Abbild der Realität (Erwerbslosenquote über 70 %, nachgewiesene arrangierte Ehen und Zwangsverheiratungen; Amalipe 2011). Die Analyse von Brunßen verdeutlicht, wie leicht die Darstellung von Minderheiten jedoch in klischeehafte und schnell als rassistisch verstehbare Bilder abgleiten kann. Die »Wirksamkeit« der dargestellten Stereotype im Sinne der Rassifizierung der Roma zeigte sich allerdings nach einer Rezeptionsanalyse in anderer Form, denn Kinder assoziierten das Wort »Roma« nicht als die zu dieser ethnischen Gruppe gehörenden Menschen, sondern deuteten dies aufgrund der Wortähnlichkeit zumeist als Einwohner von Rumänien.

Dies kann wiederum zu anderen Vorannahmen führen, da die von Brunßen herausgearbeiteten Momente antiziganistischer Darstellung von den befragten Kindern nach dem Sehen des Filmes zum Teil mit Rumänen allgemein in Verbindung gebracht wurden (Götz 2018; Götz et al. 2017). Im Vordergrund standen für die Kinder zunächst die Abenteuergeschichte und die Freundschaft zwischen zwei Kindern mit unterschiedlichem natio-ethno-kulturellen Hintergrund. Dies verdeutlicht, wie sensibel das Thema ist. Zu einer Vermeidung der Repräsentation von natio-ethno-kulturellen Hintergründen in Kindersendungen sollte dies jedoch auf keinen Fall führen. Vielmehr braucht es einen regen Austausch zwischen Wissenschaft und Produktion sowie Fortbildung und viel Sensibilität bei den Programmverantwortlichen.

12.4 Darstellung von Menschen mit Behinderung im hiesigen Kinderfernsehen

In Deutschland leben knapp 2 % der Kinder und 9,4 % der Erwachsenen mit einer Behinderung (Statistisches Bundesamt 2018b). Menschen mit Behinderungen sind im Kinderfernsehen weltweit sehr selten zu finden. Im Kinderfernsehen der zehn analysierten Länder der Studie »Children's Television Worldwide II« haben 2,5 % der zentralen Charaktere eine Form einer sichtbaren Behinderung. Im internationalen Vergleich sind Hauptfiguren mit einer Behinderung im deutschen Kinderfernsehen (6,1 %) noch am häufigsten vorzufinden und auch im Verlauf der Jahrzehnte hat sich in Deutschland dieser Anteil enorm erhöht, denn noch 2007 waren es lediglich 0,5 % der Hauptfiguren mit einer Behinderung – ähnlich wie aktuell z. B. in den USA. Unter den analysierten 50 Figuren sind dabei 36 männliche Figuren (6,8 %) und 19 weibliche (5,1 %). Es entsteht der Eindruck, Jungen und Männer seien viel häufiger von einer schweren Behinderung betroffen als Mädchen. Auch Bredley Bond kommt in seiner Analyse des kommerziellen Kinderfernsehens zur Schlussfolgerung, dass Behinderung ausgesprochen selten vorkommt und wenn überhaupt bei alten Männern, die eher im Hintergrund der Handlung stehen. Menschen mit Behinderung sind dann innerhalb der Handlung meist moralisch gut, attraktiv, mit ihrem Leben zufrieden und genauso fähig wie andere Figuren (Bond 2013).

Noch häufiger als in fiktionalen Programmen finden sich dabei Kinder mit einer schweren Behinderung in non-fiktionalen Programmen. In Dokumentarreihen wie *Schau in meine Welt* oder *stark! – jetzt erzähle ich* (KiKA) werden Kinder dokumentiert, die sich trotz einer schweren Behinderung ihren Weg suchen und ihre Stärken ausleben.

12.4.1 Stereotype Darstellung von Menschen mit Behinderung?

War es bei Klara in Johanna Spyris *Heidi* wie in vielen klassischen Kinderfilmen bzw. Stoffen für Kinder selbstverständlich, dass Lebensglück nur mit der Überwindung einer Behinderung einhergeht, hat sich dies in neueren Spielfilmen verändert. Menschen werden weniger hilflos dargestellt und ein erfülltes Leben ist auch ihnen vergönnt. Überproportional häufig werden blinde und gehörlose Menschen inszeniert, größtenteils im erwerbsfähigen Alter, was relativ fern der Realität ist, wo 65 % aller Menschen mit Blindheit über 65 Jahre sind (Degenhardt & Hilgers 2007, S. 137).

Wenn Figuren mit Behinderungen erzählt werden, dann oft in wenigen Stereotypen: Sie werden häufig als armes, zu bemitleidendes Opfer inszeniert, das Hilfe und Nachsicht beansprucht – oder genau als das Gegenteil, als »Superbehinderte*r«, der/die alle Schwierigkeiten mit Bravour meistert und mehr kann als alle anderen (Golos 2010, S. 251). Hinzu kommt ein dritter Typus: der aggressive Bösewicht mit Behinderung (z. B. auch Captain Hook aus *Peter Pan*) (Bond 2013, S. 5), der auch im US-Kinderfernsehen, z. B. bei Figuren mit einer psychischen Krankheit, zu finden ist (Wahl et al. 2007, S. 127).

Im Gegensatz zum Mainstream des kommerzialisierten Kinderfernsehens lassen sich gerade bei diesem Thema diverse Gegenbeispiele in internationalen Qualitätssendungen finden, wie sie beim Kinderfernsehfestival PRIX JEUNESSE INTERNATIONAL gezeigt werden (Götz & Schlote 2010), oder in besonderen Kinderfilmen wie *Blindgänger*, in dem zwei dreizehnjährige blinde Mädchen ihren Weg auf die Bühne finden und so zur Rettung ihres Freundes beitragen (Degenhardt & Hilgers 2007, S. 144).

In den preisgekrönten Sendungen der Doku-Reihe *Schau in meine Welt – Jons Welt* oder *Theo lässt sich nicht aufhalten* (KiKA) werden beispielsweise Kinder mit schweren Behinderungen vorgestellt, die ihren Alltag mit viel Kompetenz und Lebensfreude bewältigen. In *Planet Willi* aus *Die Sendung mit dem Elefanten* (WDR) wird für Vorschulkinder die subjektive Sinnperspektive eines Kindes mit Downsyndrom nachvollziehbar erzählt. Dadurch entsteht ein ausgesprochen einfühlsames Porträt, das von Willis Schwester gesprochen und erklärt wird. Dass alle drei Dokumentationen, die mit dem Robert-Geisendörfer-Preis ausgezeichnet wurden, Jungen mit schweren Behinderungen porträtieren, ist wiederum bemerkenswert und fügt sich in das bisherige Bild der Forschungsergebnisse.

12.5 Fazit: Diversität fehlt im Kinderfernsehen in vielen Bereichen

Zusammenfassend wird deutlich, dass in vielen Bereichen das in Deutschland produzierte Kinderfernsehen zwar durchaus vielfältig ist, aber in seiner Diversität noch nicht die real existierende Vielfalt von Kindern heute repräsentiert. Wenig vertreten sind marginalisierte Gruppen wie Mädchen, Menschen, die nicht dem Schönheitsideal entsprechen, Kinder mit verschiedener natio-ethno-kultureller Zuwanderungsgeschichte und Menschen mit schweren Behinderungen, die dann auch nicht selten stereotyp inszeniert sind.

Im internationalen Vergleich liegt dabei das deutsche Kinderfernsehen hinsichtlich der Repräsentation von Vielfalt in den Bereichen Gender und natio-ethno-kulturelle Ausprägungen deutlich hinter anderen Ländern zurück, wohingegen es eine internationale Vorreiterrolle in Bezug auf die Diversitätsdimension »Menschen mit Behinderung« mit seinem größeren und durchaus vielfältigen Angebot einnimmt, was nicht zuletzt an der Stärke der öffentlich-rechtlichen Produktionen liegt. Eines zeigt der Überblick über das Kinderprogrammangebot jedoch auch: Es gibt immer wieder gelungene Ausnahmen, die eine Annahme bestätigen: Gerade auch mit diversen Charakteren lassen sich neue und spannende Geschichten erzählen.

Literaturverzeichnis

Akita, K. & Kenney, R. (2013): A »vexing implication«. Siamese cats and orientalist mischiefmaking. In: J. Cheu (Hrsg.), Diversity in Disney films. Critical essays on race, ethnicity, gender, sexuality and disability (S. 50–66). Jefferson: McFarland.

Amalipe Center for Interethnic Dialogue and Tolerance (2011): Preventing early/forced marriage. Online verfügbar unter: http://amalipe.com/files/publications/ranni%20brakove%20last.pdf, Zugriff am 03.04.2020.

Aubrey, J. & Harrison, K. (2004): The gender-role content of children's favorite television programs and its links to their gender-related perceptions. Media Psychology, 6(2), 111–146.

Báez, J. (2015): Television for all women? Watching lifetime's devious maids. In: E. Levine (Hrsg.), Cupcakes, Pinterest, Ladyporn: Feminized popular culture in the early 21st century (S. 51–70). Urbana: University of Illinois Press.Baker, K. & Raney, A. (2004): Toons, they're not a-changin'. Sex-role stereotyping on Saturday morning animated programs. Conference of the International Communication Association New Orleans: ICA.

Baker, K. & Raney, A. (2007): Equally super? Gender-role stereotyping of superheroes in children's animated programs. Mass Communication & Society, 10(1), 25–41.

Bond, B. (2013): Physical disability on children's television programming. A content analysis. Early Education & Development, 24(3), 408–418.

Brunßen, P. (2017): Gutachten zum Kinder- und Jugendfilm Nellys Abenteuer. Im Auftrag des Zentralrats Deutscher Sinti und Roma. Online verfügbar unter: http://zentralrat.sintiundroma.de/gutachten-zum-kinder-und-jugendfilm-nellys-abenteuer/, Zugriff am 03.04.2020.

bpb/Bundeszentrale für Politische Bildung (2018): Bevölkerung mit Migrationshintergrund I. Online verfügbar unter: https://www.bpb.de/nachschlagen/zahlen-und-fakten/soziale-situation-in-deutschland/61646/migrationshintergrund-i, Zugriff am 03.04.2020.

Chan, K. (2012): Consumerism and gender in children's television. In: M. Götz & D. Lemish (Hrsg.), Sexy girls, heroes and funny losers. Gender representations in children's TV around the world (S. 169–180). Frankfurt/Main u. a.: Peter Lang.

Cheu, J. (2013): Diversity in Disney films: Critical essays on race, ethnicity, gender, sexuality and disability. Jefferson: McFarland.

Degenhardt, S. & Hilgers, F. (2007): »Klara versus Elea«. Die Darstellung behinderter Menschen im Kinder- und Jugendfilm. In: H. Decke-Cornill & R. Luca (Hrsg.), Jugendliche im Film (S. 135–148). München: Kopaed.

Eckhardt Rodriguez, A. (2018): Der schwarze Gangster und die illegale Einwanderin. Diskriminierung und Vorurteile im Fernsehen. TelevIZIon, 31(2), 38–42.

Götz, M. (2011): Die TV-HeldInnen der Mädchen und Jungen. Kopaed: München.

Götz, M. (2013): Die Fernsehheld(inn)en der Mädchen und Jungen. Geschlechterspezifische Studien zum Kinderfernsehen. München: Kopaed.

Götz, M. (2018): Nellys Abenteuer. TelevIZIon, 31(2), 16–20.

Götz, M. & Herche, M. (2012): »Wasp waists and V-Shape torso«. Measuring the body of the global girl and boy in animated children's programm. In: M. Götz & D. Lemish (Hrsg.), Sexy girls, heroes and funny losers. Gender representations in children's TV around the world (S. 49–68). Frankfurt/Main u. a.: Peter Lang.

Götz, M., Hofmann, O. & Mendel C. et al. (2018a): Whose story is being told? Results of an analysis of children's TV in 8 countries. TelevIZIon, 31(E), 61–65.

Götz, M., Hoffmann, O., Mendel, C. & Velev, M. (2018b): Children's Television Worldwide II: Gender Representation in Germany. Online verfügbar unter: https://childrens-tv-worldwide.com/pdfs/Germany.pdf, Zugriff am 25.07.2022.

Götz, M., Holler, A. & Kraller, M. et al. (2017): Rezeptionsstudie zum Film Nellys Abenteuer [unveröffentlicher Forschungsbericht]. München: IZI.

Götz, M., Neubauer, G. & Winter, R. (2012): Heroes, planners and funny losers. Masculinities represented in male characters in children's TV. In: M. Götz & D. Lemish (Hrsg.), Sexy girls, heroes and funny losers. Gender representations in children's TV around the world (S. 107–130). Frankfurt/Main u. a.: Peter Lang.

Götz, M. & Schlote, E. (2010): Darstellung von Behinderung im Kinderfernsehen. Wie Kinder und Jugendliche Qualitätsprogramme beurteilen. TelevIZIon, 23(2), 51–54.

Golos, D. (2010): The representation of deaf characters in children's educational TV in the US. A content analysis. Journal of Children and Media, 4(3), 248–264.

Hains, R. (2013): »Ich bin eine Prinzessin«. Die Prinzessinnen-Kultur in den USA. TelevIZIon, 26(2), 20–23.

Johnson, B. (2019): Neocolonialism in Disney's renaissance. Analyzing portrayals of race and gender in Pocahontas, The Hunchback of Notre Dame, and Atlantis. The Lost Empire. Online verfügbar unter: https://ir.library.oregonstate.edu/concern/honors_college_theses/p8418t357, Zugriff am 03.04.2020.

Linke, C., Stüwe, J. & Eisenbeis, S. (2017): Überwiegend unnatürlich, sexualisiert und realitätsfern. Eine Studie zu animierten Körpern im deutschen Kinderfernsehen. TelevIZIon, 30(2), 14–17.

Luther, C. & Legg, R. (2010): Gender differences in depictions of social and physical aggression in children's television cartoons in the US. Journal of Children and Media, 4(2), 191–205.

Parasher, P. (2013): Mapping the imaginary. The neverland of Disney Indians. In: J. Cheu (Hrsg.), Diversity in Disney films. Critical essays on race, ethnicity, gender, sexuality and disability (S. 38–49). Jefferson: McFarland.

Prommer, E. & Linke, C. (2017): Audiovisuelle Diversität? Geschlechterdarstellungen in Film und Fernsehen in Deutschland. Online verfügbar unter: https://www.uni-rostock.de/storages/uni-rostock/UniHome/Presse/Pressemeldungen/Broschuere_din_a4_audiovisuelle_Diversitaet_v06072017_V3.pdf, Zugriff am 03.04.2020.

Prommer, E., Linke, C. & Stüwe, J. (2017): Is the future equal? Geschlechterrepräsentationen im Kinderfernsehen. TelevIZIon, 30(2), 4–10.

Rose, R. (2017): Geplante Ausstrahlung von Nellys Abenteuer im Herbstprogramm des SWR. Vermeidung diskriminierender Filme über Sinti und Roma. Brief Stuttgart (20. Juni 2017), Zentralrat Deutscher Sinti & Roma.

Schlote, E. & Otremba, K. (2010): Kulturelle Vielfalt im Kinderfernsehen. Medienanalysen zum Kinderfernsehen weltweit und in Deutschland. TelevIZIon, 23(2), 9–14.

Statistisches Bundesamt (Hrsg.) (2018a): Zum Weltmännertag: 62 % der erwachsenen Männer sind übergewichtig. Wiesbaden. Online verfügbar unter: https://www.destatis.de/DE/Presse/Pressemitteilungen/2018/10/PD18_416_12212.html;jsessionid=24DC71A388C95208E02381CBB76E8416.internet712, Zugriff am 03.04.2020.

Statistisches Bundesamt (Hrsg.) (2018b): 7,8 Millionen schwerbehinderte Menschen leben in Deutschland. Online verfügbar unter: https://www.destatis.de/DE/Presse/ Pressemitteilungen/2018/06/PD18_228_227.html, Zugriff am 03.04.2020.

Turner, S. (2013): Blackness, bayous and gumbo. Encoding and decoding race in a colorblind world. In: J. Cheu (Hrsg.), Diversity in Disney films. Critical essays on race, ethnicity, gender, sexuality and disability (S. 83–96). Jefferson: McFarland.

Turner, S. & Nilsen, S. (2019): The myth of colorblindness. Race and ethnicity in American Cinema. New York: Springer Nature.

Valdivia, A. (2016): Contemporary mainstream Latinidad. Disney tales and spitfire endurance. Límite: Revista Interdisciplinaria de Filosofía y Psicología, 11(37), 76–88.

Wahl, O., Hanrahan, E. & Karl, K. et al. (2007): The depiction of mental illnesses in children's television programs. Journal of Community Psychology, 35(1), 121–133.

Autor*innenverzeichnis

Raphael Bak ist wissenschaftlicher Mitarbeiter und Doktorand am Lehrstuhl Erziehungswissenschaft mit dem Schwerpunkt Kindheitsforschung an der Bergischen Universität Wuppertal. Seine Forschungsschwerpunkte liegen in der Kindheitsforschung unter besonderer Berücksichtigung einer heteronormativitätskritischen, rassismuskritischen und intersektionalen Perspektive. Nach seinem Lehramtsstudium in den Fächern Erziehungswissenschaft, Deutsch und Sozialwissenschaften an der Westfälischen Wilhelms-Universität Münster und einem politikwissenschaftlichen Auslandsstudium an der Nottingham Trent University in England arbeitete er u. a. als Lehrbeauftragter an der Universität Köln in der Lehrer*innenausbildung. Aktuelle Publikation: Machold, C. & Bak, R. (2021): Difference and inequality in early childhood education in Germany. Qualitative research and educational program. In: B. Bloch et al. (Hrsg.), Early childhood education in Germany. Issues in history, theory, and research (S. 107–123). London: Routledge.

Ulrike Becker ist Lehrbeauftragte an der Universität Bielefeld, AG 1 (Allgemeine Erziehungswissenschaft) Fakultät für Erziehungswissenschaft. Ihre Lehrtätigkeiten umfassen die gendersensible und rassismuskritische Pädagogik, die Lebensphase der Kindheit und Jugend unter intersektionaler Perspektive sowie zentrale Fragen der allgemeinen Erziehungswissenschaft. Im Rahmen ihrer Doktorarbeit hat sie eine intersektionale Mehrebenenanalyse internationaler Jugendbegegnungen durchgeführt, die 2021 unter dem Titel »Diversitätsbewusste internationale Jugendbewegungen« im Wochenschau Verlag erschienen ist.

Marisa Beckmann arbeitet als wissenschaftliche Hilfskraft in der AG 1 (Allgemeine Erziehungswissenschaft) und AG 9 (Medienpädagogik) an der Universität Bielefeld zu den Themenschwerpunkten gendersensible und rassismuskritische Pädagogik sowie medienpädagogische Perspektiven auf die Lebensphase Kindheit und Jugend. In ihrem Masterstudium beschäftigt sie sich insbesondere mit kritischen Perspektiven auf machtwirksame Differenzlinien in der Gesellschaft.

Yüksel Ekinci ist Professorin im Fachbereich Sozialwesen an der FH Bielefeld mit dem Lehrgebiet Erziehung und Bildung im Kindesalter – Bildungsbereich Sprache. Zudem ist sie als Lehrbeauftragte im Projekt »Deutsch-Checker« an der Ruhr-Universität Bochum tätig. Ihre Forschungsschwerpunkte und -projekte umfassen: Migration – Mehrsprachigkeit – Bildung, Mehrsprachigkeit und -kulturalität sowie Leseförderung für Kinder mit der Zweitsprache Deutsch. Aktuelle Publikation: Ekinci, Y. & Sotkov, M. (2021): Möglichkeiten der mehrsprachigen Wortschatzförderung durch den Einsatz digitaler Medien. In: K. Kuhs & S. Merten (Hrsg.), Arbeiten am Wortschatz – Lesen – mit Texten und Medien umgehen (S. 61–75). KOLA: Koblenz-Landauer Studien zu Geistes-, Kultur- und Bildungswissenschaften. Trier: WVT.

Yasmina Gandouz-Touati (Diplom-Sozialarbeiterin, Master Erziehungswissenschaft) arbeitete als hauptamtliche Mitarbeiterin im Mädchentreff Bielefeld e. V. mit dem Schwerpunkt rassismuskritische Mädchenarbeit. Von April 2018 bis 2021 war sie Lehrkraft für besondere Aufgaben an der FH Bielefeld mit dem Schwerpunkt »Interkulturalität« und lehrte zu migrationspädagogischen Ansätzen. Seit 2022 qualifiziert sie sich in einem Forschungsprojekt an der Universität Vechta zu Child wellbeing und Ungleichheitserfahrungen. Sie referiert in Workshops über Rassismus, Diskriminierung und Gesellschaft. Aktuelle Publikation: Heidbreder, M., Nacro, S. & Gandouz-Touati, Y. (2020): Rassismuskritische Mädchen*arbeit. Impulse für Struktur- und Praxisentwicklung. Betrifft Mädchen, 4, 166–170.

Viola B. Georgi ist Professorin für Diversity Education an der Stiftung Universität Hildesheim und Gründungsdirektorin des Zentrums für Bildungsintegration – Diversity und Demokratie in Migrationsgesellschaften. Frühere Stationen waren an der Freien Universität Berlin, der Goethe Universität Frankfurt und am Centrum für angewandte Politikforschung der Ludwig-Maximilians-Universität München nebst Gastprofessuren an der York University in Toronto (Kanada) und in Uppsala (Schweden). Zu ihren Arbeits- und Forschungsschwerpunkten zählen u. a. Diversity Education, Interkulturelle Bildung und Professionalisierung, Diversity in Bildungsmedien, Holocaust Education und die Pluralisierung von Geschichtsbildern, Demokratiepädagogik und Citizenship Education. Aktuelle Publikation: Georgi, V. B. & Karakaşoğlu, Y. (Hrsg.) (2021): Bildung in früher Kindheit. Diversitäts- und migrationssensible Perspektiven auf Familie und Kita. Stuttgart: Kohlhammer. Georgi, V. B. & Musenberg, O. (2019): Diversitätserfahrungen im Geschichtsunterricht. In: S. Barsch, B. Degner, C. Kühberger & M. Lücke (Hrsg.), Handbuch Diversität im Geschichtsunterricht. Inklusive Geschichtsdidaktik (S. 37–53). Schwalbach/Ts.: Wochenschau Verlag.

Maya Götz ist Leiterin des Zentralinstituts für das Jugend- und Bildungsfernsehen (IZI) beim Bayerischen Rundfunk und Generalsekretärin der Stiftung des PRIX JEUNESSE INTERNATIONAL. Als pädagogische Leitung von *sogehtMedien*, einer Medienkompetenzplattform von ARD, ZDF und Deutschlandfunk, setzt sie sich für die Vermittlung von Medienkompetenz bei Kindern und Jugendlichen ein. Ihre Forschungsschwerpunkte: Kinder & Jugendliche und Fernsehen sowie geschlechterspezifische Rezeptionsforschung. Aktuelle Publikationen: Götz, M. & Lemish, D. (2022): Children and media worldwide in a time of a pandemic. Berlin: Peter Lang. Mlapa, M. & Götz, M. (2022): »Frau Lehrerin, was Du da sagst ist rassistisch!« Wie Pädagogik und Medien Alltagsrassismus begegnen können. München: IZI. Götz, M. (2021): »Wenn du mich noch einmal ›braune Schokolade‹ nennst.« Erleben von Alltagsrassismus bei Kindern und Jugendlichen in Deutschland. München: IZI.

Paula Humborg ist studentische Mitarbeiterin im Kompetenznetzwerk »Demokratiebildung im Kindesalter«, einem Zusammenschluss des Instituts für den Situationsansatz (ISTA) und des Deutschen Kinderhilfswerks. Im Rahmen dessen erarbeitet sie Empfehlungslisten für Bücher und Spielmaterialien und aktualisiert Praxismaterialien. Ihre Arbeitsschwerpunkte: diskriminierungs- und machtkritische Medien und Materialien für Krippe, Kita und Grundschule.

Gabriele Koné ist pädagogisch-wissenschaftliche Mitarbeiterin zur vorurteilsbewussten Materialien- und Medienentwicklung am Institut für den Situationsansatz (ISTA) und unterstützt die Sammlung und Aufbereitung von Materialien und Publikationen zur Demokratieförderung im Kompetenznetzwerk »Demokratiebildung im Kindesalter«. Tätigkeitsschwerpunkte: inklusive pädagogische Praxis, diskriminierungsfreie Pädagogik, vorurteilsbewusste Bildung und Erziehung als inklusives Praxiskonzept, Kinderschutz. Aktuelle Publikationen: Koné, G. & Macha, K. (2020): »Die Puppe sieht aus wie ich!« (Fehlende) Vielfalt in Spielmaterialien. Anregungen für eine diskriminierungssensible Praxis. In: V. Mehringer & W. Waburg (Hrsg.), Spielzeug, Spiele und Spielen. Aktuelle Studien und Konzepte (S. 215–231). Wiesbaden: Springer VS. Koné, G. (2019): Armutssensibles Handeln in der Kita. Welt des Kindes, 1, 16–19.

Jens Mätschke-Gabel ist Diplom-Informatiker und staatlich anerkannter Sozialarbeiter. Unter Kompetenzkollektiv.net berät er vor allem soziale Organisationen, NGOs und Individuen bei Reflexions- und Entwicklungsprozessen. Zum Thema »Diskriminierungssensible Arbeit mit Kinderbüchern« hat er an der Alice-Salomon-Hochschule Berlin gelehrt. Seit 2015 betreibt er die Webseite www.meinekinderbücher.de und stellt dort emanzipative Kinderbücher vor. Seine Arbeitsschwerpunkte: Prozessbegleitung von Gruppen und (sozialen) Organisationen, Coaching von Einzelpersonen, Rassismussensible Bildung und Erziehung, Rassismus in Kinder- und Jugendbüchern. Publikationen: Mätschke, J. (2017): Rassismus in Kinderbüchern: Lerne, welchen Wert deine soziale Positionierung hat! In: K. Fereidooni & M. El (Hrsg.), Rassismuskritik und Widerstandsformen (S. 249–268). Wiesbaden: Springer.

Noelle O'Brien-Coker ist freie Redakteurin und Radioautorin beim WDR. Dort gestaltet sie vor allem Beiträge und Sendungen zu den Themenschwerpunkten Musik und Popkultur, Politik und Rassismus unter machtkritischer Perspektive. Zudem ist sie Mitbegründerin des queeren intersektionalen Kollektivs DEMASK, das u. a. partizipative Stipendienprogramme für Künstler*innen vergibt. Dort organisiert und realisiert sie politische und kulturelle Events von und für qt*i*BI*PoC (queer, trans*, inter* Black, Indigenous and People of Color). Aktuelle Publikation: O'Brien-Coker, E. & O'Brien-Coker, N. (2021): Community-Arbeit aus der Krise. Sozial Extra, 45, 279–282. https://doi.org/10.1007/s12054-021-00407-6

Melanie Plößer ist Professorin für Sozialarbeitswissenschaft an der FH Bielefeld im Fachbereich Sozialwesen. Von 2007 bis 2012 war sie Professorin für Theorien Sozialer Arbeit und Gender an der Fachhochschule Kiel. Ihre Forschungsinteressen:

Theorien und Konzepte der Sozialen Arbeit, Entwicklungslinien Sozialer Arbeit, Differenz und soziale Ungleichheit, Geschlechterreflektierende Soziale Arbeit, Gender- und Queerforschung, Poststrukturalistische Perspektiven auf Soziale Arbeit. Aktuelle Publikationen: Micus-Loos, C. & Plößer, M. (2021): »Du kannst natürlich nicht alles irgendwie auf andere Leute schieben und nur so Nannys besorgen«. Überlegungen zur Analyse normativer Anforderungen an die Vereinbarkeit von Mutterschaft und Beruf in Gruppendiskussionen. In: S. Fegter, A. Langer & C. Thon (Hrsg.), Jahrbuch Erziehungswissenschaftliche Geschlechterforschung (S. 89–102). Leverkusen, Opladen: Barbara Budrich. Micus-Loos, C. & Plößer, M. (2021): Gendertheorien und soziale Ausschließung. In: R. Anhorn & J. Stehr (Hrsg.), Soziale Ausschließung und Soziale Arbeit (S. 349–372). Wiesbaden: Springer VS.

Erika Schulze ist Professorin für Soziologie der Kindheit und Jugend im Fachbereich Sozialwesen an der FH Bielefeld. Ihre Forschungsinteressen: Aufwachsen und Bildung unter den Bedingungen von Heterogenität und Ungleichheit, Kindheit im Migrationskontext, urbanes Zusammenleben. Aktuelle Publikationen: Schulze, E. (2021): Das unsichtbare Kind. Theorie und Praxis der Sozialpädagogik, 9, 32–35. Schulze, E. (2020): Esme unterm Regenbogen. Diversität in Kinderbüchern. Theorie und Praxis der Sozialpädagogik, 12, 38–41. Schulze, E. & Spindler, S. (2017): Schule als sicherer Ort. Flucht als Herausforderung für Soziale Arbeit in der Schule. Die Deutsche Schule, 109 (3), 248–259. Schulze, E. (2016): »… und dann heißt es, Eure Kinder machen die Inklusion kaputt«. Antiziganismus in pädagogischen Handlungsfeldern. In: W. Stender (Hrsg.), Konstellationen des Antiziganismus. Theoretische Grundlagen, empirische Forschung und Vorschläge für die Praxis (S. 283–300). Wiesbaden: Springer.

Janina M. Vernal Schmidt ist Projektmitarbeiterin am Institut für deutsche Sprache und Kultur an der Universität Hildesheim. An der Universität Bremen hat sie in der Didaktik der romanischen Sprachen (Spanisch) promoviert. Die Dissertation wurde 2021 unter dem Titel »Kultur im Spanischunterricht Neue Perspektiven für die fremdsprachliche Kulturdidaktik mit Filmen« im Schneider Verlag publiziert. Zuvor hatte sie ein Magisterstudium an der Universität Hamburg mit den Fächern Spanisch (Literaturwissenschaft) & Sprachlehr- und Sprachlernforschung mit Schwerpunkt Deutsch als Fremdsprache abgeschlossen. Ihre Schwerpunkte: Mehrsprachigkeit in der Migrationsgesellschaft, Deutsch als Zweit- und Fremdsprache, Schule und Heterogenität, rassismuskritische Bildung in Theorie und Praxis. Weitere Publikationen: Vernal Schmidt, J. M. (2020): Ein rassismuskritischer Blick auf eine Lehrwerklektion für den schulischen Spanischunterricht der Sekundarstufe II. In: K. Fereidooni & N. Simon (Hrsg.), Rassismuskritische Fachdidaktiken. Theoretische Reflexionen und fachdidaktische Entwürfe rassismuskritischer Unterrichtsplanung (S. 435–472). Wiesbaden: Springer VS.

Niki Vetter (keine Pronomen) studiert Erziehungswissenschaft und Ethnologie an der Universität zu Köln, arbeitet als Inklusionsbegleitung an der Kölner Heliosschule und ist als freie*r Kunstvermittler*in im Rahmen der Ausstellung »RESIST! Die Kunst des Widerstandes« tätig. Ehrenamtlich engagiert sich Niki Vetter in politisch-empowernden Kontexten, bis 2020 u. a. bei DEMASK, einem Kollektiv, das Räume für die Erfahrungen junger BIPoC queerer, trans* und inter* Menschen schafft. Niki Vetters Interessensschwerpunkte liegen in den Bereichen Queer Studies, Postkoloniale Kritik und intersektionaler Pädagogik.

Teresa Vielstädte (geb. Erlenkötter) ist wissenschaftliche Mitarbeiterin am Department Erziehungswissenschaft und Psychologie der Universität Siegen. Dort erforscht sie im Projekt inklud.nrw unter der Leitung von Prof^{in} Dr. Jutta Wiesemann, wie sich Inklusion und Digitalisierung in der Lehrer*innenbildung verknüpfen lässt. Ihre Lehrschwerpunkte reichen von der Frühen Kindheit, Heterogenität und Differenz in frühkindlichen, inklusiven Bildungsprozessen bis zur Kindheitsforschung (insb. mit qualitativen Forschungsmethoden). Sie promoviert zum Thema »Freispiel von Kindern in Kindertageseinrichtungen – ethnographische Einblicke in die (Spiel-) Praxis der Institution«. Aktuelle Publikation: Brill, S., Erlenkötter, T. & Flügel, A. (2021): Beobachtungen von Kindern in pädagogischen Handlungsfeldern. Standortgebundenheit und spezifische (Un-)Sichtbarkeiten. In: G. Beck, H. Deckert-Peaceman & G. Scholz (Hrsg.), Zur Frage der Perspektive von Kindern (S. 203–120). Bad Heilbrunn: Beltz/Juventa.

Agata Wiezorek (geb. Wozniesinska) arbeitete als Logopädin in den Bereichen der Kindersprache, Mehrsprachigkeit und Mutismus. In ihrer Berufspraxis erlebte sie die institutionellen Benachteiligungen von Kindern, woraufhin sie das Bachelorstudium Sonderpädagogik an der Universität Hannover aufnahm und das Masterstudium Erziehungswissenschaft an der Universität Hildesheim anschloss. Interessensgebiete: Diversity Education und die Beschäftigung mit medialen Repräsentationen für Kinder. Seit November 2017 erforscht sie im Rahmen ihrer Promotion rassifizierende Repräsentations- und Unterscheidungspraxen in Bildungsmedien der frühen Kindheit, ihre historischen Transformationen und Kontinuitäten am Motiv ›Kinder der Welt‹, betreut von Prof. Viola B. Georgi. Als Projektmitarbeiterin an der Stiftung Universität Hildesheim konzipierte sie gemeinsam mit Prof. Viola B. Georgi, Dr. Janina Vernal Schmidt und Studierenden der Stiftung Universität Hildesheim die Sonderausstellung ›Diversität in Kinderbüchern‹. Publikation: Wozniesinska, A. (2017): Repräsentationen natio-ethno-kultureller Vielfalt im Sachbilderbuch. Exempel einer rassismuskritischen Analyse. Online verfügbar unter: https://www.kubi-online.de/artikel/repraesentationen-natio-ethno-kultureller-vielfalt-sachbilderbuch-exempel-einer.

Glossar

able-bodied

able-bodied bezeichnet Körper, die gesellschaftlich als psychisch und physisch gesund gelten (vgl. quix 2016).

Ableisierung

Der Begriff Ableisierung leitet sich vom englischen *ableism* ab. Während ›ableisierte‹ Subjektpositionen als defizitär markiert werden, basiert *ableism* auf der Annahme, ›Nichtbehinderung‹ sei die gesellschaftliche Norm, und re_produziert diese Ansicht (Hassemer 2017, S. 51–53).

Adultismus

»Der Begriff Adultismus leitet sich von dem englischen Wort ›adult‹ (Erwachsener) ab. [In] Kombination mit der Endung -ismus verweist der Begriff auf eine gesellschaftliche Machtstruktur, ähnlich wie es bei Sexismus oder Rassismus der Fall ist. Adultismus benennt das ungleiche Machtverhältnis zwischen ›Erwachsenen‹ und ›Kindern‹, welches die Gesellschaft und die direkten Beziehungen durchzieht und verweist auf die Unterdrückung und Diskriminierung von jüngeren Menschen« (Winkelmann 2019, S. 32f.).

allosexuell

Allosexualität bezeichnet »Menschen, die andere Menschen in einem Maße sexuell begehren […], das mindestens als durchschnittlich in der jeweiligen Gesellschaft gilt« (Debus & Laumann 2020, o. S.).

amatonormativ

Amatonormativität bezeichnet die Annahme, dass eine romantische, exklusive Liebesbeziehung das allgemein angestrebte Ziel jedes Menschen sei. Somit wird eine solche Beziehung als ›normal‹ angesehen, ihr wird zudem ein höher Wert als andere Arten von Beziehungen zugeschrieben (vgl. Brake 2012, S. 88 f.).

BIPoC

BIPoC ist die Abkürzung von Black, Indigenous, People of Color, was eine politische Selbstbezeichnung von Menschen ist, die in der Mehrheitsgesellschaft als nichtweiß angesehen werden und daher häufig Rassismuserfahrungen machen. Der Begriff ist im Zusammenhang des Widerstands entstanden und steht für die Kämpfe gegen Rassismus und Unterdrückung (vgl. NdM o. J.).

cis/cisgeschlechtlich

»Cis-Geschlecht« bezeichnet die Geschlechtsidentität von Personen, die sich mit ihrem bei der Geburt zugewiesenen Geschlecht identifizieren und in Übereinstimmung damit leben (vgl. Fachstelle Kinderwelten/ISTA o. J.).

cultural appropriation

(kulturelle Aneignung) Der Begriff kritisiert die Über- und Inanspruchnahme kultureller Ausdrucksformen (Praktiken, Traditionen etc.) rassistisch diskriminierter Gruppen, ohne diese vertieft zu verstehen und zu würdigen – beispielsweise, wenn Dreadlocks als antikoloniales Symbol der Rastafari-Bewegung durch weiße Menschen aus modischen Gründen getragen werden (vgl. IKUD o. J.).

Elter

Mit Rückgriff auf Riegel wird der Begriff ›Elter‹ verwendet, um den Plural zu umgehen und so darauf hinzuweisen, dass Elterschaft keineswegs grundsätzlich zu mehreren ausgeübt wird (Riegel 2017, S. 69).

Gender

Gender wird auch als soziales Geschlecht bezeichnet und verweist auf die gesellschaftliche Dimension, d. h. die Erwartungen, Zuschreibungen und Ordnungen, die an das zugewiesene Geschlecht einer Person geknüpft sind. Die Ausgestaltung variiert dabei historisch und kulturell (vgl. Universität Duisburg Essen o. J.).

heteronormativ

Heteronormativität bezieht sich auf die gesellschaftliche Vorstellung, dass es nur zwei Geschlechter gibt, die zueinander in einem Machtverhältnis stehen und deren Begehren ausschließlich heterosexuell ist. Andere Geschlechtsidentitäten wie auch sexuelle Orientierungen werden negiert (vgl. quix 2016).

inter*/intergeschlechtlich

Diese Begriffe bezeichnen Menschen, die aufgrund der biologischen Geschlechtsmerkmale nach der medizinischen Norm nicht eindeutig als männlich oder weiblich zugeordnet werden können. Die Bezeichnung als Intersexuelle wird von den Betroffenen hingegen abgelehnt, da Inter* nichts mit der sexuellen Orientierung einer Person zu tun hat (vgl. quix 2016).

Kulturalisierung

»Von Kulturalisierung wird dann gesprochen, wenn eine Vorstellung von ›Kultur‹ eingesetzt wird, die aus einem dynamischen und heterogenen Phänomen etwas Festes und Statisches konstruiert und die Vorstellung einheitlicher ›Großgruppen‹ erzeugt und zugleich reproduziert. Nicht nur zufällig geraten dann situative Faktoren, strukturelle Voraussetzungen, institutionelle Verhältnisse und/oder individuelle Verantwortlichkeiten aus dem Blick, genauso wie Verhältnisse zu sozialer Schichtung, Geschlecht und Generation« (Leiprecht 2012, S. 1; vgl. Fachstelle Kinderwelten/ISTA o. J.).

LGBTIQ*

Lesbisch, Gay (engl.: schwul), Bisexuell, Trans*, Inter*, Queer/Questioning

LSBT*QI*AA+

Lesbisch, Schwul, Bi, Trans*, Queer, Inter*, Asexuell, Aromantisch. Das + soll weitere Identitäten einschließen, die hier (noch) nicht explizit aufgeführt sind.

Othering

Das von Said (1978) erstmals formulierte Konzept des *Othering* bezeichnet einen diskursiven Prozess des »Differentmachen[s]« (Castro Varela & Dhawan 2020, S. 174), der die ›Anderen‹ in Opposition zu einem hegemonialen ›Wir‹ mittels Festschreibung, Ausgrenzung und Unterwerfung beständig re_konstruiert (Riegel 2016, S. 52).

queer

Queer stellt eine Selbstbezeichnung von Menschen dar, die ihre sexuelle Orientierung und/oder Geschlechtsidentität als »quer« zur dominanten Norm (heterosexuell und cis-geschlechtlich) beschreiben. Darüber hinaus bezieht sich der Begriff auch auf wissenschaftliche Debatten und politische Bewegungen (vgl. quix 2016).

Race

Vor dem Hintergrund der US-amerikanischen Bürgerrechtsbewegung hat der Begriff einen Bedeutungswandel erfahren und verweist im Gegensatz zum deutschen Begriff der »Rasse« darauf, dass es sich um eine Kategorisierung handelt, die dem Rassismus zugrunde liegt. Dem gegenüber verweist der deutsche Begriff auf angeblich biologische Unterschiede zwischen Menschen (vgl. NdM o. J.).

Schwarz und weiß

Schwarz und *weiß* sind als soziale Kategorien und nicht als biologische Zuordnungen zu verstehen. Schwarz bezeichnet eine gesellschaftliche Positionierung und Erfahrung, in der Menschen aufgrund von Rassismus benachteiligt werden. Der Begriff *weiß* ist eine Position, die von dieser Zuordnung profitiert. Durch die Großschreibung von Schwarz bzw. der Kursivschreibung von *weiß* soll auf den Konstruktionscharakter hingewiesen werden. Sowohl Schwarz als auch People of Color oder die Abkürzung BIPoC (Black, Indigenous and People of Color) sind politische Eigenbezeichnungen (vgl. Eggers, Kilomba, Piesche & Arndt 2009, S. 13).

Semilingualismus

(Halbsprachigkeit) bezieht sich negativ und defizitorientiert auf die besondere sprachliche Entwicklung von zwei- oder mehrsprachig aufwachsenden Kindern. Insbesondere mit dem Begriff der »doppelten Halbsprachigkeit« wird behauptet, dass Menschen, die zwei- oder mehrsprachig aufwachsen, weder die Erst- noch die Zweitsprache ausreichend beherrschen würden (vgl. Universität Potsdam o. J.).

trans*/transgeschlechtlich

Der Begriff Trans* bezieht sich auf alle Menschen, die eine andere Genderidentität besitzen und ausleben oder darstellen als jenes Geschlecht, das ihnen bei der Geburt zugewiesen wurde (vgl. Fachstelle Kinderwelten/ISTA o. J.).

Literaturverzeichnis

Brake, E. (2012): Minimizing marriage. Marriage, morality and the law. New York: Oxford University Press.

Castro Varela, M. & Dhawan, N. (2020): Postkoloniale Theorie. Eine kritische Einführung (3. Auflage). Bielefeld: transcript.

Debus, K. & Laumann, V. (2020): Glossar zu Begriffen geschlechtlicher und sexueller Vielfalt. Online verfügbar unter: https://interventionen.dissens.de/fileadmin/Interventionen/Glossar_geschlechtliche_amouro%CC%88se_sexuelle_Vielfalt_-_Debus_Laumann.pdf, Zugriff am 29.10.2020.

Eggers, M. M., Kilomba, G., Piesche, P. & Arndt, S. (2009): Konzeptionelle Überlegungen. In: M. M. Eggers, G. Kilomba, P. Piesche & S. Arndt (Hrsg.), Mythen, Masken und Subjekte. Kritische Weißseinsforschung in Deutschland (2. Auflage) (S. 11–13). Münster: Unrast.

Fachstelle Kinderwelten/ISTA (o. J.): https://situationsansatz.de/wp-content/uploads/2019/08/01_Glossar-Stand-2019.pdf, Zugriff am 22.08.2022.

Hassemer, J. (2017): Handlungsfähigkeit zwischen Autonomie und Distribuiertheit. Interaktionale ›Selbstvertretung‹ als subjektivierende Norm? Wiener Linguistische Gazette, 80, 47–80.

IKUD (o. J.): Kulturelle Aneignung. Online verfügbar unter: https://www.ikud.de/glossar/kulturelle-aneignung.html, Zugriff am 29.08.2022.

Leiprecht, R. (2012): Sozialisation in der Migrationsgesellschaft und die Frage nach der Kultur. Online verfügbar unter: http://bpb.de/apuz/150614/sozialisation-und-kultur?p=all, Zugriff am 18.01.2021.

NdM – Wörterverzeichnis der Neuen deutschen Medienmacher*innen (o. J.): People of Color. Online verfügbar unter: https://glossar.neuemedienmacher.de/glossar/people-of-color-poc/, Zugriff am 14.01.2021.

NdM – Wörterverzeichnis der Neuen deutschen Medienmacher*innen (o. J.): Rasse. Online verfügbar unter: https://glossar.neuemedienmacher.de/glossar/rasse/, Zugriff am 18.01.2021.

quix – kollektiv für kritische bildungsarbeit (2016). Online verfügbar unter: https://www.quixkollektiv.org/glossar/allgemeines-glossar/, Zugriff am 29.08.2022.

Riegel, C. (2016): Bildung – Intersektionalität – Othering. Bielefeld: transcript.

Riegel, C. (2017): Queere Familien in pädagogischen Kontexten – zwischen Ignoranz und Othering. In: J. Hartmann, A. Messerschmidt & C. Thon (Hrsg.), Queertheoretische Perspektiven auf Bildung. Pädagogische Kritik der Heteronormativität. Jahrbuch Frauen- und Geschlechterforschung in der Erziehungswissenschaft 13 (S. 69–94). Opladen: Barbara Budrich.

Universität Duisburg Essen (o. J.): Der Genderbegriff. Online verfügbar unter: https://www.uni-due.de/genderportal/gender.shtml, Zugriff am 29.8.2022.

Universität Potsdam (o. J.): Die sogenannte »Doppelte Halbsprachigkeit«: eine sprachwissenschaftliche Stellungnahme. Online verfügbar unter: https://www.uni-potsdam.de/fileadmin/projects/svm/PDFs/Pressemitteilung_Doppelte_Halbsprachigkeit.pdf, Zugriff am 29.8.2022.